Travail, les raisons de la colère

VINCENT de GAULEJAC

Travail, les raisons de la colère

ÉDITIONS DU SEUIL

COLLECTION DIRIGÉE PAR JACQUES GÉNÉREUX

« ÉCONOMIE HUMAINE»

Par « Économie humaine », nous entendons exprimer l'adhésion à une finalité et à une méthode. La seule finalité légitime de l'économie est le bien-être des hommes, à commencer par celui des plus démunis. Et, par bien-être, il faut entendre la satisfaction de tous les besoins des hommes ; pas seulement ceux que comblent les consommations marchandes, mais aussi l'ensemble des aspirations qui échappent à toute évaluation monétaire : la dignité, la paix, la sécurité, la liberté, l'éducation, la santé, le loisir, la qualité de l'environnement, le bien-être des générations futures, etc.

Corollaires de cette finalité, les méthodes de l'économie humaine ne peuvent que s'écarter de l'économisme et du scientisme de l'économie mathématique néoclassique qui a joué un rôle central au xxe siècle. L'économie humaine est l'économie d'un homme complet (dont l'individu maximisateur de valeurs marchandes sous contrainte n'est qu'une caricature), d'un homme qui inscrit son action dans le temps (et donc l'histoire), sur un territoire, dans un environnement familial, social, culturel et politique ; l'économie d'un homme animé par des valeurs et qui ne résout pas tout par le calcul ou l'échange, mais aussi par l'habitude, le don, la coopération, les règles morales, les conventions sociales, le droit, les institutions politiques, etc.

L'économie humaine est donc une économie historique, politique, sociale, et écologique. Elle ne dédaigne pas l'usage des mathématiques comme un langage utile à la rigueur d'un raisonnement, mais refuse de cantonner son discours aux seuls cas où ce langage est possible. Au lieu d'évacuer la complexité des sociétés humaines (qui ne se met pas toujours en équations), l'économie humaine s'efforce de tenir un discours rigoureux intégrant la complexité, elle préfère la pertinence à la formalisation, elle revendique le statut de science humaine, parmi les autres sciences humaines, et tourne le dos à la prétention stérile d'énoncer des lois de la nature à l'instar des sciences physiques.

Le projet de l'économie humaine est un projet ancien, tant il est vrai que nombre des fondateurs de la science économique ont pensé celle-ci comme une science historique, une science sociale, une science morale ou encore psychologique. Mais ce projet est aussi un projet contemporain qui constitue le dénominateur commun de bien des approches (post-keynésiens, institutionnalistes, régulation, socioéconomie, etc.) et de nombreuses recherches (en économie du développement, de l'environnement, de la santé, des institutions ; en économie sociale, etc.).

Nous nous proposons d'accueillir ici les essais, les travaux théoriques ou descriptifs, de tous ceux qui, économistes ou non, partagent cette ambition d'une économie vraiment utile à l'homme.

Jacques Généreux

ISBN 978-2-02-103895-8

www.seuil.com

« Il faut quitter le petit espace provincial où l'on mène sa vie, à l'abri des Léviathans, pour apprendre que de tous les outils inventés par l'homme, le seul sur lequel on puisse compter, c'est lui-même ; l'outil le plus fragile, le plus vite déréglé, le plus improbable des outils et cependant le seul qui serve de compas à la vérité. »

ANNE-MARIE GARAT,
DANS LA MAIN DU DIABLE, 2006.

« Ce qu'il faut expliquer, ce n'est pas que l'affamé vole ou que l'exploité fasse grève, mais pourquoi la majorité des affamés ne vole pas et pourquoi la majorité des exploités ne fait pas grève. »

WILHELM REICH,
PSYCHOLOGIE DE MASSE DU FASCISME, 1933.

Introduction

> « Quand on n'a plus aucune possibilité
> d'action sur le monde on se détruit soi-même.
> On retourne les armes contre soi. »
>
> SERGE REZVANI,
> *LES ANNÉES LULA*, 1968.

En juin 1963, le moine Thich Quang Duc s'asperge d'essence et s'immole par le feu dans le centre-ville de Saigon. Les images horrifient l'opinion publique, tandis que madame Nhu, belle-sœur du président de la République du Vietnam, Ngo Dinh Diem, déclare : « Ce n'est qu'un barbecue de bonze. » Deux semaines de manifestations et d'émeutes embrasent le pays. D'autres sacrifices suivront, dont celui d'une nonne bouddhiste à Hué, Thich Nu Thanh Quang, qui s'immole en mai 1966. Sa mort provoque de gigantesques manifestations contre la présence américaine, y compris chez les bouddhistes états-uniens. Des années plus tard, Robert McNamara dira : « Le courage impassible de ces bonzes en flammes a été une des plus puissantes armes utilisées contre nous au Vietnam. »

Peut-on comparer ces événements à la vague de suicides à laquelle on assiste dans certaines entreprises ? Le contexte est évidemment très différent. Les ravages de la guerre économique ne sont pas de même nature que les destructions d'un conflit armé. Pourtant, certains témoignages de personnes qui se donnent la mort à cause du travail expriment le souhait que leur geste serve d'exemple pour susciter une prise de conscience. Ils semblent nous dire : halte à la violence, halte à la folie des réorganisations permanentes, halte à la recherche des résultats quel que soit le prix à payer, halte au toujours plus, halte au non-sens d'une course en avant qui ne mène nulle part, sinon au néant…

Quelque chose de destructeur est à l'œuvre dans le monde du travail.

La « révolution managériale », qui devait réconcilier l'homme et l'entreprise, conduit à la lutte des places et au désenchantement. L'idéologie gestionnaire transforme l'humain en ressource au service de la rentabilité de l'entreprise. La souffrance au travail exprime une forme d'exploitation psychique, équivalente à l'exploitation du prolétariat dans le capitalisme industriel. La colère gronde chez les salariés confrontés à des restructurations, à des réorganisations permanentes qui leur semblent aussi violentes qu'injustifiées.

Comment en est-on arrivé là ? Pour quelles raisons le mal-être au travail est-il si profond alors que les conditions de travail se sont plutôt améliorées ? Depuis un siècle, le temps de travail s'est considérablement réduit, la pénibilité physique également, la protection des salariés a progressé dans bien des secteurs. Mais si les conditions objectives de travail sont plus confortables, les conditions subjectives semblent se dégrader. Ce phénomène s'observe dans le secteur privé comme dans le public, dans le secteur marchand comme dans le non-marchand, dans les entreprises soumises à la compétition économique comme dans les institutions publiques. Il frappe particulièrement les grandes sociétés. Mais les petites et moyennes entreprises (PME) sont indirectement touchées à partir du moment où elles deviennent dépendantes, comme fournisseur ou comme cliente, de systèmes de gestion qui leur sont imposés. Même le secteur associatif est concerné.

De nombreux rapports officiels ont mobilisé des experts pour diagnostiquer les « risques psychosociaux » et proposer des solutions. On a condamné le harcèlement, obligé les entreprises à négocier des accords avec les organisations syndicales pour prévenir le stress, mobilisé les comités d'hygiène, de sécurité et des conditions de travail (CHSCT), procédé à des « autopsies psychologiques » après chaque suicide, ouvert des instructions judiciaires contre les dirigeants pour mise en danger de la vie d'autrui… Une prise de conscience semble, difficilement, émerger. Mais pour une grande majorité de responsables politiques, économiques et syndicaux, la question du travail reste secondaire par rapport à la question de l'emploi.

Comment analyser les mutations à l'œuvre dans le monde du travail ? Comment comprendre les violences, les inquiétudes et les souffrances que ces changements suscitent ? Pour quelles raisons les symptômes du mal-être, comme le stress, les dépressions, les suicides, l'épuisement professionnel, se retrouvent-ils dans des secteurs d'activité très différents ? Quelles sont les causes profondes du mal-être au travail ? Pourquoi la colère des travailleurs, face à des mutations qu'ils désapprouvent, n'arrive-t-elle pas à s'exprimer collectivement dans des mouvements sociaux ?

Les réponses à ces questions ne manquent pas. Pour autant, elles sont souvent partielles, faute de mettre en perspective quatre registres habituellement abordés de façon parcellaire :

– le registre macroéconomique, qui accompagne les transformations du capitalisme, en particulier la disjonction entre la production, qui reste territorialisée, et la finance, qui échappe largement à toute forme de régulation et de contrôle ;
– le registre politique et idéologique, dominé par des théories néolibérales dans les gouvernements du G20, les grandes institutions internationales et les cabinets de consultants qui les conseillent ;
– le registre de la gouvernance des entreprises et des organisations, tout acquise à la « révolution managériale » et à la mise en œuvre d'outils de gestion censés rationaliser la production ;
– le registre existentiel du côté des travailleurs qui expriment leur souffrance, leur impuissance et leur désespérance face à des mutations sur lesquelles ils pensent n'avoir aucune prise.

Notre propos est d'analyser l'intrication complexe de ces différents plans afin de comprendre les sources du mal-être au cœur des organisations et des institutions.

La première partie analyse les mutations à l'œuvre dans le monde du travail et les inquiétudes qu'elles suscitent. Elle passe en revue les principaux diagnostics effectués sur la souffrance au travail, les enjeux scientifiques et politiques qui les sous-tendent. On s'interrogera sur les différents termes utilisés pour désigner le phénomène – entre violence, souffrance, mal-être – pour arriver à celui de « risque psychosocial ». L'exemple emblématique de France Télécom servira d'analyseur pour comprendre les liens entre la vague de suicides, les politiques de réorganisation et le management mis en œuvre par la direction. Il montre l'aveuglement de certains dirigeants, leur refus de prendre en compte la nature du problème et leur incapacité à le comprendre. Ces dénégations ne sont pas l'exclusivité de l'opérateur téléphonique. Même si quelques responsables semblent s'en préoccuper, la majorité considère que face à la « crise » et à la concurrence, la priorité reste d'améliorer la productivité, la flexibilité et la rentabilité, quelles qu'en soient les conséquences humaines et sociales.

Dans ces conditions, pourquoi retrouve-t-on les mêmes symptômes de mal-être dans les secteurs non marchands et les secteurs publics ? La deuxième partie explore les sources du mal-être dans les institutions publiques. Les théories du capital humain, inspiratrices de la « révolution managériale », sont au fondement du *new public management*. La nouvelle gestion publique s'est imposée en France avec la révision générale des politiques publiques (RGPP). La « modernisation », appliquée d'abord dans les entreprises publiques, concerne aujourd'hui les institutions et tout l'appareil d'État. Le principe est simple : il convient de démontrer que l'administration est peu efficace et coûteuse afin d'introduire une nouvelle conception de la gestion qui va la rendre plus efficiente. Pour ce faire, il faut substituer la culture de résultats à la culture de moyens, la culture commerciale à la culture de service public, la culture managériale à la culture administrative. La réforme hospitalière, imposée inexorablement contre l'avis de la majorité des personnels concernés, illustre ce passage. Les mêmes principes sont à l'œuvre dans les réformes qui touchent la justice, la police, le travail social, l'Université, la recherche, l'enseignement, l'armée, les pompiers, Pôle emploi… Les conséquences sont partout similaires. Les agents de ces différentes institutions vivent sous tension. L'application de ces nouveaux outils les met en porte-à-faux par rapport aux valeurs qui les ont conduits à choisir ces métiers. Comme si l'exigence de rendre l'organisation plus efficace ne pouvait être qu'en contradiction avec les missions de l'institution, des missions auxquelles ils estiment pourtant devoir se consacrer. La multiplication des tentatives de suicide est révélatrice de ce conflit de valeurs qui ne cesse de s'intensifier avec l'application forcenée de la RGPP. L'obsession évaluatrice et prescriptive qui accompagne la mise en œuvre des réformes transforme en profondeur la culture de toutes ces institutions et les motifs d'adhésion qu'elle suscitait. L'introduction de l'avancement au mérite induit la compétition là où le collectif permettait une régulation des conflits. La politique du chiffre, censée mesurer l'activité réelle des agents, produit des manipulations et du non-sens qui entraînent un désenchantement massif et une perte de confiance dans la hiérarchie. Dans ce contexte, des formes de violence paradoxale émergent, dont certaines se retournent contre les salariés eux-mêmes.

La troisième partie traite des sources du malaise. Au-delà des témoignages et des diagnostics, il s'agit de considérer le mal-être au travail comme un phénomène social total qui révèle des transformations structurelles de notre société. Sur le plan économique, il est la conséquence de la fin du modèle fordiste, caractéristique du capitalisme industriel, et de l'émergence d'un nouveau modèle, dominé par la *shareholder value* (valeur actionnariale). Walmart est la figure emblématique de ce modèle dans lequel l'équilibre du rapport capital-travail est rompu. En se mettant au service de la rentabilité financière, le management abandonne sa fonction première, produire de la médiation pour aider les employés à gérer les conflits et les problèmes qui les empêchent de « bien faire leur travail ». Le « chaos management » est le signe d'un mode de fonctionnement dans lequel le principe de destruction créatrice (Schumpeter) caractéristique du capitalisme s'inverse pour engendrer une « création destructrice ». La médiation des contradictions ne s'opérant plus dans les organisations de production, ces contradictions se transforment en paradoxes. Les psychologues ont montré pourquoi les injonctions paradoxales rendent fou. Dans le contexte hypermoderne, ce sont les organisations qui deviennent des systèmes paradoxants : elles produisent un univers complexe, à la fois virtuel et réel, traversé par une multiplicité d'exigences antagonistes.

La « révolution managériale » conduit à transformer l'individu en capital qu'il faut faire fructifier. Les nouvelles technologies d'information et de communication (NTIC) favorisent des formes inédites d'instrumentalisation et de contrôle. La dictature du chiffre et la culture de l'urgence s'imposent dans tous les registres de l'organisation du travail. Elles nourrissent un imaginaire social fondé sur la toute-puissance de l'économie financière, le positivisme, la flexibilité et la montée de l'insignifiance. La perte de sens révèle une crise symbolique dans laquelle la valeur travail se réduit à des critères de rentabilité pour l'entreprise, en contradiction avec les valeurs que chaque travailleur attribue à son activité, alors même qu'on lui demande un investissement mental et psychique intense, censé répondre à ses attentes d'accomplissement de soi et de réalisation de ses aspirations. Il y a là une illusion narcissique qui a du mal à se maintenir dans la durée. Le mal-être au travail exprime ce marché de dupes dans lequel le travail se présente comme le lieu de la réalisation de soi-même alors qu'il réalise avant tout les exigences de profit pour l'entreprise. La mobilisation psychique au service des objectifs économiques illustre la domination d'un imaginaire leurrant propre au système capitaliste financier.

Contre une conception guerrière de l'économie, les résistances sont nombreuses. Reste à comprendre pourquoi la colère qu'elle suscite, lorsqu'elle n'arrive pas à trouver des formes d'expression collective, se transforme en mal-être individuel.

Les données recueillies pour écrire cet ouvrage viennent de plusieurs sources. Comme chercheur intervenant, j'ai eu accès à la plupart des terrains évoqués (en particulier IBM, PSA, France Télécom, SNCF, Pôle emploi, RATP, EDF). J'ai recueilli nombre de témoignages, dont certains confiés spontanément par des personnes qui connaissent mes travaux et souhaitaient y apporter leur contribution. Des situations ont été exposées dans des groupes d'implication et de recherche animés à l'Institut international de sociologie clinique sur différents thèmes : face à la souffrance au travail, violences de la réussite – violences de l'échec, la lutte des places, sujet au travail – travail du sujet[1].

Ces analyses s'appuient essentiellement sur les recherches menées au Laboratoire de changement social (LCS) depuis quarante ans. Dans les années soixante-dix, sous la direction de Max Pagès, nous avions développé un programme de recherche sur « les phénomènes de pouvoir dans les organisations » à partir d'une problématique pluridisciplinaire. L'idée était de mettre en perspective les enjeux économiques, politiques, idéologiques et psychologiques du pouvoir. Kairos, le dieu du moment propice, nous mettra en contact avec IBM, l'entreprise en pointe qui incarnait la « révolution managériale ». Nous avons été parmi les premiers chercheurs, du moins en France, à analyser ce modèle, à en montrer la face d'ombre, à décrire les mécanismes d'emprise du pouvoir managérial, en particulier dans le registre psychique (Pagès, Bonetti, Gaulejac, Descendres, 1979).

1. http ://sociologieclinique-iisc.com

J'ai poursuivi cette investigation clinique et critique avec Nicole Aubert dans *Le Coût de l'excellence* (1991). En parallèle, Eugène Enriquez mettait « l'organisation en analyse » (1992) et développait une clinique du pouvoir pour mettre en évidence les jeux du désir et du pouvoir dans différents types d'entreprises (1998). De nombreuses recherches suivront, en particulier celles qui furent menées par les doctorants. Le laboratoire peut s'enorgueillir de cinq prix de thèse qui ont récompensé une jeune génération de chercheurs à laquelle je souhaite rendre hommage[2]. La plupart de ces travaux ont été publiés et sont facilement accessibles. Ils illustrent l'intérêt de croiser une perspective sociologique avec une démarche clinique (Gaulejac, Hanique, Roche, 2008).

La perspective clinique consiste à aller « au plus près du vécu des acteurs » pour comprendre comment ils vivent les phénomènes, comment ils les éprouvent (dans leur corps, dans leur psyché), et ce qu'ils peuvent en dire. Le clinicien cherche à partager ce vécu, à le comprendre avant de l'expliquer, ou plutôt à le comprendre pour l'expliquer. Compréhension et explication sont intimement liées. L'attitude compréhensive ne s'oppose pas à la posture explicative, elle la complète. La plongée dans la subjectivité ne s'oppose pas à l'objectivité bien au contraire : l'exploration de la subjectivité est un chemin pour produire des hypothèses sur la singularité du vécu individuel que l'on peut commencer à généraliser lorsque, au-delà de la singularité de chaque cas, on retrouve des constantes, des invariants, des éléments communs et transversaux. L'exploration de chaque situation singulière permet de comprendre des processus généraux dans la perspective ouverte par Edgar Morin à propos de la complexité : chaque élément contient la totalité du système auquel il appartient (Morin, 1990). Chaque cas illustre des processus à l'œuvre dans la totalité de l'organisation, et chaque organisation est le produit d'une société qu'elle contribue à produire. Entre l'individu, l'organisation et la société, les relations sont systémiques et récursives, au sens où chacun est à la fois le produit et

2. Il s'agit de Fabienne Hanique, Marie Anne Dujarier, Emmanuel Gratton et Aude Harlé, qui s'est vu décerner deux prix, celui du Monde de la recherche, comme les précédents, et celui du Sénat.

I

LE MAL-ÊTRE AU TRAVAIL, PREMIERS CONSTATS

« Pas bien dans sa tête, pas bien dans son corps. »

UN SYNDICALISTE DE CHEZ CONTINENTAL,
FRANCE 2, 19 JUILLET 2010.

« Travailler c'est trop dur,
Et voler c'est pas beau.
Demander la charité
C'est quelque chose
Que j'peux pas faire.
Chaque jour que moi je vis,
On me demande de quoi moi je vis,
Je dis que je vis sur l'amour
Et j'espère de vivre vieux. »

ZACHARY RICHARD,
TRAVAILLER C'EST TROP DUR.

Le travail occupe une place centrale dans l'existence humaine. Il représente un phénomène social total qui concerne tous les registres de l'existence au croisement de l'être de l'homme et de l'être de la société. Il doit être analysé dans sa complexité alors que sa vision est actuellement fragmentée dans une multiplicité d'approches partielles et parcellaires. « Très curieusement, le travail semble à ce point une expérience partagée et transmise depuis des générations qu'il se présente d'abord comme une évidence, une sorte de seconde nature de l'homme, une nécessité allant de soi. [...] Cette notion vole en éclats dès lors que les uns et les autres – provenant notamment de disciplines différentes – s'efforcent de l'appréhender » (Billiard, 1996).

Pour les entreprises, le travail est surtout abordé à travers le prisme de la rentabilité, de l'organisation de la production, de la gestion des ressources humaines, donc à partir de critères essentiellement économiques, juridiques, managériaux et financiers. Les aspects existentiels, subjectifs ou socioculturels passent après. Ils ne sont pris en compte qu'en cas de crise, lorsqu'on ne peut plus faire autrement. Mais le plus souvent, l'entreprise considère qu'elle n'a pas à interférer dans le registre existentiel, considéré comme privé.

Les professionnels et les praticiens traitent la question du travail à partir d'une vision disciplinaire partielle et spécialisée comme le droit du travail, l'ergonomie, l'ingénierie, la psychologie du travail, la médecine, la gestion... Chacune de ces approches apporte une connaissance parcellaire qui privilégie un aspect particulier. Les pratiques délimitent des compétences, des fonctions, des savoirs spécialisés, des représentations spécifiques, des expertises particulières. Les spécialistes du travail sont nombreux, chacun travaillant selon des logiques professionnelles souvent cloisonnées et répondant à des demandes opératoires ciblées. Entre le gestionnaire des ressources humaines, le conseiller juridique ou financier, l'inspecteur du travail, l'ingénieur, le technicien, le médecin, le psychologue, le coach, le contrôleur de gestion, le manager, l'ergonome, chacun à « sa » vision du travail à partir de laquelle il se représente le travail de l'autre. Le plus souvent, il considère sa vision comme primordiale et cherche à l'imposer aux autres quand il en a le pouvoir. Chacun défend sa conception et tend à rejeter toute autre considération qui n'emploie pas ses termes. L'unidimensionnalité impose la spécialisation et la division des tâches, ce qui exclut une représentation complexe et multidimensionnelle.

Les travailleurs eux-mêmes ont une connaissance empirique du travail, à partir des compétences requises pour exercer leur activité. Le travail représente une part importante de leur vie, source de plaisir et d'angoisse, de contrainte et de créativité, de dépendance et d'autonomie. C'est à la fois un moyen de subsistance, de réalisation de soi-même, une nécessité vitale, un élément de socialisation. Source de satisfaction et de souffrance, le travail est un déterminant essentiel des itinéraires biographiques et de la place occupée dans la société.

Les chercheurs sont aussi confrontés à l'éclatement disciplinaire. Le travail, comme objet scientifique, est éclaté entre la médecine, le droit, la sociologie, la démographie, la statistique, la psychologie, la gestion, l'économie, l'ergonomie, chacune de ces disciplines s'étant construite sur des paradigmes propres, des référents théoriques singuliers et des démarches méthodologiques spécifiques. Le cloisonnement disciplinaire renforce à l'extrême ces particularismes et ces découpages. Il n'existe aucune université, aucun institut qui regroupe les sciences du travail dans un même lieu pour favoriser la transdisciplinarité dans ce domaine. Bien au contraire, chaque approche disciplinaire est souvent plus préoccupée par des luttes d'influence et de territoires que par une mise en perspective des apports de connaissance des uns et des autres. « Ce n'est pas la discipline qui doit décider de l'objet, mais l'objet qui doit décider des différentes théories nécessaires pour le construire. L'indiscipline est l'une des premières qualités du chercheur. Dans sa capacité à déconstruire son objet de recherche pour mieux le construire, à se débarrasser de ses présupposés pour mieux formuler ses hypothèses, à se défaire des théories existantes pour produire une véritable recherche, c'est-à-dire une œuvre scientifique » (Tapenis, 1968).

Il nous faut donc analyser les différentes facettes du travail afin de mieux comprendre les raisons du mal-être que l'on observe aujourd'hui.

Chapitre 1

Le travail, un phénomène sociopsychique total et contradictoire

> « L'homme qui travaille reconnaît dans le Monde effectivement transformé par son travail sa propre œuvre : il s'y reconnaît soi-même, il y voit sa propre réalité humaine, il y découvre et y révèle aux autres la réalité objective de son humanité, de l'idée d'abord abstraite et purement subjective qu'il se fait de lui-même. »
>
> ALEXANDRE KOJÈVE, *INTRODUCTION À LA LECTURE DE HEGEL*, 1947.

Le travail est une notion complexe et polysémique qui recouvre des éléments de nature différente, intriqués dans un ensemble. Il évoque une activité économique, il est un aspect nodal de l'existence sociale, mais aussi un étayage de la construction de soi. L'analyse du travail conduit à mettre en rapport ces éléments hétérogènes et révèle des transformations qui préfigurent un nouveau monde, que nous avons proposé d'identifier comme *hypermoderne*.

Comment définir le travail ? L'étymologie renvoie l'image du *tripalium*, un instrument de torture composé de trois pieux (*tripalis*), qui assimile travail et souffrance avec l'image de l'esclave corvéable à merci. Le terme a été longtemps associé à la souffrance et à la peine. *Le Petit Robert* donne comme première définition : « État de celui qui souffre, qui est tourmenté ; activité pénible » (1970, p. 1823). La Genèse, lorsque Adam et Ève sont chassés du Paradis, évoque l'exigence, en forme de punition, de « gagner son pain à la sueur de son front ». À la douleur de l'enfantement, réservée aux femmes, vient en écho la souffrance au travail pour les hommes. Le travail paysan s'inscrit dans un rapport de soumission à la nature, rythmé par les saisons et les aléas du temps. Le paysan est possédé par sa terre plus qu'il ne la possède, remarque Marx. Le travail ouvrier évoque l'exploitation et l'aliénation de l'homme rivé à la machine et soumis à des cadences imposées par les ingénieurs mécaniciens qui règlent le travail à la chaîne. Les employés de bureau ou de services sont, eux aussi, l'objet d'un contrôle tatillon et de conditions de travail qui exigent une soumission à une hiérarchie rigide… Autant d'images du travail qui évoquent l'oppression. Pendant des siècles, les hommes ont rêvé de se libérer du travail. Chez les Indiens d'Amérique, la recherche de l'Eldorado correspondait à ce rêve : une terre où la nature était si généreuse qu'elle pourvoyait aux besoins des hommes, qui n'avaient plus besoin de travailler pour survivre. Le travail était alors associé à l'idée de contrainte, d'obligation et de servitude. Il s'opposait au temps du loisir, à la liberté, à la vie insouciante et heureuse.

À cette vision négative du travail s'oppose l'idée que la liberté est une conquête dont le travail est le vecteur : conquête sur la nature, qui doit être dominée pour la mettre au service de l'homme ; conquête sur sa vie, qui doit être maîtrisée sous peine de sombrer dans l'ennui et l'inutilité ; conquête sociale, le travail étant source de richesses et de considération. Par le travail, on peut acquérir une situation, une position, un statut, une respectabilité. L'éthique protestante semble bien s'être imposée : le pauvre est considéré comme un oisif ou un paresseux, donc un misérable, qui mérite son sort puisqu'il ne fait pas l'effort pour sortir de sa condition par le travail.

Comme Janus, le travail a donc deux visages, d'un côté la servitude et la souffrance, de l'autre la libération et la réussite. Cette dualité contradictoire est l'expression de la multidimensionalité du travail :

– il représente une activité, qui nécessite un certain *savoir-faire* à travers lequel s'accomplit une tâche plus ou moins valorisante et se fabrique une œuvre plus ou moins durable ;
– il apporte des avantages en nature et financiers qui offrent des moyens de subsistance et qui mesurent la valeur du travail effectué en termes d'*avoir*. Ce que l'on reçoit, en particulier en termes de rémunération, est une composante essentielle du travail. Ces rétributions peuvent être également symboliques, ce qui ne veut pas dire sans valeur ;

– enfin, le travail confère une identité. Il est au fondement de l'existence sociale, en termes d'insertion comme d'intégration. Il spécifie l'*être* social de chaque individu au regard de sa place dans la société. Il est un facteur de développement personnel et de construction de soi, donc un élément essentiel de l'être de l'homme.

La crise du travail touche tous ces registres, le faire, l'avoir et l'être. Le mal-être au travail est, à ce titre, un symptôme. Il est la conséquence d'un déficit de reconnaissance sur les trois plans : une activité dévalorisée, non reconnue ou qui perd son sens ; des rétributions qui ne sont pas ou plus à la hauteur des contributions attendues ; une vulnérabilité identitaire qui provoque un manque à être, un conflit entre les aspirations existentielles et leurs réalisations, une rupture interne entre le moi et l'idéal qui fragilise les assises narcissiques.

Le faire : travailler, c'est produire

Le travail peut se définir comme un acte. Il se caractérise en premier lieu dans le registre du faire, de la production concrète de biens et de services.

Hannah Arendt distingue deux formes d'action dans le registre du travail, l'*animal laborans* et l'*homo faber*. L'*animal laborans* « qui peine » effectue un travail laborieux, servile, pénible, dont l'objectif est de produire des biens et des services destinés à être consommés. L'*homo faber* « qui ouvrage » se réalise dans la production d'une œuvre, de biens durables, qui enracinent l'homme dans l'action par une inscription symbolique (Arendt, 1958, p. 187). Alors que le travail (*Arbeit*) est décrit comme le processus de reproduction organique du genre humain par lequel l'homme obtient les produits nécessaires à la vie, dans l'œuvre (*Herstellens*), il crée à partir des matériaux du monde naturel un environnement durable (Honneth, 2007, p. 37). Le travail est alors un élément de médiation essentiel au fondement de l'être au monde, dans un rapport d'aliénation lorsqu'il se réduit au labeur servile et d'accomplissement de soi lorsqu'il réalise une œuvre. La fabrication d'objets change le rapport au monde et contribue à faire société. Ces objets vont permettre de construire un cadre de vie et servir de base matérielle au développement d'une culture.

Le monde des objets se constitue à partir du registre matériel (soumis à la logique d'utilité), du registre économique (soumis à la logique de l'échange) et du registre symbolique (soumis à la logique des signes). Ces trois registres spécifient la valeur accordée au travail en fonction de son utilité concrète (à quoi ça sert ?), de la valeur d'échange du produit (qu'est-ce que ça rapporte ?) et de sa signification symbolique (quel est le sens de l'activité et de ce qu'elle produit ?).

La production a évolué dans le temps, transformant en profondeur la valeur du travail. Jusqu'au XIXe siècle, la fabrication était le fait d'individus qui maîtrisaient un savoir-faire sur le modèle du chasseur, du pêcheur, de l'agriculteur ou de l'artisan. L'outil et la machine ont transformé les façons de faire. Plus récemment, les nouvelles technologies d'information et de communication ont bouleversé les processus de production. L'émergence d'organisations complexes, hypermodernes, fait disparaître le travail comme activité individuelle et le travailleur indépendant comme modèle pour l'organisation de l'activité. La grande majorité des travailleurs est insérée dans des réseaux et des systèmes organisés qui encadrent et normalisent l'activité. Dans le monde contemporain, la relation de services et l'activité intellectuelle sont dominantes. « L'importance du travail intellectuel et des processus cognitifs engagés dans l'activité déstabilise en profondeur l'équation entre le travail comme effort et le temps de travail, dans la mesure où l'effort est discontinu et où la charge physique se double maintenant d'une charge mentale, voire d'une charge psychique » (Dejours, 2003, p. 12). Au sein des organisations hypermodernes, le travail ne s'appréhende plus en termes de charge, d'exécution d'une tâche, d'effort pour produire un objet, cultiver la terre ou fabriquer à la chaîne. Il se caractérise par la mobilisation d'un sujet pour remplir des objectifs, appliquer des prescriptions, suivre des consignes. Dans cet univers, l'œuvre n'est plus un objet concret réalisé par un individu isolé, mais le résultat d'une production systémique qui nécessite la collaboration directe ou indirecte de milliers de personnes indifférenciées.

Ce que chacun fait n'est plus aussi facilement repérable et visible. Il y a une intrication des activités productives. Les *process* formalisés et les référentiels se substituent à la transmission des savoir-faire par l'exemple et l'identification. La formalisation et l'abstraction changent le rapport à l'acte de travail, dont une partie dépend des nouvelles technologies. L'informatique, la mécatronique (combinaison synergique et systémique de la mécanique, de l'électronique et de l'informatique), la robotique transforment l'activité mentale comme l'activité manuelle. Un hybride « homme-machine », mélange d'humanité flottante, d'organisation instrumentalisante et d'électronique virtuelle, se développe au point que les conséquences de l'acte sont absorbées par un système incommensurable dont la maîtrise échappe aux différents travailleurs qui l'utilisent.

Le faire devient plus flou, plus abstrait, moins visible. Le travail devient plus difficile à décrire. L'activité concrète est moins perceptible. L'activité se diffracte en une multiplicité d'actions sérialisées, plus ou moins reliées. La disjonction et la diversité se substituent à la continuité et à la cohérence.

L'avoir : travailler, c'est subvenir à ses besoins

Le registre de l'avoir est un aspect essentiel du travail par tout ce qu'il permet d'obtenir comme éléments nécessaires pour subvenir à ses besoins. Avoir un emploi, un salaire, une formation, des compétences, une protection sociale, des droits, une place dans une organisation, des relations, autant d'éléments nécessaires pour vivre dans les sociétés contemporaines. Robert Castel évoque à ce propos les « supports » (matériels et juridiques) indispensables pour avoir une existence sociale reconnue (Castel, 2003).

Le travail est une activité effectuée en vue d'obtenir un certain nombre de rétributions en argent et en avantages divers. Il permet de créer de la richesse et d'acquérir des moyens de subsistance nécessaires à la vie en société. Adam Smith en fait l'élément clé de l'économie et de la production de la richesse. « L'homme est riche ou pauvre selon la quantité [...] de travail qu'il peut se permettre d'acheter. La valeur de toute marchandise, pour celui qui la possède [...], est donc égale à la quantité de travail qu'elle lui permet d'acheter ou de commander. Le travail est la mesure réelle de la valeur échangeable de toutes les marchandises » (Smith, 1776). Mais la dimension économique n'est qu'un aspect de sa valeur. Pierre Bourdieu parle à ce propos de « capitaux » afin d'élargir à d'autres champs une notion au départ exclusivement économique. Le travail ne présente pas seulement un « intérêt » parce qu'il rapporte de l'argent. Il rapporte bien d'autres choses encore, un statut, des relations sociales, des compétences, de la reconnaissance, autant de « capitaux » qui fondent l'existence sociale :

– le capital économique recouvre des revenus qui prennent différentes formes. Le salaire est un élément clé du contrat de travail. Le salarié vend sa force de travail en contrepartie d'une rémunération. Les honoraires, pour les activités libérales, couvrent non seulement la rémunération de l'acte mais également la prise en charge des frais liés à l'activité. Les dirigeants et les cadres supérieurs reçoivent par ailleurs des indemnités, des stock-options, des avantages complémentaires qui vont de la voiture de fonction à la prise en charge de frais de voyages, voire de toutes les dépenses courantes comme le logement ou l'habillement. La possession de biens immobiliers et mobiliers est, par ailleurs, un élément déterminant du capital économique ;
– le capital social dépend de la nature de l'emploi occupé. L'emploi est devenu un élément déterminant pour avoir une existence sociale, un statut, une place dans une organisation, des protections juridiques et sociales, une sécurité objective et subjective. Par ailleurs, l'insertion professionnelle donne accès à des réseaux sociaux, à des collectifs, à un ensemble de relations sociales qui sont nécessaires pour développer une vie sociale. « Avoir des relations » est un élément important pour mettre en œuvre les bonnes stratégies dans *la lutte des places*. Cela favorise l'accès aux « bonnes filières » scolaires, la connaissance des bonnes recettes pour « faire carrière » et pour faire face aux accidents de la vie ;
– le capital culturel s'acquiert par le développement de compétences, l'accès à des formations, la maîtrise de savoir-faire, la participation quotidienne à des activités qui apportent l'expérience, l'accès à des nouveaux savoirs. Autant d'éléments qui viennent compléter le capital culturel initial, reçu à sa naissance dans la famille, du moins pour certains, et le capital scolaire qui se mesure par le ou les diplômes obtenus pendant la scolarité. La valeur des diplômes sur le marché du travail est aujourd'hui un élément essentiel pour obtenir un emploi ;

– le capital symbolique est attaché au statut socioprofessionnel et à la reconnaissance sociale dont il bénéficie. Certains statuts sont valorisés, d'autres stigmatisés. Certaines carrières professionnelles sont le signe de la réussite ou de l'échec, sources de fierté ou de honte, de considération ou d'invalidation, de respect ou d'exclusion. La reconnaissance dépend essentiellement de la valeur de ce capital symbolique qui est au fondement de l'estime de soi et de l'estime des autres. « Estime » et « estimation » ont la même racine. C'est dire que la valeur travail a une dimension symbolique incontournable qui se « calcule » au croisement du psychique, du côté de l'estime de soi et des enjeux narcissiques, et du social, du côté du regard des autres et du statut social attaché à chaque profession.

L'emploi est un vecteur de l'ensemble de ces capitaux. Celui qui le perd ne perd pas seulement un revenu, il est dépossédé d'un ensemble d'éléments qui lui sont attachés. D'où le drame que représente la perte de son travail, surtout pour tous ceux qui n'ont pas d'autres filets de protection. Dans les sociétés contemporaines, le travail est associé à l'emploi [1] comme facteur essentiel de l'insertion sociale. Les entreprises sont des « bureaux de placement » régulateurs de la distribution anthroponomique, c'est-à-dire de la façon dont les individus se distribuent dans l'espace social, le moyen par lequel ils y trouvent une place (Bertaux, 1977). C'est d'ailleurs à partir des positions et des catégories socioprofessionnelles que les statisticiens tentent de situer les individus dans la société. Le travail apporte un statut, une position, un réseau social, un revenu, autant d'éléments objectifs et symboliques, essentiels pour exister à part entière dans la société (Gaulejac, Taboada Léonetti, 1994).

1. L'association emploi-travail peut être facteur de confusion. Il est possible, en effet, de travailler sans avoir pour autant un emploi. Le travail domestique en est l'exemple le plus évident. Beaucoup de retraités n'ont plus d'emploi, mais développent des activités qui leur permettent de continuer à travailler activement. À l'heure où l'emploi devient précaire et le travail intense, la dissociation entre les deux est de plus en plus nette.

De l'avoir à l'être : travailler pour exister

Ce passage de la possession à l'existence avait été mis en évidence par Marx à propos de l'argent. « Du fait qu'il possède la qualité de tout acheter et de s'approprier tous les objets, l'argent est l'objet dont la possession est la plus éminente de toutes. [...] Ce que l'argent peut acheter, je le suis moi-même, moi, le possesseur de l'argent » (Marx, 1848, p. 114). Dans ce texte, Marx s'appuie sur une citation de Goethe dans *Faust* : « Allons donc ! Tes mains, tes pieds, ta tête et ton derrière t'appartiennent sans doute, mais ce dont je jouis allègrement m'en appartient-il moins ? Si je puis me payer six étalons, leurs forces ne sont-elles pas miennes ? Je galope, et me voici un rude gaillard, comme si j'avais vingt-quatre jambes. » La puissance de l'argent tient dans cette alchimie qui permet au possesseur de s'attribuer les qualités de ce qu'il possède. « Ce que je suis, et ce que je puis, n'est donc nullement déterminé par mon individualité. Je suis laid, mais je puis m'acheter la plus belle femme ; aussi ne suis-je pas laid, car l'effet de la laideur, sa force rebutante est annulée par l'argent. [...] Je suis un homme mauvais, malhonnête, sans scrupule, stupide, mais l'argent est vénéré, aussi le suis-je de même, moi qui en possède. [...] Moi qui, grâce à mon argent, suis capable d'obtenir tout ce qu'un être humain désire, n'ai-je pas en moi tous les pouvoirs humains ? Mon argent ne transforme-t-il pas toutes mes impuissances en leur contraire ? » (Marx, 1848, p. 115). Il y a une identification entre la personne et les objets qu'elle peut s'approprier par l'argent. Entre l'argent, le travail et la personne, qui possède l'autre ? Il en va de même pour le travail. Lorsque l'on dit « j'ai un travail », n'est-ce pas une inversion du sens ? C'est peut-être « le travail qui me possède ». Ainsi, entre le faire, l'avoir et l'être, les intrications sont permanentes.

Je suis ce que je fais. Les qualités et la puissance de l'être de l'homme sont très liées au travail qu'il effectue et aux qualités et à la puissance attribuées à la fonction occupée. Grégoire Philonenko, chef de rayon chez Carrefour, en donne un témoignage saisissant (Philonenko, Guienne, 1997). Il décrit parfaitement le processus par lequel un employé qui a le désir de bien faire son travail se retrouve pris dans un système qui va le conduire à sacrifier sa vie, sa famille et sa santé. On peut ici parler de *possession* tant l'emprise du travail est forte. Dans la même veine, Hélène Weber témoigne de la passion qui va l'amener à adhérer corps et âme à McDonald's (Weber, 2005). Elle décrit avec force les liens étroits qui s'établissent entre son être profond et « l'être de l'organisation ». Enfin, à propos du système IBM, nous avions décrypté les mécanismes par lesquels les employés deviennent possédés par leur entreprise tout en ayant le sentiment que celle-ci leur permet de réaliser leurs aspirations et leurs désirs les plus profonds (Pagès *et alii*, 1979).

Je suis ce que je gagne. Comment comprendre la folie des grandeurs et la course au toujours plus qui imprègnent les grands patrons et les traders à propos de leurs rémunérations ? Ce n'est pas la valeur en soi de l'argent touché qui est alors déterminant, la consommation et le confort auxquels il permet d'accéder, mais la puissance potentielle que donne à celui qui les touche le montant faramineux de ces rémunérations. La valeur d'usage est ici sans intérêt par rapport à la valeur symbolique. C'est la grandeur, la puissance et la gloire qui sont essentielles. Ce n'est pas la valeur de ce que ces patrons produisent qui justifie le montant du salaire, mais son montant qui confère de la valeur à celui qui le touche et, par extension, à tout ce qu'il fait. Le travail n'est plus alors seulement un moyen de subsistance, il est aussi une finalité de l'existence. Il devient, comme l'argent qu'il rapporte, un élément essentiel de la définition et de la réalisation de soi.

Entre « ce que je fais » et « ce que je gagne », le travail donne une position, un statut, une identité qui permet de définir sa place dans la société en comparaison avec d'autres. Le métier exercé et la position professionnelle indiquent une classe d'appartenance et une identité sociale. « Le travail est bien plus que le travail : c'est un signe d'appartenance, un marqueur, un statut » (Méda, 2010, p. 77). L'essentiel n'est plus tant d'avoir un travail que d'exister par le travail.

De l'éthique du devoir à l'accomplissement de soi

Les éléments objectifs se mêlent à des éléments subjectifs. Le travail n'est pas seulement un moyen matériel de subsistance, c'est aussi un moyen d'exister subjectivement. Dans *Le Coût de l'excellence*, nous évoquions un « contrat narcissique » en complément du contrat de travail (Aubert, Gaulejac, 1991). Ce dernier décrit les apports respectifs de l'employé et de l'entreprise, les droits et les devoirs de chacun, les contributions et les rétributions attendues. Dans le contrat narcissique, il s'agit d'autre chose. L'entreprise propose aux employés un défi qui est de l'ordre de l'idéal. Elle leur offre le moyen de se dépasser, de se surpasser, d'atteindre l'excellence. Ce contrat imaginaire s'appuie sur la concordance entre les valeurs de performance et d'excellence présentées par l'entreprise et les désirs de toute-puissance, les idéaux de perfection plus ou moins inconscients. Ce n'est plus seulement la force de travail qui est sollicitée mais l'énergie libidinale. Le travail n'est plus principalement une activité physique mobilisée pendant un temps limité par la pointeuse, il est un idéal de réalisation de soi. Le désir de faire carrière produit une mobilisation psychique intense sur les objectifs fixés par l'entreprise. Le travail devient l'élément clé d'un renforcement des liens entre des processus intrapsychiques d'idéalisation, de projection et d'introjection, de sublimation, et des processus organisationnels de sélection, d'évaluation, de répartition, d'ordonnancement, de classification, de production. L'individu cherche à satisfaire ses désirs inconscients, à canaliser ses pulsions et ses angoisses dans le travail. La mobilisation psychique devient un élément déterminant du rapport à l'entreprise.

Ces remarques illustrent l'évolution de la place du travail dans nos sociétés. « Historiquement, le travail s'inscrirait d'abord dans un système de croyance et de respect de l'autorité. Il correspondrait alors à une "éthique du devoir", une obligation envers la société ; ensuite, avec le développement de valeurs individualistes et rationnelles, le travail revêtirait une valeur instrumentale : il serait recherché pour la sécurité et le revenu qu'il peut apporter ; enfin, aujourd'hui, le travail devrait avant tout permettre aux individus de s'épanouir, la sécurité économique dans les pays riches n'étant plus une priorité et la qualité de la vie et le bien-être subjectif devenant des valeurs majeures » (Méda, 2010, p. 18).

Dès le XIXe siècle, le rapport au travail va se modifier en profondeur pour devenir « l'essence de l'homme ». Deux auteurs vont accompagner cette révolution. Hegel, qui considère que le travail est à la fois ce qui transforme le monde à l'image de l'homme et ce qui le transforme lui-même. Quant à Marx, il va encore plus loin en affirmant que le travail est la seule activité humaine qui importe, la seule qui définit vraiment l'homme. Pour Marx, le travail est une condition indispensable de l'homme, une nécessité éternelle qui sert de médiateur entre celui-ci et la nature (Marx, *Le Capital*, 1867). Il est donc essentiel de désaliéner le travail pour qu'il permette aux hommes d'exprimer pleinement leur personnalité et leur contribution à la production de la société. Pour que les hommes puissent vraiment produire comme des êtres humains, il convient donc, selon Marx, de faire la révolution pour sortir de l'exploitation de l'homme par l'homme et abolir le salariat, qui crée un lien de subordination à l'employeur.

Deux éléments vont changer la donne à partir de la fin du XIXe siècle. Le salariat va se généraliser et devenir le support de la protection sociale, de droits importants qui donnent aux salariés une sécurité objective dont ils ne peuvent se passer au risque de basculer dans la désaffiliation (Castel, 2003). L'exploitation est alors contrebalancée par la sécurité qu'apporte le fait d'avoir un emploi. Par ailleurs, le lien de subordination va se transformer avec la « révolution managériale ». Il ne s'agit plus, comme dans l'univers taylorien et disciplinaire, de « rendre les corps utiles dociles et productifs » (Foucault, 1975) mais de réconcilier l'homme et l'entreprise. L'exercice du pouvoir au sein des entreprises va profondément évoluer. La gestion managériale préfère l'adhésion volontaire à la sanction disciplinaire, la mobilisation à la contrainte, l'incitation à l'imposition, la gratification à la punition, la responsabilité à la surveillance. Sa force s'enracine dans un système de valeurs qui favorise l'engagement individuel, dans lequel la recherche du profit est couplée à un idéal. Le travail doit devenir le lieu de l'épanouissement de chacun, de la performance individuelle et collective, du dynamisme et de l'émulation pour la réussite de tous, de l'amélioration de l'existence des clients comme des collaborateurs. Il s'agit enfin de conduire ces activités avec le sens de l'éthique. Projet et idéal vont de pair. Personne ne peut se satisfaire de se consacrer totalement à son travail pour une finalité uniquement financière. Depuis Max Weber (1905), on a compris que les hommes travaillent pour leur salut et pas seulement pour de l'argent.

L'entreprise hypermoderne propose un idéal commun qui doit devenir l'idéal des employés. Cette captation de l'idéal du moi de chaque individu ne s'effectue pas mécaniquement. Il convient d'abord que les valeurs individuelles ne soient pas trop en rupture avec celles de l'organisation. Sur ce point, les procédures de sélection sont très sophistiquées. Elles opèrent un ajustement entre la « personnalité » des candidats et les attentes de l'organisation. Des tests, des entretiens, des mises à l'épreuve, des analyses graphologiques et psychologiques, permettent de décrire, de mesurer, d'évaluer, de classer, de comparer, de jauger ceux qui ont les meilleures caractéristiques pour s'adapter au modèle de comportement attendu. Les élèves des écoles d'ingénieurs et des écoles de commerce sont, *a priori*, les plus aptes à intérioriser les façons de faire et de penser conformes aux attentes de l'entreprise. Les cours de formation interne, les dispositifs d'évaluation et les procédures de promotion tiennent compte des apprentissages et des savoirs accumulés, mais également et peut-être surtout des « motivations », c'est-à-dire de l'aptitude et de la volonté à se mobiliser pour remplir les objectifs et pour adhérer aux projets de l'entreprise. Le travail devient un « challenge », un moyen de dépassement de soi.

Dans ces entreprises, les revendications des travailleurs s'expriment moins sur les registres quantitatifs et matériels que sur les registres qualitatifs et subjectifs. Dans le capitalisme industriel, l'essentiel des conflits se cristallisait sur les conditions de travail, l'augmentation des salaires, la diminution du temps de travail. Il s'agissait surtout de gagner plus et de travailler moins. Aujourd'hui, même si ces revendications restent absolument d'actualité pour bon nombre de salariés, on voit émerger des revendications plus existentielles en termes de malaise subjectif et de souffrance au travail. Ce déplacement des plaintes du registre de l'avoir au registre de l'être met les organisations syndicales comme les directions des entreprises en difficulté parce qu'elles échappent aux modes habituels de régulation. L'*être* est du côté de la subjectivité, de l'ineffable, des sentiments, de l'intériorité, autant de dimensions qui ne sont pas du registre de l'action syndicale traditionnelle ni de celui des patrons. Et pourtant, les symptômes du malaise ne peuvent les laisser indifférents tant ils deviennent incontournables.

D'abord facteur de production de richesses et moyen de subsistance, le travail devient un élément central de l'accomplissement de soi. Il est au cœur du rapport entre l'être de l'homme et l'être de la société. Il invite les individus à se réaliser tout en contribuant à produire la société en se produisant eux-mêmes. Il obéit moins à l'éthique du devoir et de l'obéissance qu'à l'aspiration au développement personnel. La question identitaire devient alors centrale. L'identité professionnelle a toujours été un élément essentiel de l'existence sociale. Aujourd'hui, ce n'est plus seulement « l'identité au travail » (Sainsaulieu, 1977) qui est en jeu, mais le sujet dans toute son existence. La distinction travail-hors travail n'est plus évidente. Entre la vie privée et la vie au travail, les frontières sont de moins en moins nettes. L'intrication entre le travail et les autres secteurs de l'existence s'accentue en permanence. Le travail et la vie sont devenus indissociables.

Le travail, lieu de tensions contradictoires

Le travail est un facteur de production créateur de richesses pour soi et pour la société dans le registre du faire, un élément central pour avoir des moyens de subsistance et accéder à la protection sociale dans le registre de l'avoir, une des voies pour exister, se développer et s'accomplir dans le registre de l'être. Ces dimensions sont à la fois complémentaires et contradictoires.

Marx avait bien mis en évidence la dualité irréductible du travail comme support de l'émancipation et comme facteur d'aliénation. Pour l'auteur du *Capital*, le travail est au fondement du pouvoir d'agir sur soi et sur le monde. C'est « un processus de formation dans lequel les sujets peuvent se reconnaître eux-mêmes individuellement et collectivement comme des sujets de l'action, construisant l'histoire, grâce à l'expérience qu'ils font d'eux-mêmes dans le produit de leur travail » (Honneth, 2007, p. 24). Par le travail, le sujet peut advenir et se constituer en collectif pour agir comme sujet socio-historique. Mais ce processus de subjectivation et d'émancipation est aliéné par le capitalisme, qui réifie le travail, le mécanise, le fragmente. Le capitalisme produit un renversement par lequel « l'activité de travail structurant la subjectivité devient une activité dirigée par l'objet », écrit Axel Honneth (*ibid.*, p. 26). Le travail devient alors facteur d'aliénation et d'exploitation. C'est à partir de ce double mouvement qu'il faut penser le travail. La constitution d'une classe de travailleurs va les conduire à s'organiser pour lutter contre l'exploitation et l'instrumentalisation dont ils sont l'objet, pour reconquérir une possibilité d'action sur leurs conditions de travail et sur la société. « À mesure que diminue régulièrement le nombre des magnats du capital qui usurpent et monopolisent tous les avantages de ce procès de mutation continue, s'accroît le poids de la misère, de l'oppression, de la servitude, de la dégénérescence, de l'exploitation, mais aussi de la colère d'une classe ouvrière en constante augmentation, formée, unifiée et organisée par le mécanisme même du procès de production capitaliste » (Marx, 1867, édition PUF, p. 856). Ainsi, la logique capitaliste devrait aboutir inéluctablement à une révolution menée par le prolétariat. L'exploitation et la réification suscitent la colère qui génère la révolte et l'organisation du prolétariat en classe sociale pour lutter contre les propriétaires des moyens de production et renverser l'ordre capitaliste.

L'analyse marxiste du travail a été l'objet de débats multiples. L'histoire nous a montré sa puissance et ses limites. Sans entrer dans la discussion sur son actualité, on retiendra l'intérêt d'une approche dialectique pour mieux comprendre en quoi le travail est toujours traversé par une dualité irréductible entre émancipation et aliénation, entre libération et oppression : il est un support essentiel de réalisation de soi et un facteur de contrainte, d'empêchement à vivre. Il convient donc de mieux comprendre les dynamiques contradictoires qui traversent le rapport au travail aujourd'hui. S'il est un motif de souffrance, il est aussi un lieu de plaisir. S'il est porteur d'aliénation, il est également un moyen de réalisation de soi-même. Il est fondateur de l'existence sociale, par les droits et la protection qu'il génère, et facteur d'insécurité puisque la perte d'emploi est un drame qui peut prendre la forme d'une « mort sociale ». La peur de perdre son emploi est un facteur d'insécurité important. « Perte d'emploi, perte de soi », écrit Danièle Linhart à ce propos (Linhart, 2005). Le contrat de travail implique la subordination, mais il est aussi un élément essentiel de l'autonomie. Le travail reste une valeur importante, et sa place est centrale dans la vie comme lieu d'épanouissement, comme vecteur de socialisation, comme moyen de subsistance, comme plaisir de la rencontre, comme lieu de développement personnel. Il est un élément d'étayage qui fonde la confiance en soi et, en même temps il suscite une dépendance intellectuelle et affective qui peut saper l'estime de soi. La plainte de ne pas recevoir suffisamment de reconnaissance est le revers d'une attente forte de tout ce que le travail peut apporter. Le *tripalium* origine le travail dans le registre du poteau de torture et de la souffrance, mais le travail représente également un élément essentiel de la construction de soi et de l'épanouissement des individus.

La formule « on ne veut pas perdre sa vie à la gagner » exprime parfaitement l'intrication du travail et de la vie, du travail comme moyen pour subsister et du travail comme finalité de l'existence. Entre travailler pour vivre et vivre pour travailler, le balancement est permanent. C'est bien parce que le travail fait vivre qu'il fait souffrir. Il ne peut, du moins aujourd'hui, être pensé comme une sphère séparée des autres dimensions de la vie personnelle et de la vie sociale. La distinction travail-hors travail devient floue. Les transformations constatées dans le monde du travail se répercutent dans les autres sphères de l'existence.

Les débats sur le mal-être au travail expriment des positions antagonistes révélatrices de ces tensions contradictoires : le travail est-il un moyen ou une finalité, un lieu d'aliénation ou d'émancipation, un facteur d'épanouissement ou d'anxiété, un vecteur de subjectivation ou d'instrumentalisation ? La réponse est dans la question. Il suffit de remplacer le « ou » par un « et ». Ces différents pôles opposés sont indissociables. La tension entre eux est toujours présente. Le mal-être n'est compréhensible qu'en tant que le travail peut être facteur de bien-être. Les mêmes situations peuvent apporter du plaisir et/ou de la souffrance, de la sécurité et/ou de l'insécurité, du dynamisme et/ou de l'inhibition, de la santé mentale et/ou de la dépression, du bonheur et/ou du malheur. Pour autant, il ne faudrait pas minimiser les conditions objectives de travail, qui sont plus ou moins contraignantes, plus ou moins pénibles, plus ou moins stressantes. Il convient donc de mieux comprendre l'articulation entre les conditions concrètes, matérielles, objectives (souvent évoquées comme « réelles ») et les conditions subjectives, éprouvées, vécues, dont la réalité n'est pas moins tangible.

Dans cette perspective, certains défendent l'idée d'un travail soutenable, « un travail qui au lieu de briser, fatiguer, abaisser, abrutir, user, permettrait au contraire de s'exprimer, de nouer des contacts, d'être utile, d'être un opérateur de santé » (Méda, 2010, p. 54). Force est de constater que les deux termes de cette alternative, le travail qui use et celui qui épanouit, coexistent en proportions variables selon la nature de l'emploi et selon le type de rapport que l'individu entretient avec son activité. La plupart des emplois sont à la fois un lieu de fatigue, de contrainte, voire d'aliénation, et un lieu d'expression, d'accomplissement de soi, voire de libération. Par ailleurs, un même travail peut être vécu à certains moments comme un lieu de souffrance ou d'abrutissement et, à d'autres, comme un élément essentiel de réalisation, d'épanouissement et de rencontres. Il y a là une dynamique contradictoire qui articule des éléments objectifs et subjectifs.

*

Longtemps les revendications des travailleurs ont essentiellement porté sur le premier point : les salaires, les conditions de travail, les avantages dits « sociaux ». Les organisations syndicales ne savaient pas comment aborder les secondes, considérées comme du domaine psychologique, intime, personnel. Elles commencent à se rendre compte que ces dimensions subjectives sont tout aussi essentielles, qu'elles sont indissociables des conditions de travail et que les salariés attendent de leurs représentants qu'ils les défendent et les protègent de la violence et de la souffrance engendrées par ces conditions. Il faut alors changer les modes d'action, trouver d'autres modalités de mobilisation. Après le suicide d'un collègue, la grève n'est sans doute pas la meilleure réponse pour affirmer une solidarité et dénoncer les causes qui ont conduit au passage à l'acte. Et pourtant, il est essentiel, face à un acte profondément individuel et destructeur, de trouver des modalités d'action pour exprimer de la solidarité, donner une expression symbolique au malaise ressenti, favoriser une élaboration collective.

Le travail a donc des visages opposés. D'un côté, il est un élément de la construction de soi comme sujet, il apporte du plaisir, du sens, des éléments objectifs de bien-être ; de l'autre, il peut être le lieu de l'aliénation, de l'oppression, il génère de la souffrance, de l'incohérence, des éléments subjectifs de mal-être. Alors que, globalement, les conditions de travail se sont améliorées et que le temps de travail a diminué, les indicateurs de santé au travail se dégradent et les symptômes d'un malaise s'accentuent. Si les contradictions entre émancipation et aliénation sur le plan social, entre plaisir et souffrance sur le plan existentiel, ne sont pas nouvelles, c'est leur intensité, leur intrication et leur exacerbation qui sont devenues aujourd'hui un phénomène social.

Chapitre 2

Inquiétantes mutations

« Travailler est issu (1080) d'un latin populaire *tripaliare*, littéralement "tourmenter, torturer avec le "trepalium", du bas latin *trepalium*, nom d'un instrument de torture. P. Guiraud invoque un croisement entre *trepalium*, qui désignait aussi un appareil à ferrer les bœufs, et le roman *trabiculare* de *trabicula* "petite poutre", [...] ; *trabicula* a pu désigner le chevalet de la question et *trabiculare* signifier "torturer" et "travailler", c'est-à-dire supporter une charge comme le chevalet. »

ALAIN REY (DIR.),
DICTIONNAIRE HISTORIQUE DE LA LANGUE FRANÇAISE, 2000.

Le travail n'est pas en crise au sens où les bouleversements qui le traversent ne sont pas transitoires, comme s'il s'agissait d'un mauvais moment à passer. Il est traversé par des mutations profondes et structurelles. Les conditions objectives et subjectives du travail subissent des transformations complètes. La pénibilité physique s'est plutôt atténuée du fait de l'automatisation, de la réduction du temps de travail et du développement des services, qui sont des emplois moins « physiques » que les emplois de l'agriculture et de l'industrie. Mais si « la charge de travail » s'est objectivement réduite, son intensité a plutôt augmenté. Un ouvrier travaille deux fois moins qu'au milieu du XIXe siècle pour un salaire vingt à trente fois supérieur. Ces gains de temps et d'argent ont été rendus possibles par un formidable accroissement de la productivité. Ce que l'homme gagne en temps, il le paye en intensité, ce qu'il gagne en temps libre, il le paye en implication. La charge s'est déplacée du registre physique au registre psychique. Le travail n'est pas en lui-même en crise, il change de nature, il mobilise les individus autrement. Tous les registres évoqués précédemment, le faire, l'avoir et l'être, sont concernés. L'inquiétude vient du fait que les tensions à l'œuvre semblent s'exacerber. Plusieurs éléments révèlent un mal-être : la montée d'une violence chez les salariés lorsque des décisions sont prises sans eux alors qu'elles menacent leur emploi et l'avenir de leur entreprise ; l'émergence du stress, de troubles psychosomatiques jusqu'au suicide, qui touchent de plus en plus de salariés ; le sentiment que tous les moyens sont bons pour faire des affaires, que la tricherie se banalise, que les pratiques les plus bêtifiantes sont tolérées, décrivant un monde à la dérive qui ne fait plus sens.

Des mutations dans le registre du faire, de l'avoir et de l'être

Le travail manuel exigeait une force physique, ce qui n'excluait pas un investissement mental dans l'acte de travail. Dans le registre du faire, le travailleur pouvait suivre les différentes phases de la chaîne de production. Avec l'automatisation et la sérialisation du travail à la chaîne, cette visibilité s'est réduite. Les nouvelles technologies d'information et de communication bouleversent le rapport à ce que l'on fait. La visibilité change de nature. Elle devient virtuelle. On ne perçoit plus un objet concret, mais un écran sur lequel s'affichent des mots, des graphiques, des chiffres, des informations abstraites. La production ne se traduit pas en termes de fabrication d'objets, de transformation de matières physiques, de contacts avec des choses tangibles, elle produit du service, des informations, de la communication, autant d'éléments plus ou moins virtuels et intangibles. La question du sens du travail se pose d'autant plus que le travailleur ne peut plus montrer ce qu'il fait, comme on montre une œuvre. Ce qu'il produit est « avalé » par un système complexe dans lequel sa production propre n'est pas aisément identifiable.

Lorsque la production n'est plus évidente, on s'attache à vouloir la cerner le plus objectivement possible. Lorsque le sens de ce que chacun produit échappe à la perception directe, on met en place des instruments de calcul pour chercher à le saisir. D'où une inflation de procédures d'évaluation qui tentent de mesurer la production. La question se pose alors des écarts entre ce que ces outils permettent de saisir et l'activité réelle. On peut calculer ce qu'elle coûte et ce qu'elle rapporte, il est plus difficile de rendre compte de la valeur qu'elle représente pour celui qui l'effectue. La valeur travail change de nature. Ce qui la fondait, du côté du faire, semble disparaître derrière d'autres valeurs dans lesquelles le travailleur se reconnaît plus ou moins.

Dans le registre de l'avoir, les perceptions sont tout aussi changeantes. Dans le monde mouvant et « liquide » de l'hypermodernité, *avoir un travail* change de signification. Les débats sur la « flexisécurité » rendent bien compte de ces transformations structurelles. Comment assurer une sécurité quand on est continuellement menacé de perdre sa place, quand il faut se préparer à changer de position, de fonction, de métier, de statut ? Comment permettre aux salariés de conserver des moyens de subsistance alors qu'ils n'ont plus de travail ? Comment leur permettre de se former pour acquérir les nouvelles compétences dont ils ont besoin pour remplir de nouvelles fonctions ? Avoir un travail n'est plus un état stable, une acquisition qui permet de s'installer durablement à une place. Chacun doit « construire » sa trajectoire professionnelle en s'adaptant en permanence. Adaptabilité, mobilité, flexibilité qualifient les exigences nécessaires pour obtenir et conserver un emploi. Le travail est du registre non plus de la possession, mais de l'adaptation permanente.

À partir du moment où avoir un emploi est devenu la pierre angulaire de l'existence sociale, que faire de tous ceux qui n'ont pas ou n'ont plus de travail ? Dans *La Lutte des places*, nous avions évoqué le paradoxe exprimé par un chômeur de longue durée qui nous disait : « Être au chômage, c'est un travail à plein temps. » Là aussi, il est question d'adaptation et de flexibilité. On le perçoit dans les transformations des règles du chômage, qui conduisent à radier les demandeurs d'emploi refusant les propositions qui leur sont faites. Il ne s'agit plus de trouver un travail adapté à ses compétences, mais d'adapter ses compétences aux offres du marché du travail. La dépendance au marché de l'emploi et aux exigences du travail impose aux travailleurs des rythmes, des habitus et des contraintes tels que le travail devient l'élément principal de l'organisation de la vie. Le travail n'est plus alors une activité parmi d'autres que l'on exerce, mais une activité qui dicte les conduites, les comportements, les modes de vie, les valeurs, l'existence même. Ces mécanismes d'imposition existaient auparavant pour tous ceux qui ne possédaient que leur force de travail. On les voit à l'œuvre aujourd'hui aussi bien dans des emplois peu qualifiés (caissières, manutentionnaires, personnels d'entretien) que dans des emplois plus qualifiés, jusqu'aux cadres de multinationales, en passant par tous les *work addicts* qui ne vivent que dans et par leur travail.

Les frontières entre le registre de l'avoir et le registre de l'être se délitent. Entre le travail et l'existence, l'interaction est constante : il faut travailler pour vivre et vivre pour travailler. La présentation de soi-même passe avant toute chose par l'identification de son identité professionnelle. Mais, dans le même temps, les statuts professionnels qui donnaient un statut social se brouillent : les médecins, les avocats, les ingénieurs, métiers de prestige auparavant, recouvrent aujourd'hui des situations contrastées, des montants de revenus et des conditions de travail très différents. Les uns se prolétarisent alors que les autres occupent des positions enviables. Le travail ouvrier change, comme la condition ouvrière. Le paysan, métier indépendant par excellence, est désormais dans une dépendance absolue face aux distributeurs et aux grandes surfaces. L'identité professionnelle et l'identité personnelle s'intriquent et se soutiennent dans des mouvements complémentaires et contradictoires. L'être de l'homme se définit essentiellement par le travail, dans un moment où la place du travail dans la société éclate dans une multiplicité d'orientations et de significations de plus en plus aléatoires.

Le travail est simultanément du côté de l'assujettissement et du côté de l'avènement du sujet. Le sujet se révèle tout autant dans le refus, la résistance au travail, que dans son acceptation. Dans ce contexte de turbulences complexes, les sentiments sur le rapport au travail offrent un constat polysémique.

Quelques données chiffrées

Les différents sondages d'opinion, comme les recherches qualitatives menées sur le terrain, révèlent les multiples contradictions qui traversent aujourd'hui les organisations productives. Nous avons retenu quelques données qui illustrent combien le travail suscite des sentiments variés et se révèle un monde de plus en plus inégalitaire et contrasté.

En France, plus de 50 % des salariés disent éprouver du stress au travail (OpinionWay, octobre 2009). Les troubles psychologiques liés à l'activité professionnelle ne cessent d'augmenter pour toucher

24 % des hommes et 37 % des femmes, selon l'Institut de veille sanitaire. Selon le Baromètre santé 2005[1], 38,5 % des actifs déclarent que leur travail affecte leur santé. Le stress déclaré par les actifs occupés est plus souvent d'origine professionnelle que personnelle : 59,4 % des actifs occupés déclarent un épisode de stress en lien avec leur activité professionnelle (58 % des hommes et 61 % des femmes), alors que 34,4 % signalent avoir été victimes d'un épisode de stress dans leur vie personnelle (26 % des hommes et 44 % des femmes). Selon une enquête de l'Agence nationale pour l'amélioration des conditions de travail (ANACT/CSA, juin 2009), les causes de stress sont en premier lieu à rechercher dans l'organisation du travail (41 %), la non-satisfaction des exigences personnelles (38 %), les relations avec la hiérarchie et les collègues (32 %), ainsi que les changements dans le travail (31 %).

Une étude de 2005 de la Direction de l'animation de la recherche, des études et des statistiques (DARES) du ministère du Travail montre que l'intensification du travail et les tensions suscitées par la « relation client » sont deux causes majeures de l'augmentation du mal-être au travail. 60 % des salariés estiment devoir fréquemment interrompre une tâche pour en commencer une autre ; 48 % déclarent travailler dans l'urgence ; 53 % que leur rythme de travail est imposé par une demande à satisfaire immédiatement ; parmi les 68 % des salariés en contact avec le public, 42 % déclarent vivre des situations de tension avec les usagers et 25 % subir des agressions verbales.

Le coût du stress représente, selon les études, entre 2,6 et 3,8 % du produit intérieur brut (PIB) en France et en moyenne entre 3 et 4 % du PIB dans les sociétés développées (rapport annuel du Bureau international du travail [BIT]). Le *job strain* – combinaison d'une forte pression, comme des cadences imposées, des délais courts, et d'une faible latitude décisionnelle – aurait coûté entre 1,9 et 3 milliards d'euros en 2007 selon l'Institut national de recherche et de sécurité (INRS), ce qui représente une hausse de 15 à 20 % depuis 2002. Le coût est calculé à partir de trois pathologies induites par le *job strain* : certaines maladies cardio-vasculaires, certains troubles musculo-squelettiques et les dépressions. Outre le coût de ces pathologies, l'analyse inclut

1. Sources : Centre d'analyse stratégique, « La santé mentale, l'affaire de tous », *Rapports et Documents*, n° 24, Paris, La Documentation française, 2010, p. 69.

l'absentéisme, les décès prématurés et les cessations anticipées d'activité. Ces coûts représentent de 15 à 27 % du budget de la branche accidents du travail-maladies professionnelles de la Sécurité sociale.

Pour 13 % des salariés, il existe une antinomie entre ce qu'on leur demande de faire et leur conscience professionnelle, selon l'Institut de veille sanitaire. 53 % estiment que leurs efforts et leurs compétences ne sont pas reconnus, et 59 % pensent qu'ils sont plutôt perdants dans leur relation au travail (TNS Sofres, *Les Échos*, novembre 2009).

Parmi les pays européens, c'est en France que les relations avec les directions sont les plus mauvaises, que les sentiments de stress et d'épuisement sont les plus élevés et que le mécontentement sur le niveau des salaires est le plus grand. La France est aussi en dernière position sur la question de la satisfaction au travail. Moins de 30 % des Français se disent « complètement satisfaits » ou « très satisfaits » (étude de l'International Social Survey Programme [ISSP] sur les conditions de travail, 2005, citée par Dominique Méda, 2010).

En France, 65 % des ingénieurs estiment que leur formation initiale ne les a pas préparés à s'intégrer dans une organisation, à l'animer et à la faire évoluer. Seuls 15 % s'estiment sensibilisés par leurs études aux relations sociales (*CTI infos*, n° 3, octobre 2008. Enquête réalisée auprès de 50000 diplômés d'écoles d'ingénieurs).

Un sondage[2] illustre la crise de confiance et la rupture du lien entre les employeurs et les salariés : 84 % estiment que les intérêts des dirigeants et des salariés ne vont pas du tout ou plutôt pas du tout dans le même sens. Ils sont 58 % à ne pas avoir confiance dans leurs dirigeants ; 84 % pensent que la politique menée par le gouvernement est plus favorable aux entreprises qu'aux salariés ; 80 % estiment que les intérêts des entreprises et les intérêts des salariés ne vont pas dans le même sens. Ce sondage met en évidence la crise du modèle managérial qui prône la réconciliation de l'homme et de l'entreprise. Les chartes d'entreprise insistent toutes sur l'absence d'antagonisme entre les intérêts des travailleurs et ceux de l'entreprise. Il suffit de jouer « gagnant-gagnant » pour que la réussite des uns favorise la réussite de l'autre et *vice versa*. Il faut dire que ces principes ont été rudement contredits

2. Sondage TNS Sofres pour Altedia et *Les Échos* du 14 au 23 octobre 2009 effectué auprès de 1 005 salariés d'entreprises privées, publiques, d'administrations et d'associations de toutes tailles. Échantillon représentatif des salariés français (âge, sexe, profession, région, type d'activité).

par les faits. En particulier à partir du moment où les rémunérations des dirigeants s'envolent alors que celles des salariés stagnent, que les plans sociaux se multiplient, que la crise financière conduit à un accroissement du chômage et à un renforcement de l'exigence de productivité. Il n'est pas étonnant, dans ces conditions, que 73 % des salariés considèrent que les écarts de salaire entre les dirigeants et les employés ne sont pas justifiés.

Cette méfiance vis-à-vis du patronat ne profite pas pour autant aux syndicats. 53 % des salariés, contre 46 %, ne leur font pas confiance. La défiance monte à 86 % pour le MEDEF. Ce climat de méfiance épargne les petites entreprises, dans lesquelles 61 % des salariés pensent que leurs intérêts coïncident avec ceux de leur patron. La coupure entre dirigeants et salariés se double d'une coupure entre les grandes organisations, acquises au modèle managérial, et les petites, qui maintiennent des modalités de gestion ancrées sur des relations personnalisées.

Un million de chômeurs sont arrivés en fin de droits en 2010. Seuls 38 % d'entre eux auront pu bénéficier du Revenu minimum d'insertion (RMI), du Revenu de solidarité active (RSA) ou de l'Allocation spécifique de solidarité (ASS). 62 %, soit plus de 600000 chômeurs, risquent de se retrouver sans aide. Par ailleurs, les demandeurs d'emploi de longue durée (plus d'un an) représentaient plus de 40 % du nombre total, soit 947000 personnes fin 2009, en augmentation de 24 % par rapport à 2008 (Direction des statistiques, enquêtes et prévision de Pôle emploi, novembre 2009).

À l'opposé de ces populations démunies, la rémunération annuelle des patrons du CAC 40 s'établit en moyenne à 3,6 millions d'euros, ce qui représente deux cent onze SMIC. Ces chiffres ne prennent pas en compte les avantages annexes comme la voiture de fonction, les notes de frais, les stock-options, les parachutes dorés et la participation à des conseils d'administration d'autres sociétés. Par ailleurs, un administrateur d'un groupe du CAC 40 est dans plus de 90 % des cas un homme, entre 50 et 60 ans, issu des grands corps (inspection des Finances, Mines, Ponts, Télécoms) ou des cabinets ministériels. Sa rémunération s'élevait en 2008 à 55000 euros par mandat et à 79000 euros pour ceux qui président un comité d'audit. La rémunération est plus élevée pour ceux qui cumulent plusieurs mandats. En 2008, Michel Pébereau a ainsi perçu 265200 euros de jetons de présence en tant qu'administrateur de cinq sociétés, le maximum autorisé par la loi. À cette somme s'ajoutait sa rémunération annuelle de 1,713 million d'euros en tant que président du conseil d'administration de la banque BNP Paribas (étude du cabinet Russell Reynolds, citée par *Le Monde* du 12 janvier 2010).

Quatre-vingt-dix-huit personnes détiennent 43 % des droits de vote aux conseils d'administration des entreprises du CAC 40. Cette concentration des pouvoirs s'exerce par des participations croisées dans les conseils d'administration. Par exemple, quatre dirigeants de Paribas sont répartis dans quinze sociétés de l'indice phare de la Bourse de Paris, dont Total, EADS, AXA, Saint-Gobain, Lafarge, Veolia, Suez environnement, Carrefour, Bouygues, Alstom, Lagardère…

Tous ces chiffres illustrent l'existence d'un mal-être profond dans le monde du travail : augmentation des maladies professionnelles et du stress ; intensification de la charge psychique, de l'urgence, des tensions ; sentiment d'insatisfaction au travail de plus en plus prononcé ; augmentation du chômage et affaiblissement de la protection sociale ; rupture de lien entre l'entreprise et les salariés ; rupture de confiance entre les dirigeants et les travailleurs, une rupture qui concerne également les cadres ; sentiment d'injustice face aux écarts croissants des rémunérations ; inadéquation de la formation des élites pour administrer les organisations ; rupture entre le monde des actionnaires et le monde du travail ; hyperconcentration des pouvoirs ; consanguinité des conseils d'administration et standardisation des dirigeants issus du même moule.

Le mal-être s'observe dans l'ensemble du monde du travail. Les symptômes se retrouvent dans les organisations marchandes et non marchandes, dans les secteurs privé, public et associatif, dans toutes les branches professionnelles (industrie, commerce, agriculture, services, professions libérales). Tous les niveaux hiérarchiques sont concernés (cadres supérieurs, cadres moyens, ouvriers, techniciens, employés). Il convient donc de l'analyser comme un *phénomène social total*. C'est-à-dire un phénomène qui concerne la société dans son ensemble, qui émerge dans des circonstances historiques repérables. Au-delà des spécificités liées au contexte, à la taille des entreprises, à la multiplicité des symptômes, on voit émerger une inquiétude grandissante.

Colères et désespérance face à un pouvoir inaccessible

À Bercy, la cellule chargée de « veiller sur la santé économique du tissu industriel » a recensé pas loin de 2 000 plans de sauvegarde de l'emploi (PSE) en 2009, contre 1 049 en 2008 et 957 en 2007. Au-delà des statistiques et de l'augmentation des plans sociaux, c'est la montée de formes de revendications plus radicales qui est frappante. L'exaspération des travailleurs est perceptible face à des décisions de fermeture d'usine prises sans eux, loin d'eux, et parfois dans des conditions économiques et financières qui ne les justifient pas, du moins à leurs yeux. Les manifestations et les occupations d'usines sont les formes habituelles de la conflictualité dans ce domaine. Depuis quelque temps, on assiste à d'autres formes d'action comme le sabotage de matériel, la séquestration des patrons et des cadres, des menaces de « tout faire sauter » ou de déverser dans les rivières des produits toxiques pour dévaster l'environnement. Ces actions et ces menaces expriment la désespérance et la révolte devant un pouvoir perçu comme lointain, méprisant et inaccessible. Il y a, bien entendu, une stratégie de communication derrière ces manifestations. On mène des actions spectaculaires pour se rendre audible, attirer les journalistes et s'assurer d'une couverture médiatique pour peser sur les négociations d'un plan social.

Certaines de ces manifestations sont ludiques : chez Chaffoteaux, les salariés singent une « garden party à l'Élysée » pour faire parler d'eux ; chez Motorola, les employés créent une parodie de la chanson *Le téléphone pleure*, de Claude François, pour exprimer leur détresse. D'autres sont plus violentes, comme « les 3M » et « les Carterpillar » qui séquestrent leurs cadres, ou « les Conti » qui saccagent la sous-préfecture de Compiègne. À l'été 2009, les employés de New Fabris, un équipementier automobile, installent des bonbonnes de gaz sur le site et menacent de faire sauter leur usine. Quelques jours plus tard, ce sont les employés de JLG, un fabricant de nacelles élévatrices à Tonneins (Lot-et-Garonne), et de l'équipementier en télécommunications Nortel (Yvelines) qui menacent de faire exploser leur site. Ces actions spectaculaires et illégales suscitent, sinon le soutien, du moins la compréhension de la majorité de la population en France. À l'inverse, dans les pays anglo-saxons ou en Allemagne, le *bossnapping* (kidnapping du patron) suscite plus d'incompréhension[3].

Ces réactions violentes se multiplient. Elles ne peuvent être réduites à des actions stratégiques pour obtenir des indemnités. Elles expriment une colère profonde face à des logiques d'instrumentalisation et de maltraitance. Des décisions sont prises pour des raisons financières, par des hommes que les salariés ne connaissent même pas, qu'ils n'ont jamais rencontrés, alors que ces décisions ont des conséquences dramatiques : perte d'emploi, perte de revenus, régions socialement sinistrées, destruction massive des liens et des identités professionnelles. Le mépris est à son comble lorsque, pour respecter la loi, l'employeur propose des emplois de remplacement au Brésil, en Tunisie ou en Asie, pour des rémunérations dérisoires. Les sentiments d'impuissance, de rage et d'accablement se mêlent. Et s'ils ne peuvent s'exprimer dans une colère collective, ils se manifestent dans des passages à l'acte individuels. Quand on n'a plus d'espoir de pouvoir changer un monde injuste et violent, on retourne les armes contre soi, jusqu'à se tuer soi-même.

Le suicide comme symptôme

Pour quelles raisons un individu est-il « poussé à bout » au point de se suicider ? Cette question est délicate : d'une part, parce qu'elle nous confronte à la mort, au « choix » d'une personne, aux conséquences pour ceux qui l'entourent, à la complexité des sentiments qui sont à l'œuvre dans un tel événement ; d'autre part, parce que les raisons sont forcément multiples et qu'elles combinent des facteurs issus de registres hétérogènes : raisons existentielles, affectives, familiales, professionnelles, sociales, économiques… Comment démêler cet écheveau, *a fortiori* dans l'après-coup, lorsqu'on ne dispose que d'indices parcellaires ? Chaque histoire est singulière. Il faut donc se méfier des généralisations

3. Christine Ducros et Jean-Yves Guérin, dans l'ouvrage *Le Management de la colère* (Max Milo, 2010), décrivent la montée de la violence dans les entreprises françaises en expliquant qu'elle suscite une incompréhension totale dans les pays anglo-saxons et germaniques. Ils justifient ces différences par une clémence plus grande de la justice et par notre tradition historique marquée par de hauts faits, telles que l'insurrection, la prise de la Bastille ou la décapitation du roi Louis XVI.

actives comme de l'illusion rétrospective qui conduit à réinterpréter des éléments antérieurs à la lumière d'un événement postérieur.

Le débat est ouvert pour savoir si les suicides au travail sont plus nombreux aujourd'hui. On sait que, dans certaines professions, le nombre de personnes se donnant la mort est et a été toujours élevé. On cite en particulier les agriculteurs. Quoi qu'il en soit, le lien entre le suicide et le travail est entré dans le débat public à propos d'abord du technocentre de Renault à Guyancourt (Yvelines), puis de France Télécom. Ce n'est pas un phénomène isolé. Malgré la difficulté d'enregistrer le nombre de suicides directement liés au travail, d'autres cas sont signalés, dans des entreprises publiques et privées, mais aussi dans les commissariats de police, les services de l'équipement, l'administration pénitentiaire, la protection judiciaire de la jeunesse… « Ils ne mouraient pas tous mais tous étaient frappés[4] ».

Une difficulté, pour cerner « objectivement » l'importance du phénomène, tient à la discussion toujours incertaine sur le lien de cause à effet entre les conditions de travail et le fait de se donner la mort volontairement. Les causes d'un suicide sont invariablement complexes. Une infinité de facteurs entre en ligne de compte. Dans la majorité des cas, les directions d'entreprise expliquent le suicide d'un agent par « des difficultés personnelles » pour dénier leur responsabilité. Les affaires judiciaires se multiplient. Peut-on considérer le suicide comme un accident du travail ? L'enjeu est financier, puisqu'il s'agit de savoir si c'est à l'entreprise d'assumer les conséquences financières de la mort d'un de ses employés. Il est également symbolique, les familles voulant montrer que les raisons du suicide sont bien liées aux conditions de travail, et non à des raisons personnelles. Il est surtout politique, les entreprises ne voulant pas reconnaître le lien entre la souffrance au travail, et les modalités d'organisation qu'elles ont instaurées pour ne pas remettre en question leur mode d'exercice du pouvoir et leur « gestion des ressources humaines ».

Le fait nouveau tient sans doute au sens que les personnes concernées donnent à leur passage à l'acte, à travers des lettres qui en explicitent les raisons ou des confidences à leur entourage. Le

4. Titre d'un documentaire de Sophie Bruneau et Marc-Antoine Roudil, réalisé en 2006, sur la souffrance au travail et d'un ouvrage de Marie Pezé (Paris, Pearson, 2008).

lien entre le suicide et les mutations du monde du travail est de plus en plus mis en avant.

Les suicides au travail sont l'objet, depuis quelques années, d'une autopsie psychologique, demandée le plus souvent par les CHSCT. Stéphanie Pallazi est psychiatre. Elle réalise régulièrement des autopsies de ce type. Dans une note de synthèse, elle décrit l'intrication des facteurs personnels et professionnels : « Les analyses de suicide que nous avons menées nous ont permis d'identifier une certaine récurrence des situations. Nous y avons trouvé, comme le plus souvent dans la clinique du suicide, une configuration clinique et environnementale mortifère qui s'est élaborée à bas bruit. Dans ces scénarios mortifères s'imbriquaient des éléments de l'histoire du sujet et des éléments d'ordre professionnel. Pour des raisons différentes (modification de l'organisation du travail, apport de nouveaux outils, collectif fragilisé par un conflit, changement de poste) et de façon différente, chaque salarié suicidé a été confronté de façon relativement rapide (sur quelques mois, voire quelques semaines) à un changement de ses conditions de travail (augmentation de charge, adaptation à un nouveau poste, dead line sur un projet à forts enjeux, déménagement…) et à une fragilisation de sa relation au collectif de travail (mobilité, conflit, changement de service, détachement…). Dans chaque étude, nous avons trouvé au premier plan des problématiques relevant aujourd'hui des ressources humaines (gestion prévisionnelle des emplois et des compétences, formation, parcours qualifiant, gestion des conflits…). À chaque fois la question de l'évolution des compétences, voire de la peur de perte de compétence, était sur le devant de la scène avec son cortège de questions sur la capacité à réussir et la peur de l'échec. C'est souvent par ce biais que les modifications des conditions de travail, associées à un isolement provoqué ou subi, sont venues faire écho à une problématique centrée sur la "reconnaissance" pour générer finalement un questionnement radical du sujet sur lui-même[5]. »

Si donc le sens d'une tentative de suicide est toujours multifactoriel, les mutations du monde du travail sont un élément déterminant dans chacune de ces autopsies. Comme le harcèlement il y a quelques années, la multiplication des suicides sert de révélateur d'un

5. Stéphanie Pallazzi, « L'analyse des suicides des salariés dans le cadre des expertises CHSCT », note de travail envoyée à l'auteur, 2009.

malaise profond, d'une plainte qui n'arrive pas à se faire entendre, d'un mouvement collectif de « ras-le-bol » qui se heurte à l'autisme des dirigeants. Faute d'être entendu et réellement pris en compte, ce malaise collectif et profond s'exprime de façon déplacée par une multiplicité de manifestations individuelles, dont le suicide est la forme la plus dramatique. Stress, *burn-out*, épuisement professionnel, hyperactivité, troubles psychosomatiques, consommation de psychotropes ou d'anxiolytiques, alcoolisme et toxicomanie, arrêts de travail à répétition, absentéisme sont autant de manifestations qui traduisent un mal-être et révèlent une dégradation de l'atmosphère dans bon nombre d'entreprises et d'institutions.

La crise des valeurs, entre tricheries et pantalonnades

Jusque dans les années quatre-vingt, les préoccupations éthiques étaient très présentes dans les grandes entreprises. Chacune mettait en avant ses valeurs, ses *beliefs and principles*, sa charte qui exposait sa philosophie, ses valeurs, son credo. À IBM, chaque manager avait sur son bureau « the Bible », code de bonne conduite qui devait guider sa pratique. Toutes les entreprises surenchérissaient pour affirmer leurs valeurs et susciter l'adhésion de leurs employés. Les grands principes voulaient donner du sens au travail au-delà de la rémunération. Ils concernaient en particulier la considération de la personne, le respect de l'individu, l'intégrité, l'honnêteté exigée de tous, la contribution à l'amélioration de la société, la recherche de la qualité du service fourni et des produits réalisés, l'égalité des chances de promotion et l'absence de favoritisme, l'épanouissement dans le travail, la récompense des efforts consentis à l'entreprise, la possibilité d'exprimer à tout moment ses difficultés et ses problèmes... Pour beaucoup de cadres et d'employés, l'énoncé de ces principes était essentiel pour donner du sens à leur travail.

Vingt ans après, l'écart entre ces principes et la réalité du fonctionnement est patent, le désenchantement est à son comble. La perte de sens et la crise des valeurs sont couramment évoquées comme une cause essentielle du mal-être au travail. L'activité n'est plus porteuse de signification dans la mesure où l'action posée comme finalité (« ici, pas d'état d'âme, l'important c'est l'action ») empêche toute réflexion vis-à-vis du travail (« on a le nez sur le guidon »). Les discours qui accompagnent les réorganisations, la mise en œuvre de restructurations et la nécessité de « moderniser » deviennent insignifiants. Non seulement les agents n'adhèrent plus, mais ils ont le sentiment d'être pris dans un mouvement insensé. D'autant que le décalage s'accroît entre la valeur que l'individu attribue à son activité et les critères à partir desquels celle-ci est évaluée.

Mais la crise de la valeur travail est plus profonde dans la mesure où la course aux résultats conduit à justifier des comportements contraires à la morale et au droit. Le respect du droit du travail devient laxiste. Les délocalisations et les fermetures de sites sont de plus en plus fréquentes sans que les raisons invoquées soient claires. On ferme des sites apparemment rentables. On restructure des pans entiers de groupes industriels dont la productivité semble de bon niveau. La crise économique a mis en évidence la faillite des instances de régulation et de contrôle. La recherche du profit semble dominer toute autre considération, même quand elle aboutit à des décisions ou à des pratiques irrationnelles. Le respect du droit, l'idéal démocratique et le primat de la raison, références cardinales de la modernité, ne sont plus des valeurs défendues au sein des grandes entreprises. L'utilisation des paradis fiscaux, le contournement de la législation, la falsification des résultats comptables se sont banalisés. Dans les grands établissements financiers qui animent l'économie mondiale, qui ont la responsabilité de gérer les mouvements de capitaux et de soutenir l'activité économique, les conflits d'intérêts entre les fonctions d'audit et celles de conseil sont avérés.

La tricherie, le mensonge, la dissimulation, le double jeu sont apparus au grand jour lors de la crise du capitalisme de 2008. En 2010, les dirigeants de Goldman Sachs, la banque la plus puissante du monde, ont été accusés par la commission sénatoriale américaine chargée d'enquêter sur la crise financière de s'être considérablement enrichis au détriment de leurs clients en les incitant à investir sur le marché immobilier, qu'ils savaient pourtant au bord de l'effondrement. Ils pariaient sur la chute des produits dérivés qu'ils vendaient néanmoins à leurs clients. Fabrice Tourre, l'un des traders les plus reconnus dans cette banque, surnommé par ses pairs « Fabulous Fab », un jeune Français surdoué en mathématiques, a écrit un courriel qui révèle l'état d'esprit de ces milieux fortunés : « Chaque jour, je vis le même calvaire, un peu comme un mauvais rêve qui se répète... En gros, je trade un produit qui valait 100 dollars il y a un mois, qui n'en vaut plus que 93 aujourd'hui et qui perd en moyenne 0,25 dollar par jour... Présenté comme ça, ça n'a pas l'air énorme, mais quand tu penses qu'on achète et on vend ce truc sur des montants normaux de plusieurs milliards, ben ça commence à faire beaucoup de sous. Quand je pense que c'est un peu moi qui ai participé à la création de ce produit (qui, soit dit en passant, est un pur produit de masturbation intellectuelle [...]), ça fait mal au cœur de voir que ça implose en vol... C'est un peu comme Frankenstein qui se retourne contre son inventeur. »

La figure de Frankenstein, la créature qui échappe au contrôle de son créateur, est encore plus pertinente à propos d'un autre trader, accusé de pratiques frauduleuses alors qu'il cherchait à faire gagner le plus d'argent possible à son employeur. L'histoire de Jérôme Kerviel à la Société générale montre comment, dans l'univers des traders, certains peuvent prendre des risques insensés et dissimuler leurs pratiques pour « gagner » à tout prix. Le 24 janvier 2008, la Société générale annonce une perte de plusieurs milliards. Elle aurait été victime d'une fraude sur les produits dérivés commise par l'un de ses traders. La banque porte plainte. Jérôme Kerviel est inculpé pour faux et usage de faux, abus de confiance. Dans un ouvrage paru deux ans après, juste avant son procès, il donne sa version des faits. « Brutalement, je suis sorti de l'ombre pour me retrouver sous les projecteurs médiatiques, et tout aussi brutalement, la fragilité et les mensonges du monde de la finance ont éclaté au grand jour, écrit Kerviel. Je n'ai rien vu venir, plongé dans un travail qui dévorait tout mon temps, convaincu d'œuvrer dans le seul intérêt de la banque qui m'employait » (Kerviel, 2010). Il décrit un monde de la finance cynique, âpre au gain, un univers virtuel, déshumanisé, qui broie « des êtres sans identité propre, des numéros ». Il pourfend un système financier qui génère ses propres excès et dans lequel l'absence de règles permet tous les abus. Dans un entretien publié par *Le Journal du dimanche*, il compare même le monde des traders à celui de la prostitution : « Pour nos chefs, on est des "gagneuses". À la fin de la journée, on entendait la phrase : "Relevé des compteurs ! " ; "Combien t'as fait ? ; T'as été une bonne gagneuse aujourd'hui ! " [...] Dans ce milieu, c'est chacun pour soi. En salle des marchés, on peut être assis à deux mètres d'un collègue et essayer de profiter de l'erreur qu'il vient de commettre pour faire de l'argent.

L'individualisme est poussé à son maximum. Et à côté de ça, on vous inculque une culture d'entreprise où on vous dit qu'on est une grande famille. C'est une ambiguïté très surprenante que j'ai découverte bien après. Il y a une énorme solidarité, c'est chacun sauve sa peau dans la journée, mais on finit quand même par se serrer les coudes » (entretien avec Michel Deléan, *Le Journal du dimanche*, 1er mai 2010). Dans son ouvrage, Jérôme Kerviel décrit comment il s'est laissé griser par le système, par la « culture de la gagne », par les objectifs à atteindre qui n'arrêtent pas de monter, par l'entretien annuel au cours duquel il faut se montrer à la hauteur, par les bonus faramineux de fin d'année dont on vous demande de fixer le montant. Un métier qui demande un investissement passionné, dominé par l'obsession de gagner toujours plus. L'excitation de réussir un bon coup est comme une drogue, une tension permanente qui apporte des sensations fortes. Le trader ne prend plus de vacances, mélange de peur de perdre son bonus et d'addiction par rapport à une activité sans laquelle il ne peut plus vivre (Kerviel, 2010).

Les témoignages de « Fabulous Fab » et de Jérôme Kerviel, parmi des milliers d'autres moins spectaculaires, illustrent tous la dérive d'un système, une fuite en avant incontrôlée, des pratiques inavouables et parfois délinquantes, une folie latente et un sauve-qui-peut rappelant les images d'un bateau qui coule, d'une catastrophe inéluctable. Au sein des entreprises, la fraude est devenue une pratique banale. Une étude sur trois mille sociétés dans le monde, réalisée en 2009 par le cabinet de conseil PricewaterhouseCoopers en collaboration avec l'Insead (Institut européen d'administration des affaires), sur la fraude en entreprise, montre un accroissement important des malversations de tous ordres. Des détournements d'actifs, des cas avérés de corruption, des dissimulations comptables ont été constatés dans 46 % des entreprises de plus de mille salariés. Les auteurs imputent la responsabilité de ces pratiques à la pression que les chefs d'entreprise exercent sur leurs employés : « Dans une période de crise, les objectifs fixés aux employés sont plus difficiles à atteindre. Les salariés ont peur de perdre leur job, alors ils fraudent. » Les dissimulations comptables sont passées de 27 % en 2007 à 38 % en 2009. La manipulation des comptes permet de se rapprocher des résultats attendus lorsque l'écart avec les résultats réels est trop important. La course aux résultats conduit à manipuler les chiffres à tous les niveaux. On constate ce phénomène dans l'ensemble des organisations, privées et publiques. Par ailleurs, l'étude met en évidence un phénomène nouveau. Ce ne sont pas principalement les employés qui fraudent mais plutôt le *middle management* et, de plus en plus, les cadres supérieurs (de 26 % en 2007 à 46 % en 2009). Ceux-là même qui devraient être les garants du respect des règles sont ceux qui les détournent. Et ce d'autant plus qu'ils sont en position de le faire et qu'on leur donne des objectifs intenables.

La tricherie illustre une crise des valeurs dans les entreprises. Une autre pratique en donne également une figure pathétique. Face à la démotivation et au manque d'adhésion de leurs salariés, les entreprises cherchent de multiples moyens pour susciter l'enthousiasme. À Reims, la direction d'un établissement de France Télécom décide de récompenser le personnel méritant en organisant un challenge. Les gagnants reçoivent une gratification sous forme de friandises ou de bises à son voisin. Une corne de brume sonne dans les locaux pour ponctuer la victoire. Bien sûr, le volontariat est de mise, mais il n'est pas si facile de se soustraire à ce type de célébration sans se faire mal voir. Alertée par les organisations syndicales, une inspectrice du travail écrit à la direction pour attirer son attention sur « la nécessité d'éviter vis-à-vis du personnel toute démarche infantilisante en tant que contraire à la dignité d'adultes responsables » (Bertrand Bissuel, *Le Monde*, 16 décembre 2009). Pour la direction, le système se voulait humoristique et sans prétention. Le management, innocemment, voulait donner un *double effet boost* au challenge national destiné à encourager les meilleurs éléments.

L'humour était également de mise dans un autre établissement : le management y avait dressé un sapin de Noël que le personnel était invité à « enguirlander » avec des décorations fournies par la direction à chaque fois qu'un « haut débit » était placé. Ce « management ludique » n'est pas l'exclusivité de France Télécom. D'autres entreprises le pratiquent allègrement. À EDF, les encadrants se déguisent en cow-boys avec un grand chapeau et des bottes à frange pour motiver leur personnel, ou encore en tongs et en paréo, avec un chapeau de paille, pour donner une ambiance de vacances. La culture du Club Med pour combattre la morosité ! L'imagination des managers pour lutter contre la dépression est sans limites…

Il y a quelque chose d'ubuesque dans ces pratiques qui cherchent à travestir la violence en comédie, le travail en amusement (le terme anglais *entertainment* conviendrait mieux). Le management est obligé de trouver des « trucs » pour motiver le personnel afin qu'il s'investisse dans des challenges décidés « d'en haut ». Tous les moyens sont bons pour *booster* les ventes. Comment ne pas voir, derrière l'injonction de la mobilisation par l'humour, que chacun rit jaune ? Comment ne pas voir qu'il y a là des cérémonies d'humiliation publique[6] ? Du côté du personnel, le caractère grotesque de la « récompense » pour celui qui a répondu aux attentes le met dans une tension extrême : soit il l'accepte et il se fait complice d'une tragi-comédie dans laquelle on lui offre un rôle dérisoire ; soit il refuse et il risque d'être sanctionné alors même qu'il mérite d'être récompensé.

*

Que se passe-t-il pour qu'on en arrive à un tel aveuglement ? Comment des dirigeants peuvent-ils manquer à ce point de discernement ? On peut sans doute se rassurer en constatant qu'il s'agit de cas isolés, que la plupart des entreprises sont saines, que les exemples de tricheries ou de palinodies managériales restent marginaux, que les manifestations violentes sont relativement circonscrites dans des secteurs particuliers, que les suicides ont toujours existé. Pour autant, les clowneries pour motiver le personnel, la mise en évidence de tricheries manifestes, la vague croissante de suicides, l'augmentation continue de symptômes psychiques et psychosomatiques, la description d'un monde insensé qui perd ses repères, la crise de confiance vis-à-vis des dirigeants et des institutions, sont des phénomènes qui illustrent d'inquiétantes mutations dans le monde du travail.

6. Erving Goffman parlait de « cérémonies de dégradation publique » dans les asiles (Erwing Goffman, *Asiles*, Paris, Les Éditions de Minuit, 1968). L'entreprise serait-elle devenue à son tour une maison de fous ?

Chapitre 3

Violence, souffrance, risques psychosociaux… Comment désigner le mal ?

« La phrase sur la “banalité du mal” s'est révélée
depuis longtemps comme un non-sens :
le mal se montre dans la nudité de sa monstruosité
comme contradiction totale à l'essence
de la parole et de l'action humaine. »

HERBERT MARCUSE,
L'HOMME UNIDIMENSIONNEL, 1968.

Comment désigner le « mal » ? La façon dont on décrit le rapport au travail recouvre des enjeux idéologiques et politiques. Lorsqu'on parle d'*exploitation*, on s'interroge en termes d'inégalité et d'injustice. Ce sont les registres économiques et sociopolitiques qui sont d'emblée mis en cause. Lorsqu'on parle de *violence*, on s'interroge sur les enjeux de pouvoir et de domination. Ce sont alors les registres politiques et sociologiques qui sont mobilisés. Lorsqu'on parle de *souffrance*, on s'interroge en termes de symptômes physiques ou psychiques. Ce sont les registres médicaux et psychologiques qui sont convoqués. Le vocabulaire de la santé mentale se substitue alors à celui de la lutte syndicale et politique.

Depuis une dizaine d'années, émerge l'expression « risques psychosociaux ». Elle s'est imposée dans le champ de l'expertise. De nombreux cabinets de consultants offrent leurs services dans ce domaine. Elle est maintenant couramment utilisée dans le champ politique. Le rapport Nasse et Légeron sur « La détermination, la mesure et le suivi des risques psychosociaux au travail », remis au ministère du Travail, des Relations sociales et de la Solidarité en 2008, a donné une consécration à cette expression, dont les auteurs admettent pourtant le caractère confus (voir le chapitre 4). La difficulté à désigner clairement le mal-être au travail est l'expression des débats et des désaccords sur les causes profondes du phénomène.

Harcèlement et violence

En 1998, Marie-France Hirigoyen publie un livre sur le harcèlement moral qui va rencontrer un large succès et ouvrir un débat public (Hirigoyen, 1998). Bien que ne traitant qu'à la marge la question du harcèlement au travail, c'est cet aspect qui retiendra l'attention dans la mesure où bon nombre de salariés se retrouveront dans sa description. La presse va recueillir des témoignages qui illustrent un malaise apparaissant alors comme important. On prend peu à peu conscience qu'il ne s'agit pas de quelques cas isolés mais d'un phénomène social. Le groupe communiste de l'Assemblée nationale dépose une proposition de loi. Un avis est demandé au Conseil économique et social sous l'impulsion du professeur Michel Debout [1]. Le législateur retiendra la définition du harcèlement moral proposé dans cet avis : « Agissement répété ayant pour objet ou pour effet de dégrader les conditions de travail, d'altérer la santé physique et mentale et la dignité du salarié et de mettre en cause son avenir professionnel. » Deux objectifs étaient poursuivis à travers ce texte. En premier lieu, la reconnaissance du harcèlement au travail comme une violence faite aux salariés ; en second lieu, qu'il soit inscrit dans la loi pénale pour rendre une sanction possible et que le processus harcelant soit inscrit dans le Code du travail pour favoriser une politique de prévention. C'est à partir de cet avis que furent inscrites dans le Code du travail la nécessité de protéger les salariés non seulement pour leur santé physique, mais également pour leur santé mentale, et l'obligation pour les directions de considérer la dégradation de l'état psychique du salarié comme relevant d'un véritable risque professionnel. « On parle depuis de risques psychosociaux au travail englobant par là même non seulement les effets des

1. Dans un ouvrage collectif dû à VTE (Violence Travail Environnement), Michel Debout raconte comment, un an auparavant, le Conseil économique et social avait refusé d'émettre un avis sur la violence au travail, arguant que la violence n'était pas du ressort des entreprises mais un problème de société dépendant de la police et de la justice (M. Debout, « Des violences aux risques psychosociaux », *in* VTE, *Risques psychosociaux au travail*, Rueil-Malmaison, Éditions Liaisons, coll. « Liaisons sociales », 2008, p. 32).

violences externes ou internes – dont le harcèlement – mais aussi les situations professionnelles difficiles – stress, pression, discriminations – et certains comportements des salariés liés aux difficultés de travail comme les addictions et les conduites suicidaires » (Debout, « Des violences aux risques psychosociaux », art. cité, p. 35).

Il est intéressant de noter que la question de la violence au travail fut mise en avant tant par Marie-France Hirigoyen, dans le sous-titre de son livre (*La violence perverse au quotidien*), que par Michel Debout, dans son avis au Conseil économique et social « Travail, violence, environnement[2] », et par Christophe Dejours, dans le rapport du « Plan Violence et Santé » mis en place suite à la loi relative à la politique de santé publique du 9 août 2004.

Il n'est pas indifférent d'évoquer la violence plutôt que la souffrance. Le premier terme renvoie au contexte économique et social, à la question du pouvoir et des conditions de travail. Le second renvoie aux personnes, aux conséquences physiques et psychiques de ces conditions. C'est une des raisons pour lesquelles la notion de souffrance au travail est largement utilisée. Elle réintroduit la question de la subjectivité, elle oblige à retrouver la dimension du vécu, elle résiste à l'objectivation. Mais elle n'est pas, elle non plus, à l'abri de la critique.

Souffrance psychique et souffrance sociale

La question de la souffrance sociale a été mise en avant pour la première fois dans un rapport officiel en 1995[3]. Un groupe de travail suscité par la Délégation interministérielle à la ville et la Délégation interministérielle au RMI révélait les difficultés rencontrées sur le terrain par des intervenants (médecins, travailleurs sociaux, éducateurs, enseignants, psychiatres, animateurs sociaux…) face aux populations en situation de désaffiliation et de désinsertion sociales. Comment

2. Michel Debout, *Le Harcèlement moral au travail*, avis et rapports au Conseil économique et social adoptés le 11 avril 2001 (publiés par les Éditions des journaux officiels).

3. « Une souffrance qu'on ne peut plus cacher », rapport du groupe de travail « Ville, santé mentale, précarité et exclusion sociale », sous la direction d'Antoine Lazarus et Hélène Strohl, Délégation interministérielle à la ville et au développement social urbain-Délégation interministérielle au revenu minimum d'insertion, février 1995.

répondre aux « maladies » dont les causes ne sont ni d'ordre médical ni d'ordre psychiatrique ? « De quelle maladie souffrent-ils ? » se demandent les auteurs du rapport à propos de toutes ces personnes en situation de précarité, qui « grippent le fonctionnement normal des dispositifs sociaux » (p. 11). S'ils présentent des symptômes identiques à certaines formes de pathologie mentale (dépression, angoisse, phobies et autres névroses), ils ne peuvent être considérés comme malades dans la mesure où ces symptômes sont l'expression de problèmes sociaux (pauvreté, précarité, chômage, problèmes d'insertion…) plutôt que de troubles psychosomatiques. « Les symptômes actuels qui sont repérés, la fatigue, l'échec, le manque d'énergie, la honte, la dénégation, l'absence de liens sociaux etc. relèvent-ils des caractéristiques pathologiques des individus, sont-ils simplement un signe de l'impuissance des dispositifs sociaux à agir sur les conditions de vie des quartiers, des populations en difficultés durables […] ? » (pp. 17-18). Il s'agit là de souffrances existentielles, plutôt que de pathologie mentale, qui renvoient tout à la fois à des difficultés psychologiques personnelles, à des problèmes familiaux et financiers, à des conditions de vie dégradées et à un contexte socio-économique global. Il convient donc de dépasser les clivages entre psychiatrie et sociologie pour analyser ces symptômes et apporter des réponses. « Les problèmes de souffrance psychique ne sont pas séparables de l'ensemble des conditions de vie des personnes » (p. 32). Ils ressortissent donc à une « clinique spécifique », et il y aurait danger à « classifier […] ces symptômes dans de la pathologie mentale relevant du seul recours psychiatrique » (*ibid.*). Parler en termes de souffrance permet alors de sortir des représentations médicales et psychiatriques en mettant en évidence le caractère multifactoriel des problèmes rencontrés.

Paul Ricœur, dans son ouvrage *Soi-même comme un autre*, définit la souffrance non pas uniquement par la douleur physique ou mentale, mais par la diminution voire la destruction de la capacité d'agir, de pouvoir faire, ressentie comme une atteinte à sa propre intégrité. « La souffrance est une impuissance à dire, à faire, à raconter, à s'estimer » (Ricœur, 1990). Mais, dans cette impuissance, il est essentiel de distinguer ce qui relève de l'empêchement « objectif » et ce qui relève de l'empêchement subjectif. Le premier concerne les interdits, les contraintes, la répression sociale, l'absence de moyens d'action, l'ensemble des conditions concrètes qui déterminent les possibilités et les impossibilités d'agir. Le second concerne les inhibitions, les conflits internes, qu'ils soient psychologiques ou psychopathologiques, les capacités et les incapacités « internes » du sujet. Pour autant, l'identification entre ce qui est de l'ordre de l'empêchement objectif et ce qui relève de l'empêchement subjectif est souvent délicate dans la mesure où il y a une interpénétration permanente entre les deux. Les éléments matériels, concrets, repérables, objectivables, et les éléments subjectifs, perçus, vécus, intériorisés, s'amalgament dans des ensembles complexes.

La question de la souffrance au travail conduit à tenter de démêler ces amalgames. Pour Christophe Dejours, la souffrance psychique au travail naît lorsque le rapport entre le désir de l'individu et l'organisation du travail est bloqué. La souffrance est « le résultat d'un combat du sujet contre les différentes perturbations qui pourraient le faire basculer dans la décompensation » (Dejours, 1992). La cause essentielle de la souffrance, dans l'univers du travail, réside donc dans le décalage entre l'organisation prescrite – par la direction, le bureau des méthodes, les ingénieurs en organisation – et l'organisation réelle. Ces écarts mettent les individus sous tension. La souffrance engendrée par ces tensions a deux aspects : soit elle peut se négocier à travers un système de règles, et l'on peut alors parler de souffrance créatrice ; soit elle ne peut pas s'inscrire dans une logique de reconnaissance et d'organisation du travail, et elle se retourne contre les sujets. C'est alors une souffrance pathogène dans la mesure où elle peut déstabiliser les individus dans leur économie psychique, voire dans leur santé.

La souffrance sociale procède selon des processus similaires. Elle apparaît lorsque le désir du sujet ne peut plus se réaliser socialement, lorsque l'individu ne peut pas, ou ne peut plus, être ce qu'il voudrait être. C'est le cas lorsqu'il est contraint d'occuper une place sociale qui l'invalide, le disqualifie, l'instrumentalise ou le déconsidère. Pierre Bourdieu établit un lien entre « être mal dans sa peau » et être mal dans sa position sociale. Il évoque à ce propos les individus soumis au *double bind* (double contrainte) et inscrits dans les lieux sociaux habités par des contraintes ou des exigences contradictoires : « Ils ne peuvent livrer ce qu'ils ont de plus personnel sans dévoiler du même coup la vérité la plus profonde d'une position sociale, qui agit sur eux et en eux, mais aussi sur tous ceux qui la partagent avec eux... C'est le cas de ceux qui éprouvent la violence de l'institution à travers

augmentent chaque année alors que les moyens pour les atteindre diminuent, l'essentiel est de mettre en évidence les liens entre le vécu, en l'occurrence la souffrance, et les conditions concrètes qui causent cette dernière. « Face à de tels processus, la critique en termes de souffrance sociale ne psychologise pas le social, mais politise le psychologique » (Renault, 2009, p. 178). La critique ne devient véritablement politique qu'à condition de dépasser l'analyse des conséquences subjectives de cette souffrance et de remonter aux causes « objectives » qui la produisent.

Les risques psychosociaux

Au cours de la dernière décennie, les notions de violence et de souffrance ont été progressivement abandonnées. Entre ces deux termes, la notion de risques psychosociaux semble aujourd'hui vouloir être retenue par les milieux politiques et syndicaux, relayés par les experts et les consultants qui voient s'ouvrir un nouveau marché. Le terme s'est imposé parce qu'il est suffisamment neutre pour ne pas trancher entre la causalité psychologique et la causalité sociale, et suffisamment large pour recouvrir une multiplicité de situations. Il offre l'avantage de problématiser la question à partir de trois pôles, le risque, le psychique et le social. Il donne une coloration scientifique au problème en le dégageant de la charge affective et idéologique dont les termes de souffrance et de violence sont porteurs. Il fait consensus. Il permet à chacun de se présenter comme soucieux de résoudre le problème sans engagement précis sur les moyens d'y arriver. Il ne spécifie pas le problème. Il propose une étiquette qui désigne un champ sans prendre parti sur sa nature et les moyens de le résoudre. La notion de risques psychosociaux neutralise les enjeux de pouvoir et les conflits.

Les origines de cette appellation ne sont pas évidentes. Elle provient des milieux anglo-saxons, en particulier du Tavistock Institute, qui évoque les *psychosocial disorders*, notion issue de la psychiatrie. En 1998, à Copenhague, un congrès est organisé par l'Organisation mondiale de la santé sur les facteurs psychosociaux au travail. Le congrès rassemble des médecins, des ergonomes, des psychologues et des sociologues du travail. Le terme est, à cette occasion, validé par les milieux de la recherche. Il sera repris ultérieurement par la Fondation européenne pour l'amélioration des conditions de vie et de travail, située à Dublin et créée en 1975. Organe de l'Union européenne, cette institution a pour mission de contribuer à la conception et à l'établissement de meilleures conditions de vie et de travail. Elle œuvre en collaboration avec les gouvernements, les employeurs, les syndicats et la Commission européenne. Aujourd'hui, la notion de « risques et troubles psychosociaux » est devenue une référence pour la quasi-totalité des instituts de santé et sécurité au travail dans les pays européens[4].

En France, il est intéressant de voir comment les termes ont évolué à l'Agence nationale pour l'amélioration des conditions de travail (ANACT) depuis dix ans. L'agence est constituée de trois composantes : les organisations patronales, les syndicats considérés comme représentatifs sur le plan national et l'État, par le biais de la Direction générale du travail. En 2000, le projet de l'ANACT s'intitule « Prévention du stress, du harcèlement professionnel et des violences liées au travail ». En 2002, il parle de « Prévention des composantes professionnelles, du stress et des troubles psychosociaux » ; deux ans plus tard, de « Prévention des troubles psychosociaux », puis de « Risques psychosociaux ». Au dernier plan (2009), le projet « Risques psychosociaux » figure parmi les trois projets prioritaires de l'agence.

Le terme « stress », couramment utilisé dans les années précédentes, est quasiment abandonné, tout comme le terme « violence ». Dans la définition des risques psychosociaux, on retrouve ces mots, mais associés à d'autres. Le champ recouvert est très large puisqu'il désigne les phénomènes d'anxiété, de dépression, les violences, les harcèlements et toutes les formes de discrimination, les conduites addictives, à partir du moment où ces phénomènes sont liés au travail ou générés par lui. Au niveau de la santé individuelle, le champ du psychosocial « prend en compte et intègre les dimensions mentales, cognitives, psychiques, émotionnelles, morales et psychosomatiques, soit les troubles organiques dont les causes sont manifestement psychiques » (Vallée,

4. Voir l'article de Michel Vallée « Approche scientifique », *in* VTE, *Risques psychosociaux au travail*, *op. cit.*, p. 48. Je remercie Michel Vallée pour son aide précieuse dans le repérage des origines du concept de risques psychosociaux.

« Approche scientifique », art. cité, p. 49). Il recouvre également un niveau collectif lorsque les troubles sont récurrents et entraînent pour une même population des arrêts maladie en grand nombre ou des suicides liés au travail (comme à France Télécom ou chez Renault).

On peut se demander pourquoi la notion de risque psychosocial, somme toute assez vague, a été aussi rapidement adoptée pour désigner tous les troubles et les malaises liés au travail. Plusieurs raisons peuvent être avancées. Alors que le mot « violence » désigne clairement la responsabilité de l'organisation et de son fonctionnement, le terme « risque » est plus neutre. Il ne désigne pas un fait avéré mais un fait potentiel, un danger éventuel plus ou moins prévisible. *Le Petit Robert* évoque « l'éventualité d'un événement ne dépendant pas exclusivement de la volonté des parties ». Le risque peut être du côté des personnes comme du côté de l'entreprise. Ce terme ne désigne pas une cause, une responsabilité, mais une potentialité vis-à-vis de laquelle il est nécessaire de se prémunir. Les risques sont de tous ordres. La multiplicité des significations possibles permet à chacun de s'y retrouver, d'y imposer son sens. Le mot ne froisse personne et autorise à ne pas se prononcer sur les causes du phénomène, de rester dans le flou complet sur les mesures à prendre pour « prévenir le risque ».

Le terme « psychosocial » renforce cette vacuité. Il a certes l'avantage de mettre l'accent sur le lien entre des aspects psychologiques qui renvoient à la personne, aux symptômes, au mal-être individuel, et des aspects sociaux qui renvoient à des conditions de travail, des contextes organisationnels, des situations sociales. Pour autant, il évite de désigner la nature du « mal ». On ne parle plus de souffrance, de stress, de harcèlement, de violence, on crée une catégorie innocente, vaguement scientifique et parfaitement neutre. On neutralise ainsi le débat en le désignant par un terme politiquement correct. Le patronat, les organisations syndicales, les médecins, les intervenants, les directeurs des ressources humaines (DRH) et les responsables politiques peuvent se satisfaire d'une notion qui permet tout à la fois de montrer que l'on se mobilise pour prendre en compte le phénomène, que l'on s'en préoccupe, sans s'engager pour autant à s'attaquer aux sources du problème. Chacun donne la signification qui lui convient à un terme suffisamment vague pour contenter tous les acteurs.

Du mal-être à la colère

Parler en termes de *risques*, c'est risquer d'occulter la violence, de ne pas reconnaître la souffrance, de nier les sources du malaise, de ne pas entendre la colère face à un pouvoir qui se présente comme parfaitement « innocent ». Le pouvoir managérial est passé maître dans l'art d'anesthésier la violence, d'aseptiser la souffrance, de renvoyer le mal-être à la personne. Les dirigeants confient aux managers la tâche de canaliser l'agressivité pour la rendre productive. Les symptômes de souffrance sont considérés comme des reliquats qu'il convient de minimiser, comme un coût marginal qui ne doit pas détourner l'attention de l'essentiel, une meilleure productivité. La souffrance est alors une question personnelle, psychologique, qui doit être traitée comme telle : un Numéro Vert pour recueillir les plaintes, une cellule psychologique pour soutenir les plus vulnérables, sont les « solutions » communément admises pour résoudre le problème. Le monde positiviste et pragmatique bannit toutes les formes d'expression qui n'apportent pas de solution concrète.

La notion de « mal-être » est plus précise. Elle permet de désigner clairement qu'il s'agit bien d'un *mal*, de quelque chose de négatif et de destructeur qui est à l'œuvre, un mal qui touche à l'*être*. L'*être* est une notion issue de la philosophie, développée par la phénoménologie, reprise par le Collège de sociologie puis par la sociologie clinique lorsqu'elle définit son objet comme l'étude des relations intimes entre *l'être de l'homme et l'être de la société* (Gaulejac, 2009). Car le mal-être se manifeste de façon indissociable au cœur des êtres humains, au fondement des organisations et dans la structure même de notre système socio-économique. C'est l'être de ce système qui est concerné au même titre que l'être des organisations et l'être des travailleurs. Les multiples symptômes du mal-être concernent ces trois registres et leurs rapports. Ce n'est pas un hasard si le symptôme le plus révélateur s'exprime par une vague de suicides. Détruire son existence pour arrêter le mal-être n'est sans doute pas une « solution » ni même un remède. Mais le suicide indique qu'il s'agit bien d'un problème existentiel, d'une question de vie ou de mort.

Poser les questions en termes de bien-être et de mal-être permet de remettre la subjectivité au cœur de la réflexion et de provoquer une rupture par rapport aux approches positivistes et objectivistes. Il convient de se départir de *l'approche solution* pour revenir à des questions existentielles sur le sens de la vie, les finalités de l'existence, la place du travail dans la société, la valeur et l'utilité des biens et des services produits, les dimensions subjectives du rapport au travail. Il s'agit de sortir d'une conception gestionnaire et comptable du travail pour revenir à son essence même. Il s'agit de reconsidérer l'humain, non plus comme une ressource, mais comme un sujet qui cherche à advenir dans un monde pétri de conflits et de contradictions. L'avènement du sujet n'est pas un risque, mais une quête dans laquelle la souffrance et le désir sont omniprésents. La question n'est plus alors d'éradiquer la souffrance ni de rendre le désir productif, mais de cultiver le vivre ensemble dans tous les domaines, en particulier dans le travail. Le terme *mal-être* s'oppose à celui de *bien-être*, qui devrait être l'objectif majeur de toute organisation humaine, dans le travail comme en dehors du travail.

Le mal-être devrait susciter la colère. Mais dans l'univers policé des organisations, celle-ci est considérée comme inutile et même nuisible : elle ne sert à rien. C'est une débauche d'énergie improductive qui perturbe le fonctionnement normal. Dans l'ordre managérial, la colère est reconnue non pas comme une réaction saine face à l'insupportable, mais comme un manque de retenue, une absence de maîtrise de soi, l'indice d'une déficience de l'individu, un défaut d'adaptabilité, un manque de flexibilité. Pour une part, bon nombre des symptômes de la souffrance au travail sont la manifestation de ces colères rentrées. Faute de pouvoir exprimer un sentiment « juste » face à une situation intolérable, le sujet détourne sa colère contre lui sous forme de culpabilité, de ressentiment intérieur. La culpabilité est une agressivité que le sujet retourne contre lui-même. Faute de pouvoir exprimer son ressentiment face à l'injustice, ses indignations face aux tricheries et aux malversations dont il est le témoin et dont il risque de devenir le complice malgré lui, sa révolte face à la violence et à l'arbitraire, son exaspération face à la bêtise et à l'indigence de certaines prescriptions, il ravale l'agressivité. Il est alors tiraillé dans un conflit interne entre révolte et soumission. Faute de pouvoir exprimer sa colère, il se sent mal à l'intérieur, partagé entre la montée de pulsions agressives qui expriment son refus et l'intériorisation de normes qui le conduisent à accepter la « réalité » telle qu'elle est, à s'adapter aux exigences de l'organisation.

Il est temps d'inverser ce processus et de libérer la colère, d'affirmer sa légitimité, de favoriser l'expression du mal-être sous d'autres formes que les troubles psychosomatiques. Si les salariés de France Télécom, de Renault ou d'ailleurs pouvaient se mettre en colère, individuellement et collectivement, il y aurait sans doute moins de suicides, moins de dépressions, moins de troubles somatiques et psychosomatiques. La colère est l'expression d'un refus. Elle est un chemin qui favorise l'expression de l'agressivité face au mal, le rejet de la destructivité dont ce mal est porteur. Elle est parfaitement justifiée et nécessaire lorsqu'il s'agit de dire non à la maltraitance, à la tricherie et au non-sens. Face à toutes les tentatives de neutralisation des « risques psychosociaux », il faut réhabiliter la colère, favoriser son expression, libérer le potentiel d'agressivité qu'elle contient, cultiver toutes les bonnes raisons de se mettre en colère contre toutes les pratiques qui ne relèvent pas du bien-être.

Mais pour pouvoir s'exprimer, la colère doit être partagée. L'expression individuelle de la colère est facilement renvoyée à celui qui l'exprime comme un manque de savoir-vivre. Si elle est psychologiquement utile pour exprimer l'agressivité, elle est socialement réprouvée. Ne dit-on pas qu'elle est « mauvaise conseillère » ? Pour être acceptée, la colère doit être le véhicule d'une indignation collective face à une situation jugée intolérable. Elle est alors tolérée parce qu'elle est considérée comme juste et nécessaire. La colère n'est pas toujours mauvaise conseillère. Elle exprime une indignation qui peut parfaitement être légitime. Elle est profondément humaine parce qu'elle est le signe d'un refus, le refus de la maltraitance, de la violence, de l'injustice et des inégalités dont le monde du travail est porteur.

*

Ces réflexions conduisent à évoquer quelques orientations centrales pour aborder, théoriquement et pratiquement, la question du mal-être au travail.

L'expression « souffrance sociale » est utile si elle permet de montrer les liens entre les violences sociales (injustice, pauvreté, chômage, exploitation, pression du travail, exclusion...) et leurs effets sur ceux qui les subissent. Mais elle est ambiguë. Ce n'est pas l'organisation qui souffre mais des individus. La souffrance renvoie d'une part au vécu d'individus et de groupes qui expriment un mal-être et, d'autre part, à l'origine sociale de ces souffrances individuelles et collectives. L'analyse des causes de la souffrance doit s'effectuer dans un va-et-vient entre le vécu des personnes concernées par ce mal-être et la façon dont eux-mêmes l'analysent, pour remonter aux sources du mal, c'est-à-dire aux mécanismes structurels qui le provoquent au niveau économique, organisationnel, politique et sociétal.

Dans un premier temps, il convient de rendre compte des articulations complexes entre les conditions concrètes de travail et ses répercussions subjectives. À l'encontre des approches qui considèrent qu'un problème ne peut être traité qu'à partir du moment où il a été objectivé, mesuré, décrit par des méthodes parfaitement neutres, nous pensons que la véritable objectivité consiste moins à neutraliser la subjectivité qu'à analyser en quoi elle intervient dans la production de la connaissance. En second lieu, il faut dépasser les cloisonnements disciplinaires qui empêchent de comprendre en profondeur la complexité des situations qui engendrent le mal-être. Cela permettrait d'éviter les réponses univoques qui « psychologisent » les problèmes sociaux ou qui nient la dimension sociopsychique de la souffrance. Enfin, il est essentiel de ne pas dissocier les actions sur les conditions objectives et les réponses sur les conséquences subjectives de ces situations. Il convient de se battre à la fois pour l'amélioration des conditions de travail, l'augmentation des rémunérations, mais également pour protéger la santé physique et mentale des salariés. Sur ce point, la notion de risques psychosociaux a, malgré toutes les critiques dont elle est l'objet, permis de mieux prendre en compte le problème du mal-être au travail dans le débat public.

Chapitre 4

Quels diagnostics ?

« S'il est vrai que nous ne pouvons vivre qu'une partie de ce qui est en nous, qu'advient-il du reste ? »

AMADEU INÀCIO DE ALMEIDA PRADO, cité par P. MERCIER, *Train de nuit pour Lisbonne*, 2006.

L'émergence d'un malaise profond au sein du monde du travail s'est donc imposée sur la scène sociale au début des années 2000. L'idée que la condamnation des pratiques de harcèlement allait permettre d'éradiquer le problème était rationnelle, mais elle s'est révélée insuffisante [1]. Non pas tant parce que la loi est mauvaise : punir des comportements malfaisants n'est pas inutile, et ceux qui sont harcelés ont besoin de pouvoir se défendre afin d'obtenir justice. Mais la loi n'a pas touché aux racines du mal. Les comportements de harcèlement sont suscités par des systèmes organisationnels et des modes de management qui mettent l'ensemble des salariés sous pression. Il ne suffit pas de sanctionner certains comportements pervers individuels pour supprimer le problème.

Les suicides à Renault Guyancourt et à France Télécom ont déclenché une prise de conscience, en particulier du côté du monde politique. Un débat s'est alors engagé sur les « risques psychosociaux ». Différents

1. La loi de modernisation sociale du 17 janvier 2002 introduit dans le Code du travail l'article L.122-49 sanctionnant le harcèlement moral : « Aucun salarié ne doit subir les agissements répétés de harcèlement moral qui ont pour objet ou pour effet une dégradation des conditions de travail susceptible de porter atteinte aux droits du salarié et à sa dignité, d'altérer sa santé physique ou mentale ou de compromettre son avenir professionnel. »

experts ont été mobilisés, les médias se sont emparés du sujet, des commissions se sont mises au travail, des rapports ont été rédigés… À travers ces contributions, l'on peut repérer différentes problématiques, des oppositions et des complémentarités, un chevauchement des constats, mais aussi des divergences qui débouchent sur des propositions très diversifiées. Il est intéressant de déceler, à partir de différentes approches, la façon dont la question est abordée, comment elle est analysée et comment la problématique choisie détermine les remèdes proposés.

Nous avons retenu quatre « entrées » : les travaux de la commission « Violence, travail, emploi, santé » (mars 2005), présidée par Christophe Dejours, dans le cadre du plan Violence et Santé ; le « Rapport sur la détermination, la mesure et le suivi des risques psychosociaux au travail », remis en 2008 au ministre du Travail et rédigé par Patrick Légeron et Philippe Nasse ; le rapport de la Commission de réflexion sur la souffrance au travail mise en place à l'Assemblée nationale fin 2009 par les groupes UMP et Nouveau Centre et coprésidée par Jean-François Copé ; le rapport « Bien-être et efficacité au travail – 10 propositions pour améliorer la santé psychologique au travail », remis au Premier ministre en février 2010 par Henri Lachmann, Christian Larose et Muriel Penicaud. Ce choix est sans doute arbitraire, mais il illustre un certain « état de l'art » et permet de croiser des expertises issues de milieux différents.

Les travaux de la commission « Violence, travail, emploi, santé »[2]

Le rapport rédigé par Christophe Dejours insiste sur la violence, présentée comme un instrument de pouvoir dans le monde du travail. La violence est ainsi définie par le BIT : « Toute action, tout incident ou tout comportement qui s'écarte d'une attitude raisonnable par lesquels une personne est attaquée, menacée, lésée ou blessée, dans le cadre ou

2. Rapport final de la commission thématique « Violence, travail, emploi, santé », travaux préparatoires à l'élaboration du plan Violence et Santé, sous la présidence de Christophe Dejours, en application de la loi relative à la politique de santé publique du 9 août 2004 (mars 2005).

du fait direct de son travail[3]. » Le rapport inclut deux compléments à cette première définition : les tentatives de suicide, notamment quand elles se produisent sur le lieu du travail ; et les actions qui consistent à exposer délibérément un travailleur à des risques d'intoxication, de maladie ou d'accident. La violence consiste alors à agir sur quelqu'un ou à le faire agir en sorte qu'il prenne à son insu des risques pour sa vie ou la vie des autres.

L'usage de la violence est plutôt rare dans les milieux ordinaires de travail, elle n'est guère utilisée comme un instrument de pouvoir dans l'entreprise. Elle est « une conséquence possible des rapports sociaux de travail et de la domination ». Il s'agit en particulier de la violence banalisée dans des « situations de travail impliquant des risques importants d'atteinte à l'intégrité corporelle : bâtiment et travaux publics, industrie chimique, armée, etc. ». Il s'agit aussi des violences liées à l'injustice « lorsqu'une situation faite à un agent ou à un groupe d'agents n'est pas équitable et lorsque, faute de trouver une solution négociée, le litige ou la contestation s'enkyste et fait monter la tension entre les parties en conflit ». Les exemples abondent de ces salariés exaspérés par des plans sociaux à répétition, des promesses non tenues, des comportements cyniques de « patrons voyous ». Ils réagissent face à la violence qui leur est faite par des occupations d'usines, des séquestrations de cadres, des sabotages d'installations, des dégradations de bâtiments…

Ces violences apparaissent dans des situations où le milieu de travail est profondément dégradé. La violence est alors le symptôme de la déstructuration du vivre ensemble, qui se produit lorsque le collectif de travail n'est plus en mesure de réguler les réactions passionnelles engendrées par l'injustice. Quand cette violence ne trouve pas d'exutoire dans l'action collective, elle peut alors être retournée contre soi, comme dans de nombreuses tentatives de suicide. Celles-ci sont bien souvent explicitées par leurs auteurs comme la conséquence d'une colère contre des injustices qui ne trouvent d'autres issues que la destruction de soi-même. Le rapport décrit les conditions favorisant le déclenchement de la violence : la réduction des effectifs, les restructurations, la flexibilité,

3. « Recueil des données pratiques sur la violence au travail dans le secteur des services et mesures visant à combattre ce phénomène », BIT, Genève, 8-15 octobre 2003, p. 4.

la pression exercée par l'évaluation individualisée des performances, le travail clandestin… Autant de contraintes qui sont plus ou moins des facteurs de dégradation de la santé mentale. La dissociation entre l'organisation technique du travail (la gestion des ressources humaines) et l'organisation sociale du travail (l'activité, la charge de travail, la coopération) est un des facteurs essentiels de la montée de la violence et de la dégradation de la santé au travail.

Pour Christophe Dejours, la cause principale du mal-être au travail réside dans l'introduction de nouvelles conceptions en sciences de la gestion qui, dans les années quatre-vingt, vont détruire le système de valeurs annexé au travail. Dès lors, un conflit de valeurs fera rage entre ce que la gestion mesure du travail effectué et l'activité effective pour « bien faire son travail ». Ces nouvelles méthodes de gestion infiltrées dans l'organisation du travail ont tendu à détruire les métiers existants. Le système de valeurs associé au travail s'est trouvé disqualifié. Les règles professionnelles, célébrées comme « les règles de l'art », ont été dénigrées, alors que c'est là que le travailleur fonde sa confiance en lui-même, son estime de soi, la fierté des habiletés acquises.

La question de la reconnaissance est fondamentale pour comprendre l'effondrement des valeurs auxquelles le travailleur est attaché. Celle-ci a deux aspects. D'un côté, la valeur symbolique dont il attend qu'elle soit reconnue par les autres ; de l'autre, la rétribution matérielle en termes de salaires, de promotion, de primes, d'avantages concrets. L'évaluation de ces deux formes de reconnaissance se fonde sur deux types d'appréciations, le jugement de beauté et le jugement d'utilité. Le *jugement de beauté* est celui du travailleur lui-même, de ses pairs, de ceux qui maîtrisent les règles de l'art. Il porte sur l'activité, sur l'œuvre accomplie, sur les techniques, les façons de faire. Il s'exprime dans le registre de la beauté : c'est un bel ouvrage, un beau travail, une façon élégante de procéder. Registre subtil de l'élégance qui célèbre les belles façons, le style, le beau geste, et qui fonde la fierté d'appartenir à un groupe partageant les mêmes compétences, les mêmes valeurs, la même maîtrise des règles du métier. Le *jugement d'utilité* est celui de l'entreprise, de la hiérarchie, des outils formalisés d'évaluation. Il calcule ce que le travail rapporte en termes financiers ou techniques. Il s'exprime en termes de rentabilité et de productivité.

La montée en force des outils de gestion conduit à réduire la valeur travail à son utilité et à mettre à mal ce qui est au fondement des identités professionnelles. « Or, l'identité est l'armature de la santé mentale », affirme Christophe Dejours. La reconnaissance peut donc être un viatique puissant et revigorant. En revanche, lorsqu'elle vient à manquer, lorsqu'elle est accordée chichement alors que l'effort consenti a été important, lorsqu'elle est dévaluée par des modalités instrumentalisantes ou infantilisantes, cet état de fait déstabilise l'identité, gâche le plaisir éprouvé, gâte l'estime de soi.

Plus l'individu s'implique dans son travail, plus sa vulnérabilité est mise à l'épreuve. S'il est alors sanctionné pour des raisons qui ne tiennent pas à la qualité de ce qu'il fait mais à des difficultés exogènes rencontrées pour le faire, les conséquences sur sa santé mentale peuvent être dramatiques. Les exemples sont divers : un commercial qui ne remplit pas ses objectifs parce que ses clients sont eux-mêmes en difficulté ; un technicien devant faire face à une augmentation de pannes parce que les investissements pour pallier l'usure du matériel dont il a la charge n'ont pas été réalisés ; un policier confronté à l'augmentation des délits parce que la crise sociale augmente la pauvreté et la délinquance. Autant de situations dans lesquelles la sanction n'est pas en rapport avec la réalité du travail effectué mais porte sur des écarts par rapport à des résultats prescrits. La course au chiffre oblige à bâcler la tâche jusqu'à développer des pratiques contradictoires avec le sens du travail : faire sortir un malade de l'hôpital alors qu'il aurait besoin de soins ; vendre des contrats à des taux prohibitifs à des surendettés dont on sait qu'ils ne seront pas en mesure de les rembourser ; brader une opération de maintenance dans une usine à risques pour réduire les coûts… Le passage à l'acte est le résultat d'une spirale de petites lâchetés, de soumission progressive, d'acceptation de malfaçons qui, de pression en renoncement, de sacrifices en manque de reconnaissance, vulnérabilise le salarié jusqu'à la perte de confiance en soi et au dégoût de soi-même. La référence à la gestion plutôt qu'au travail bien fait produit des dégâts humains considérables, parce qu'elle fragilise les identités, rompt les solidarités traditionnelles, déstructure les collectifs et individualise les relations. « La multiplication des suicides au travail ne résulte pas seulement des injustices, de la disgrâce et du harcèlement. Elle résulte principalement de l'expérience atroce du silence des autres, du refus de témoigner, de l'abandon, de la lâcheté des autres », écrit C. Dejours. La pression ne serait pas aussi pathogène si elle n'était pas accentuée par l'isolement et le chacun pour soi.

En conclusion, le rapport énumère les conditions favorisant le déclenchement de la violence dans le travail :

– la réduction des effectifs et les « dégraissages » augmentent la charge de travail de ceux qui restent. Les réorganisations et les nouvelles répartitions des tâches induites accentuent la pression sur les salariés et se traduisent le plus souvent par des conflits entre eux du fait que l'attribution des moyens devient l'objet de marchandages et de concurrences de plus en plus intenses. Faute de pouvoir « accuser » les nouvelles formes d'organisation du travail, les agents s'accusent mutuellement. « Cette psychologisation des contraintes organisationnelles est délétère et fait naître non seulement du ressentiment mais, au-delà, de la rancune et de la haine, autant de conditions favorisant la violence » (p. 30) ;
– les restructurations et les concentrations, souvent imposées sans concertation et dans l'urgence, obligent à changer les références communes, à faire évoluer les comportements, à modifier les règles du jeu, à déstabiliser les bases de la coopération. Ces réorganisations, qui se multiplient, remettent en question les fondements du vivre ensemble et les collectifs nécessaires pour apaiser les tensions ;
– la flexibilité met les salariés en insécurité vis-à-vis de l'emploi, de leur statut, de leur fonction et de leur place ;
– l'évaluation individualisée des performances et l'informatisation du contrôle de l'activité conduisent à une mise en concurrence généralisée qui peut conduire à des conduites déloyales, à susciter la méfiance, à remettre en question les solidarités entre collègues. D'autant que ces évaluations supposent la participation active de chacun, qui doit collaborer à son propre contrôle en saisissant lui-même les données rendant compte de son activité ;
– la qualité totale est également une cause de l'aggravation des pathologies mentales au travail. Elle génère une course aux infractions, à la tricherie, dans la mesure où il faut satisfaire aux contrôles et aux audits pour obtenir une certification ;

– le travail clandestin fait naître des zones de non-droit qui rendent impossible une régulation de la violence et favorisent des pratiques d'exploitation sans aucun contrôle.

À ces conditions favorisant le déclenchement de la violence répondent un certain nombre de conditions favorisant sa conjuration. Si le travail peut être source de souffrance et de pathologies, il peut tout aussi bien être facteur de santé mentale. Le rapport propose différentes pistes qui assurent les conditions propices à un compromis entre l'humain et le travail (p. 35). Sont évoquées des politiques globales qui favorisent le plein emploi, le respect de la législation du travail, la lutte contre le travail précaire, la protection des salariés et des chômeurs. La question de la coopération et de l'importance des espaces de discussion est également essentielle. L'effritement des solidarités est l'une des causes majeures de la violence. La coopération ne se décrète pas, elle repose sur la volonté et l'intelligence des agents pour inventer les moyens propices à son développement et à son maintien. Cela suppose un climat de confiance, du temps pour la délibération et la confrontation contradictoire des points de vue, la mise en commun des savoir-faire, l'élaboration collective de règles communes… La responsabilité des dirigeants est ici décisive à condition qu'ils intègrent l'évidence que le travail, ce n'est pas seulement « produire », c'est aussi « vivre ensemble ». S'il doit être évalué à l'aune de la rentabilité, il doit l'être également à partir de ses dimensions éthiques et culturelles.

Commentaires

Le rapport de la commission « Violence, travail, emploi, santé » met en exergue trois éléments clés de la souffrance au travail :

– plus l'investissement psychique dans le travail est élevé, plus la vulnérabilité est grande, plus l'attente de reconnaissance est forte et plus la déception est brutale lorsqu'elle n'est plus accordée. Dans *Le Coût de l'excellence* (Aubert, Gaulejac, 1991), nous avions évoqué longuement l'histoire de Nadia, dynamisée par le désir de faire carrière et dont le moi s'effondre brutalement à partir du moment où il n'est plus en mesure de satisfaire son idéal, en raison d'objectifs de plus en plus élevés ;

– le délitement des collectifs de travail, produit par la mesure individualisée des performances, l'avancement au mérite, la mobilité plus ou moins obligée et la remise en question des cultures de métier fragilisent les individus. Le groupe jouait un rôle protecteur et régulateur. Sa disparition expose l'individu aux conflits sans amortisseurs, sans possibilité d'échange et de partage avec ses pairs ;
– l'essentiel du contrat de travail réside moins dans les dimensions juridiques, financières et matérielles que dans ses dimensions symboliques, dans ce qu'il apporte en termes de place, d'identité et de reconnaissance.

Pour autant, l'opposition entre travail et gestion, présentée comme radicale, mérite qu'on l'examine de plus près. D'un côté, les « logiques de métier » sont aujourd'hui remises en question, elles ne sont plus l'élément principal et exclusif des constructions identitaires professionnelles. De l'autre, les outils de gestion produisent de l'individualisation, de la déshumanisation et de la désubjectivation. Le lien de causalité entre les deux phénomènes n'est pas évident. L'un et l'autre sont la conséquence d'une transformation structurelle du système de production qui change les *process* et les formes d'organisation du travail, les modes de management et les outils de gestion. Le passage d'organisations pyramidales et hiérarchiques à des organisations réticulaires et matricielles remet profondément en question la répartition du pouvoir et les modalités d'organisation du travail. La complexité des processus, l'intégration des fonctions, la multiplication des interfaces développent des modalités nouvelles de division du travail et de répartition des tâches. L'articulation *staff and line*, classique dans les entreprises industrielles, se transforme selon des modalités inédites. Les nouvelles technologies d'information et de communication changent les façons de travailler, les procédures, les répartitions des tâches et l'activité elle-même. Les oppositions entre les cultures de métier deviennent plus poreuses. Entre commerciaux et techniciens apparaissent des ingénieurs technico-commerciaux. Les métiers ouvriers traditionnels de production, avec leurs savoir-faire et leurs langages, disparaissent ou se démultiplient dans des configurations multidimensionnelles. Les structures d'organisation se transforment, remettent en question les références métiers anciennes pour en produire de nouvelles plus complexes, plus floues, plus flottantes.

Face à ces mutations structurelles, les organisations deviennent de plus en plus contradictoires et chaotiques. La gestion tente de remettre de l'ordre, de la rationalité et de la règle. Elle cherche à standardiser les procédures, à objectiver les activités, à rationaliser les services, à mesurer les performances, autant d'éléments qui produisent effectivement un bouleversement des « règles de l'art » et des étayages psychologiques sur lesquels les salariés fondaient une part de leur identité.

Le couple travail-gestion doit être analysé dans un double mouvement d'opposition et de conjugaison. L'intégration des deux est une donnée des organisations hypermodernes. Chaque salarié devient un travailleur qui maîtrise un ou plusieurs « métiers », avec ses compétences, ses savoir-faire, ses techniques, ses outils et, en même temps, un « gestionnaire » qui contribue à produire l'organisation dont il a besoin pour exercer son activité, l'évaluer, la traduire en résultats financiers. On voit ainsi des caissières de McDonald's intégrer dans leurs tâches du contrôle de gestion, calculer leur chiffre d'affaires au moment où elles ferment leur caisse et disposer de tableaux comparatifs par rapport à leurs performances de la veille ou à celles de leurs collègues (Weber, 2005). Des chauffeurs-livreurs qui sont chargés de la comptabilité, de l'élaboration des factures et de leur recouvrement. Des travailleurs sociaux qui doivent rendre compte de leur activité journalière en remplissant des « feuilles de temps » décrivant à la minute près ce qu'ils ont fait.

La conjonction de ces casquettes de travailleur et de manager ne se fait pas sans tension, tant les conflits entre ces deux logiques sont parfois intenses. Il y a bien là une des causes majeures de la souffrance au travail. Mais la capacité de certains à rendre ces tensions créatrices est tout aussi réelle que l'inhibition destructrice produite chez d'autres. Les logiques de métier avaient, elles aussi, leurs zones d'ombre. Ne tombons pas dans l'illusion rétrospective et nostalgique. Les conflits de valeurs et les problèmes de reconnaissance ne sont pas nouveaux. Simplement, ils changent de nature et d'intensité. Sur ce point, le délitement des collectifs qui servaient de médiation entre l'individu et l'organisation est effectivement une mutation essentielle à prendre en compte pour comprendre pourquoi ces conflits peuvent mettre en grande difficulté les travailleurs les plus vulnérables parce que les plus isolés.

Les collectifs traditionnels, fondés sur des identités de métier, des appartenances durables à des services, des départements, des fonctions, tendent à disparaître avec les conséquences que l'on sait sur la santé des travailleurs. Pour autant, d'autres formes de collectifs émergent, plus ou moins informelles, moins monolithiques et unidimensionnelles. De nouvelles pratiques voient le jour dans les organisations pour limiter les effets délétères de la mobilité permanente, de la mesure individualisée des performances. Les NTIC jouent un rôle essentiel dans l'apparition de nouveaux réseaux, dans la création de nouveaux liens, dans l'univers étrange qui émerge aux frontières du monde virtuel. Les pratiques et les valeurs changent, et le rapport au travail se modifie.

Les conflits de valeurs ne sont pas vécus de la même façon selon les formations initiales, l'âge, l'expérience professionnelle antérieure, les cultures de métier. Si la vulgate gestionnaire est rejetée par certains, elle est admise et même intériorisée par d'autres. Il faudrait approfondir les raisons de ces rejets et de ces adhésions. Ainsi, les tricheries nécessaires pour travailler malgré tout, les « petits arrangements » qui conduisent à détourner les règles et parfois à transgresser la loi pour « réussir » peuvent susciter des sentiments contradictoires entre excitation et culpabilité, fierté et honte, jouissance et dégoût de soi. Quant au goût du travail bien fait, il a de multiples aspects qui obéissent à des considérations complexes. Les *règles de l'art* ne sont plus aussi claires et normalisées que dans le système du compagnonnage. Les nouvelles technologies ont bouleversé la donne. Les salariés apprennent à jouer avec de nouvelles règles, plus incertaines, plus floues. Pour certains, la gestion elle-même peut devenir un vrai « métier » avec ses subtilités, ses normes, ses élégances, ses jugements de beauté. Le hacker qui réussit à détourner un système informatique de ses fonctions initiales pour désorganiser un système d'information jugé injuste peut obtenir des formes de reconnaissance tout à fait intéressantes sur le plan psychique et même sur le plan professionnel.

Le rapport de la commission « Violence, travail, emploi, santé », basé sur les travaux de la psychodynamique du travail, s'inscrit dans une démarche clinique. Il cherche moins à mesurer le problème qu'à le comprendre, à l'analyser en profondeur en donnant une large place à la façon dont il est vécu par les salariés. Il met la question de la violence et de ses effets sur les travailleurs au centre de cette analyse. Les autres rapports que nous allons examiner sont construits sur des paradigmes différents, bien éloignés de la démarche clinique.

« Rapport sur la détermination, la mesure et le suivi des risques psychosociaux au travail[4] »

En 2008, Xavier Bertrand, alors ministre du Travail, confie à Philippe Nasse, magistrat et statisticien, et Patrick Légeron, médecin psychiatre et consultant, le soin de rédiger un rapport sur les risques psychosociaux. Le rapport commence par le résumé suivant :

> Les risques psychosociaux posent un ensemble de problèmes divers, complexes et importants du fait du poids de leurs conséquences. Parce qu'ils se développent à la frontière entre la sphère privée (le psychisme individuel) et la sphère sociale (les collectifs d'individus au travail), ils sont au cœur de beaucoup de conflits. Les oppositions d'intérêts qui les traversent entraînent une multiplication des points de vue et des approches et, finalement, une certaine confusion dans les concepts, leurs modes d'analyse et le repérage de leurs causes ou de leurs effets.
>
> C'est pourquoi nous avons d'abord cherché à fixer clairement les concepts utilisés, puis à tracer une voie d'observation des faits couverts par ces concepts qui soit aussi dégagée que possible des contingences conflictuelles qui les entourent. Le rapport fixe l'objet principal de l'étude : le couple formé par la santé psychique de l'individu et ses conditions sociales de travail ; il détaille ensuite les méthodes d'observation de ce couple scientifiquement neutres et fiables.
>
> À cette fin, nous avons tenu le plus grand compte des méthodes utilisées par d'autres pays connaissant des problèmes de risques psychosociaux analogues aux nôtres, mais plus avancés que nous ne le sommes dans leur détection, leur mesure et leur traitement. La méthode repose toujours sur la mise en œuvre d'enquêtes psychosociales, dont la fiabilité statistique est éprouvée, et sur des questionnaires validés et rodés par de multiples expériences. Il n'existe, de par le monde, qu'un nombre limité de ces questionnaires : nous recommandons que le choix final en soit fait au terme d'une procédure d'« expertise collective » validée par le respect des normes correspondant à l'état de l'art

4. Philippe Nasse, Patrick Légeron, « Rapport sur la détermination, la mesure et le suivi des risques psychosociaux au travail », ministère du Travail, des Relations sociales et de la Solidarité. mars 2008 (les citations qui suivent sont toutes extraites de ce rapport).

en l'espèce, et tenant compte de la démarche européenne dans ce domaine : nous obtiendrons ainsi l'indicateur global qui, aujourd'hui, fait défaut.

En définitive, nous pensons que privilégier l'observation des faits relatifs à des concepts précis et selon des méthodes scientifiquement éprouvées est la meilleure façon d'établir, dans notre pays, un consensus minimum sur la reconnaissance des risques psychosociaux ramenés à des faits et sur leur mesure objective, permettant à la puissance publique, aux entreprises et aux partenaires sociaux d'envisager, ensuite, d'agir ensemble. Nous pensons qu'il faut observer avant d'expliquer, car à rechercher d'abord les causes des risques psychosociaux sans avoir convenu de leur observation, on entre de front dans les débats sur les responsabilités de ces causes, ce qui empêche tout dialogue constructif.

Au total, le rapport aboutit aux neuf propositions d'action suivantes :

1- Construire un indicateur global tiré d'une enquête psychosociale évaluant simultanément les conditions sociales de travail et l'état psychologique du sujet;

2- Utiliser comme indicateurs spécifiques les enquêtes nationales existantes et développer des indicateurs spécifiques supplémentaires à partir des mouvements de main-d'œuvre, des arrêts maladie de courte durée et en exploitant les rapports de la médecine du travail et des inspecteurs du travail;

3- Lancer des expériences pilotes dans la fonction publique;

4- Analyser le rôle des incitations dans le fonctionnement de la branche Accidents du travail et maladies professionnelles de la CNAM-TS;

5- Recenser les suicides de salariés au travail et procéder à une analyse psychosociale de ces suicides (« autopsie psychologique »);

6- Lancer une campagne publique d'information sur le stress au travail;

7- Former les acteurs au sein de l'entreprise et renforcer leur rôle;

8- Créer un portail Internet pour l'information des entreprises et des salariés;

9- Charger le futur *Conseil d'orientation des conditions de travail* de suivre la mise en œuvre de ces actions.

Commentaires

La première phrase du rapport illustre l'ambiguïté de la mission confiée aux deux auteurs et leur difficulté à trouver un positionnement clair entre les enjeux scientifiques et les enjeux politiques. L'un est statisticien, l'autre psychiatre. Comment aborder une question qui « pose un ensemble de problèmes divers, complexes et importants [...] au cœur de beaucoup de conflits et d'oppositions d'intérêts » ? D'emblée est posé le caractère conflictuel des enjeux autour des risques psychosociaux et de la discussion sur les causes du mal-être. Pour autant, les auteurs ne proposent pas une solution pour sortir de la confusion. Plutôt que d'analyser les oppositions d'intérêts et les différences des points de vue, ils suggèrent d'abandonner la discussion sur les causes pour dégager un consensus sur l'observation du phénomène et la construction d'un indicateur de mesure. Cette neutralisation du débat de fond, sous couvert d'objectivation du phénomène, est une pratique courante dans les milieux dirigeants et dans certains milieux scientifiques. Surtout, ne pas prendre parti. On déplace alors l'axe d'étude sur des questions de méthode pour ne pas avoir à se prononcer sur le fond.

Au départ, l'objet du rapport est défini très précisément. Il s'agit d'analyser « le couple formé par la santé psychique de l'individu et ses conditions sociales de travail » (p. 4). La problématique initiale pose l'origine des risques psychosociaux « là où les comportements psychiques individuels les plus intimes entrent en symbiose avec les comportements sociaux les plus complexes : ceux des hommes au travail » (p. 5). En conséquence, il convient de mobiliser des théories, des connaissances et des chercheurs issus d'horizons différents, au premier chef la médecine, la sociologie, l'ergonomie, voire l'anthropologie. Ces apports de connaissance savante doivent être complétés par les expériences accumulées sur le terrain avec les partenaires sociaux et les praticiens. On ne peut qu'approuver l'idée de conjuguer des savoirs théoriques et des savoirs expérientiels pour aborder une question aussi complexe qui touche un problème dont l'existence est « quasi unanimement partagée » (p. 5). Les auteurs proposent de dépasser l'opposition artificielle entre les approches qui mettent l'accent sur les aspects individuels et médicaux et celles qui mettent l'accent sur les aspects collectifs en se centrant sur les conditions de travail.

Malheureusement, le rapport ne va pas au-delà de cette déclaration d'intention. L'argument utilisé laisse perplexe : « Il n'y a aucun consensus sur l'identification des causes des risques psychosociaux, sur la mesure de leur occurrence et, *a fortiori*, sur le sens des actions qui pourraient être entreprises pour les prévenir, guérir ou réparer » (p. 5). Nous n'en saurons pas plus sur les différences de points de vue, la nature des divergences, les enjeux théoriques, idéologiques et politiques qui sont à l'œuvre. Nous n'en saurons pas beaucoup plus sur les liens existant entre la santé psychique et les conditions de travail. On assiste alors à une série de « déplacements » dans la suite du rapport. Faute de traiter l'objet initial, les auteurs vont s'engager dans un débat méthodologique sur la construction d'un indicateur global pour mesurer le stress. Le propos n'est plus d'analyser les causes, mais de « faciliter l'amorce d'un consensus sur la constitution d'une information statistique scientifiquement organisée et expérimentalement éprouvée de sorte qu'elle soit aussi peu que possible contestable et, par sa neutralité, puisse servir d'appui à la reconnaissance, par tous les acteurs intéressés, de la nature, de l'étendue et de l'intensité des risques évoqués » (p. 5). L'idée est de cibler le stress par la construction d'un « indicateur majeur de l'observation du risque psychosocial [...]. Cet indicateur résulterait de l'observation simultanée de l'état de la santé mentale et de l'exposition aux risques. [...] Ces enquêtes devraient n'intégrer que le minimum indispensable de théories explicatives, basées sur les modèles les plus usuels, les plus courants, les plus souvent mis en œuvre notamment au plan international pour permettre de situer la France par *benchmarking*. L'objectif serait d'obtenir une mesure aussi incontestable que possible de l'existence et de l'intensité des troubles individuellement ressentis dans l'environnement du travail » (p. 18).

La position défendue par les deux auteurs laisse perplexe : l'existence du stress dépendrait de la capacité des scientifiques à le mesurer ; l'objectivité ne peut être atteinte qu'à condition de mettre de côté les théories explicatives ; la neutralité consisterait à se référer au modèle anglo-saxon ; il suffirait de pouvoir comparer l'évolution des indicateurs pour que les acteurs aient enfin conscience de l'existence du problème et de la nécessité d'agir. La statistique n'est plus un outil pour aider à comprendre, elle devient la clé explicative, le sésame de l'objectivité, la cheville ouvrière du « *consensus d'approche* ». Les divergences sur l'analyse des causes et des actions à mener sont ainsi annulées par un déplacement sur des questions de méthode. L'objectif poursuivi par les deux auteurs n'est plus d'identifier le problème mais d'aboutir à un consensus. Ils font le constat que le problème suscite des positions antagonistes, sur le diagnostic comme sur les réponses à apporter, dans les registres scientifique, politique et pratique. En conséquence, ils renoncent à le traiter et proposent d'en traiter un autre, là où un consensus serait possible. À aucun moment n'est évoqué le fait que les divergences sur le diagnostic s'exprimeront tout autant sur les hypothèses sous-jacentes à la construction de l'indicateur et, surtout, sur l'interprétation de ses variations.

Mais la quête de consensus débouche, en définitive, sur l'imposition d'un modèle. La discussion sur les paradigmes au fondement de la méthode proposée est évacuée. Les approches expérimentales et cognitivistes sont présentées comme les seules ayant une validité scientifique et les seules bénéficiant d'une reconnaissance internationale. Le questionnaire est présenté comme l'outil privilégié d'une expertise collective d'élaboration. Les intentions de départ sur la pluridisciplinarité intégrant la sociologie et l'anthropologie sont abandonnées parce qu'elles ne font pas consensus. Comme on ne peut tomber d'accord sur l'explication, on se concentre sur l'observation. La question des risques psychosociaux se réduit alors à un débat sur les méthodes d'observation et à une traduction du problème en indicateurs mesurables.

La démarche aboutit à un déni du problème et de la démocratie. Au lieu de traiter l'absence de consensus dans un débat démocratique, de proposer des espaces collectifs de mise en perspective des points de vue, d'engager une discussion publique sur les positions des uns et des autres, les deux auteurs préconisent un débat technocratique, confié à des experts, en l'absence des acteurs les plus concernés, pour mettre en place un indicateur de mesure. Et ils présentent cette démarche comme le préalable nécessaire à toute autre démarche. Cette volonté affirmée de recherche d'objectivité conduit à légitimer une conception comportementaliste et positiviste. Les postulats de départ sur la complexité, sur les liens entre les conflits psychiques et les conditions de travail, sur l'implication des partenaires sociaux, sur l'expérience vécue des salariés, sont abandonnés. Sous prétexte de neutralité, la subjectivité est éliminée. Sous prétexte d'objectivité, les enjeux de pouvoir sont occultés. Sous prétexte de pragmatisme, le débat sur les causes est escamoté.

Le problème est confié à des experts qui vont discuter sur la construction d'indicateurs, développer des enquêtes, lancer des expériences pilotes et des campagnes d'information, recenser les suicides, créer un portail Internet pour l'information des entreprises et des salariés… Comme si toutes ces mesures allaient permettre d'aboutir « à un consensus sur la nécessité d'agir » (p. 42). Alors que les indicateurs déjà disponibles montrent un accroissement constant de tous les symptômes du mal-être au travail, il faudrait faire la démonstration objective de la nécessité d'agir. Alors que tous les acteurs concernés ne cessent de tirer la sonnette d'alarme, il faudrait réfléchir, entre experts, sur une alarme qui fasse consensus.

Suite à ce rapport, un collège d'expertise sur le suivi statistique des risques psychosociaux au travail, composé d'une vingtaine d'experts, a été constitué autour de Michel Gollac, administrateur à l'INSEE. La problématique retenue par ce collège est intéressante. Elle débute par la mise en évidence d'une contradiction sur l'objet même de sa mission : « Que sont les risques psychosociaux ? Le terme de "risques psychosociaux" au travail ne correspond pas à un concept scientifique précis. Toutefois, l'épidémiologie, notamment, utilise couramment la notion de facteurs de risques psychosociaux. » Une note en bas de page précise : « La Commission universitaire pour la santé et la sécurité au travail les définit comme *"les risques qui découlent de l'interaction entre les individus et de l'interaction de l'individu avec son travail"*. » On perçoit ici l'embarras des membres de ce collège : comment mesurer un phénomène aussi vague et mal défini ? L'aveu qui suit est tout aussi remarquable : « Bien qu'indéfinissable, les épidémiologistes notamment utilisent cette notion. » Comment mesurer un phénomène qu'on ne sait pas définir ? Qu'importe que l'on ne sache pas ce que l'on mesure du moment que l'on mesure !

L'examen des deux rapports précédents met en évidence l'importance d'une discussion sur les paradigmes qui fondent les positions des experts et la nécessité d'un débat scientifique pluridisciplinaire sur les différentes façons d'aborder la question des « risques psychosociaux ». Les deux rapports que nous allons examiner maintenant ont une tonalité assez différente. Entrepris à l'initiative de l'Assemblée nationale pour l'un et du Premier ministre pour le second, ils ouvrent un débat plus politique.

Commission de réflexion sur la souffrance au travail[5]

Au cours de l'été 2009, les médias commentent abondamment les suicides à répétition, en particulier à France Télécom. Jean-François Copé, responsable du groupe UMP à l'Assemblée nationale, constitue une commission composée de députés et d'experts de toutes sensibilités. La commission se donne pour objectif d'identifier les causes de la souffrance au travail à partir de quatre constats : les nouvelles organisations du travail abolissent les règles existantes ; les nouvelles technologies bouleversent les conditions de travail ; le management apparaît souvent à la fois inadapté et démuni ; le système de santé est partiellement inadapté à ces nouveaux défis.

L'introduction du rapport donne une tonalité volontaire et politique à la réflexion, fondée sur le refus de la fatalité et la nécessité d'agir :

> Nous refusons en préalable toutes les simplifications abusives, à commencer par l'amalgame entre souffrance et travail.
>
> Le travail, ce n'est pas la souffrance. Un pays qui met ces deux notions sur un pied d'égalité n'a pas d'avenir. L'absence de travail est même souvent l'une des grandes causes de souffrance dans nos sociétés. En effet, parce qu'il mobilise le corps, l'intelligence et la subjectivité, il reste, qu'il soit salarié ou pas, la source incontournable de l'émancipation et de l'accomplissement de soi. Dans le même temps, il agit comme le principal médiateur social : le travail est un moyen privilégié d'entrer en relation avec autrui.
>
> Dans le même esprit, nous refusons d'opposer chefs d'entreprises et salariés, en caricaturant leurs relations en rapports bourreaux/victimes. Ce serait commettre une erreur fondamentale d'appréciation car tous sont susceptibles d'être affectés par la souffrance au travail. Ce serait aussi condamner la première piste de solution qui consiste à favoriser une prise de conscience partagée d'une réalité souvent niée et à rétablir la confiance entre tous les acteurs concernés.
>
> Enfin, compte tenu de ce qui précède, et parce que les mots ont un sens, nous souhaitons élargir de façon positive notre approche de ces problématiques. L'identification, la dénonciation, et surtout l'action contre les situations de souffrance sont essentielles, mais elles doivent s'accompagner d'une démarche valorisant le « travailler mieux » ou le « mieux-être au travail ».

5. Commission de réflexion sur la souffrance au travail, présidée par Jean-François Copé et Pierre Méhaignerie, Assemblée nationale, décembre 2009.

Les suicides récents dans les grandes entreprises ont amené la fin d'un tabou : dans un grand nombre de cas, le travail lui-même est malade.

Commentaires

Les auteurs choisissent délibérément d'évoquer « la souffrance au travail » dans le titre, tout en indiquant, dans la première phrase, que le travail n'est pas la souffrance. Bien au contraire, le travail est « la source incontournable de l'émancipation et de l'accomplissement de soi ». La contradiction entre souffrance et émancipation n'est pas analysée, mais elle n'est pas éludée. De même, la contradiction entre le constat que « le travail lui-même est malade » et l'affirmation d'une démarche volontariste pour « travailler mieux ». Le politique s'affirme ici dans un pragmatisme ancré dans l'écoute de la plainte citoyenne, sensible aux manifestations de la souffrance sociale, mais en même temps responsable, sinon du mal-être lui-même, du moins de la nécessité d'apporter des solutions concrètes. On peut donc dénoncer, mais à condition de rester dans une approche « positive », valorisant des solutions pour « travailler mieux ».

Le deuxième paragraphe est encore plus politique : « Nous refusons d'opposer chefs d'entreprises et salariés. » Il ne faudrait pas réveiller les vieux discours sur la lutte des classes et les oppositions stériles entre patrons et ouvriers. D'autant que les uns comme les autres « sont susceptibles d'être affectés par la souffrance au travail ». Face à la souffrance, il n'y a pas d'inégalités. Le problème ne renvoie donc pas à des contradictions structurelles entre le capital et le travail, à des oppositions d'intérêts entre les actionnaires et les travailleurs, entre les dirigeants et les salariés, mais à la responsabilité de tous. Les auteurs invitent à sortir d'une vision manichéenne qui opposerait des victimes à des bourreaux pour élaborer une vision commune fondée sur la confiance réciproque et le pragmatisme afin de favoriser une prise de conscience partagée. Ils défendent une conception libérale des rapports sociaux qui valorise l'engagement individuel, la responsabilité de chacun quant à l'amélioration de son sort, la motivation et la bonne volonté pour améliorer ses conditions d'existence. Les enjeux de pouvoir et de domination ne sont pas de mise dans la recherche d'un consensus et de solutions dans lesquelles chaque individu a sa place, à égalité, quelle que soit sa condition.

Dans cette perspective, le rapport note que, si les indicateurs de santé au travail sont clairement préoccupants, les conditions de travail se sont améliorées, que le temps passé au travail a diminué. Au passage, les 35 heures sont mentionnées comme responsables de cette dégradation : « Les 35 heures, pourtant pensées et expliquées comme une mesure historique en faveur du salarié et de sa qualité de vie, ont en réalité conduit à une intensification et à une densification du travail. Alors même que la productivité horaire des Français est déjà parmi les plus élevées au monde, les 35 heures ont mécaniquement entraîné la disparition des pauses et des temps collectifs d'échanges qui avaient pour mérite, non seulement de permettre au salarié de récupérer, mais aussi de renforcer le tissu social et de construire le "vivre ensemble" » (p. 11). Belle envolée qui attribue à la diminution du temps légal de travail la responsabilité de l'intensification, et non à l'absence d'embauche supplémentaire, au refus de payer des heures supplémentaires ou encore à la recherche intensive de productivité. Les dirigeants d'entreprise, mais aussi les gouvernements, qui ont demandé aux salariés de faire plus en moins de temps plutôt que de compenser les conséquences de la loi, sont ainsi dédouanés. Ce qui est la conséquence de décisions politiques est présenté comme un effet mécanique, totalement indépendant des décisions prises par les dirigeants.

Ces principes étant posés, le diagnostic débouche sur un catalogue de bonnes intentions :

- « rétablir le dialogue dans le monde du travail. » L'analyse ne donne pas d'éléments pour comprendre pourquoi ce dialogue ne fonctionne pas. On peut d'ailleurs constater l'absence de représentants des organisations syndicales dans la commission et leur quasi-absence parmi les personnes auditionnées. Dans le même temps, les conflits sociaux font rage, que ce soit du côté des salariés du privé, qui voient leurs usines fermer alors que les entreprises propriétaires engrangent des profits, ou du côté du public, secteur dans lequel on réduit les effectifs alors qu'ils sont déjà insuffisants pour assurer un fonctionnement normal ;
- « réhumaniser le monde du travail », « faire confiance à la personne et la respecter dans son identité professionnelle », « valoriser les "mémoires vives" de l'entreprise ». On fait

appel à la morale et à l'éthique pour réinsuffler de l'humain, de la considération, du respect et de la confiance. Dans un univers de plus en plus chaotique, instable et incertain, cet appel à la bonne volonté est touchant mais peu convaincant. Encore faudrait-il décrire les causes profondes de la déshumanisation, de la défiance, de la perte de mémoire, de la remise en question des identités de métier ;

– « il faut passer de la simple gestion à la valorisation des ressources humaines. » Le paradigme des théories du capital humain est à l'œuvre. Chaque individu est considéré comme un capital qu'il convient de faire fructifier. Il y a lieu donc, à côté de la valeur financière, de « mesurer le capital immatériel » pour mieux valoriser le capital humain, pour mieux valoriser l'homme comme ressource de l'entreprise ;

– « renforcer la démocratie entrepreneuriale et sociale. » Il ne s'agit pas ici de défendre les lois Auroux qui donnaient un droit d'expression collective aux salariés en garantissant la possibilité de se réunir, sur le lieu et pendant les heures de travail, pour échanger sur leurs conditions de travail. Il ne s'agit pas de donner le pouvoir au peuple des salariés comme le suggère le terme « démocratie ». Il ne s'agit pas de donner aux travailleurs des droits nouveaux ni de les intégrer dans les instances de décision. Il s'agit seulement de leur rendre « l'entreprise intelligible » en diffusant une information sur les décisions de la direction et « pourquoi pas, avec le bulletin de salaire, des éléments relatifs à la stratégie et aux actions de l'entreprise ». La démocratie entrepreneuriale est en marche ! S'ils étaient mieux informés, les salariés seraient tous disposés à partager « la stratégie et la vision de l'entreprise [...] pour [leur] permettre de mieux cerner [leur] contribution à la mise en œuvre du projet collectif » (p. 19) ;

– « diffuser largement boîtes à outils et protocoles. » La commission préconise de mettre des guides à disposition des dirigeants, des cadres et des salariés, en particulier dans les PME, qui sont « les orphelines de la prévention ». Ces guides répondraient à toutes les questions : Que faire ? À qui s'adresser ? Quels sont vos droits ? Quels sont les indicateurs

pour établir un diagnostic ? Quelles démarches engager ? Ce guide pourrait être complété par des protocoles de prévention prévoyant des procédures d'accompagnement des salariés et des managers, la création de hotlines d'écoute et de conseil anonymes et gratuites, la procédure à adopter en cas de décès. Il s'agit de proposer des modes d'emploi de la souffrance, de définir des référentiels et des procédures, pour encadrer le mal dans un cadre prescriptif et normatif de prise en charge individuelle. On déplace ainsi le problème au niveau des personnes qui souffrent, faute de pouvoir intervenir sur ce qui les fait souffrir. Le guide aide à mettre en œuvre un simulacre de prévention qui ne permet pourtant pas d'agir sur les causes de la souffrance, tout au plus sur ses conséquences individuelles ;
– « créer une certification "santé et qualité de vie au travail". Créée sur le modèle des certifications ISO, elle serait attribuée sur des critères fixes » et donnerait lieu à des classements : Bronze, Argent et Or. L'entreprise valorisée pourrait bénéficier d'avantages fiscaux. Le challenge, la certification et la mesure des performances sont présentés comme des solutions alors que les principes mêmes qui les fondent sont une des causes du mal-être. Comme si la traduction de la souffrance en indicateurs permettant de mesurer les performances des entreprises sur le front du mal-être allait améliorer la situation.

Le travail de la commission illustre un phénomène courant en politique. Au départ, une volonté réelle de s'attaquer au problème, d'en analyser les causes, d'élaborer des solutions. En chemin, l'abandon des éléments qui risquent de questionner les logiques structurelles, les enjeux de pouvoir, les paradigmes à partir desquels on pense la société. À l'arrivée, des mesures qui passent à côté de leur objet, quand elles ne contribuent pas à accentuer les problèmes.

« Bien-être et efficacité au travail – 10 propositions pour améliorer la santé psychologique au travail »

Ne voulant pas être en reste par rapport au chef de la majorité parlementaire, le Premier ministre décide en novembre 2009 de confier au Conseil économique, social et environnemental une mission sur le bien-être et l'efficacité au travail. Un rapport est remis en février 2010, présenté par Henri Lachmann, président du conseil de surveillance de Schneider Electric, Christian Larose, vice-président du Conseil économique, social et environnemental, membre de la CGT, et Muriel Penicaud, directrice générale des ressources humaines chez Danone. La commission était principalement constituée de dirigeants d'entreprise, qui affirment, dans l'avant-propos, leur volonté de sortir de la problématique de la souffrance au travail pour repenser les rapports entre l'économique et le social.

> Le 5 novembre 2009, le Premier ministre nous a demandé de lui proposer des mesures pour améliorer les conditions de santé psychologique au travail. Le présent rapport est le fruit de nos travaux, qui se sont déroulés du 15 novembre 2009 au 15 février 2010.
>
> Il ne s'agit pas d'un rapport d'experts mais de « praticiens » : notre ambition était de mettre notre connaissance pratique du monde des salariés et de l'entreprise au service de ce sujet. Les dix propositions qui suivent, centrées sur l'entreprise privée, sont le reflet de nos expériences respectives, des nombreuses auditions que nous avons menées, mais aussi d'une conviction commune, celle que le sujet de la santé au travail réconcilie le social et l'économique. Investir dans la santé au travail est d'abord une obligation sur le plan humain : de plus, ce n'est pas une charge, c'est un atout pour la performance.
>
> Parce que social, santé, organisation et management sont indissociables, nous n'avons pas souhaité entrer dans le sujet sous l'angle du seul traitement de la souffrance : pour nous, l'amélioration de la santé psychologique au travail ne doit pas se limiter à la gestion du stress professionnel. Le vrai enjeu est le bien-être des salariés et leur valorisation comme principale ressource de l'entreprise.
>
> En France, la fierté du travail bien fait occupe une place importante. Le métier n'est pas qu'une source de rémunération: il est partie prenante de l'épanouissement personnel, de l'intégration et du lien social. Ce lien essentiel avec le travail place l'entreprise au cœur des solutions.

Après une définition du stress suit l'exposé de dix propositions.

1. L'implication de la direction générale et de son conseil d'administration est indispensable. L'évaluation de la performance doit intégrer le facteur humain, et donc la santé des salariés.

2. La santé des salariés est d'abord l'affaire des managers, elle ne s'externalise pas. Les managers de proximité sont les premiers acteurs de santé.

3. Donner aux salariés les moyens de se réaliser dans le travail. Restaurer des espaces de discussion et d'autonomie dans le travail.

4. Impliquer les partenaires sociaux dans la construction des conditions de santé. Le dialogue social, dans l'entreprise et en dehors, est une priorité.

5. La mesure induit les comportements. Mesurer les conditions de santé et sécurité au travail est une condition du développement du bien-être en entreprise.

6. Préparer et former les managers au rôle de manager. Affirmer et concrétiser la responsabilité du manager vis-à-vis des équipes et des hommes.

7. Ne pas réduire le collectif de travail à une addition d'individus. Valoriser la performance collective pour rendre les organisations de travail plus motivantes et plus efficientes.

8. Anticiper et prendre en compte l'impact humain des changements. Tout projet de réorganisation ou de restructuration doit mesurer l'impact et la faisabilité humaine du changement.

9. La santé au travail ne se limite pas aux frontières de l'entreprise. L'entreprise a un impact humain sur son environnement, en particulier sur ses fournisseurs.

10. Ne pas laisser le salarié seul face à ses problèmes. Accompagner les salariés en difficulté.

Commentaires

« Bien-être et efficacité », les deux termes indiquent un état d'esprit différent de celui des rapports précédents. Il n'est plus question de violence, de risque psychosocial ou de souffrance au travail, mais de bien-être, d'efficacité, d'amélioration de la santé psychologique au travail. L'avant-propos indique clairement qu'il s'agit d'un « rapport de praticiens » plus que d'un rapport d'experts. La composition de la commission en témoigne. Ce sont principalement de hauts dirigeants d'entreprise, et non des moindres – Bouygues, Carrefour, France Télécom, IBM, PSA, Renault, Vivendi... – et des représentants des organisations syndicales (employés et employeurs). Pour une fois, les organisations syndicales sont vraiment parties prenantes dans la réflexion. Il est question de l'implication du management et des partenaires sociaux, du retour du collectif et de la discussion sur le lieu même du travail, et il s'agit de se préoccuper des conséquences sur les salariés des réorganisations permanentes. Les auteurs considèrent la santé au travail comme un symptôme de problèmes plus larges et comme une conséquence de l'amélioration du bien-être des salariés au sein de l'entreprise. Les discussions sur l'absence de consensus sur les causes du stress sont bien loin. Loin des tergiversations sur les causes, le diagnostic est précis : les conditions de travail et le fonctionnement de l'entreprise sont au cœur du problème, c'est donc au conseil d'administration et à la direction de s'en emparer pour apporter de vraies réponses. Le stress n'est qu'un élément d'une question plus générale qui porte sur la santé au travail des salariés, l'objectif de l'entreprise étant leur bien-être, pour plus d'efficacité.

Bien sûr, les objectifs économiques de productivité ne sont pas oubliés : « La santé des salariés est une source incontestable d'efficacité dans le travail, et donc de performance individuelle et collective » (p. 6). Pour autant, le rapport propose de prendre en compte les performances sociales dans l'évaluation des managers, la valorisation du collectif dans l'évaluation des performances, de restaurer les espaces de discussion collective, de revoir la formation du management en y intégrant l'écoute, la négociation, le dialogue, et enfin de « prendre en compte l'impact social et la faisabilité humaine des projets de réorganisation et de restructuration ».

« Social, santé, organisation et management sont indissociables », indique le rapport. Est affirmée, comme proposition n° 1, la nécessité de l'implication du conseil d'administration, seule instance capable d'arbitrer vraiment entre les attentes en termes de profit et les exigences en termes de travail. Par ailleurs, le management est ciblé comme un des facteurs essentiels. Le rôle du manager est de veiller au bien-être du personnel, et sa formation doit lui permettre de remplir cet objectif. Il doit donc recevoir un complément de formation adéquate sur ce point. Sans que cela soit dit explicitement, il est clair que les auteurs du rapport estiment que ce n'est pas actuellement le cas et qu'il est tout à fait nécessaire de revoir les programmes de formation des managers, en particulier pour le management de proximité. « La santé des salariés est d'abord l'affaire des managers, elle ne peut pas s'externaliser. Au quotidien, le manager de proximité, qui organise le collectif de travail et prend les décisions au plus près des salariés, en est le premier garant. Il est aussi un relais essentiel avec la hiérarchie de l'entreprise : c'est lui qui fait remonter les difficultés rencontrées par les salariés et qui informe ces derniers sur les orientations et projets de l'entreprise. Son rôle d'écoute est fondamental. [...] Or les managers de proximité se trouvent confrontés à des difficultés nouvelles de positionnement : l'augmentation du nombre de cadres "experts" au détriment des fonctions de management, l'éloignement géographique entre les équipes, le poids croissant des procédures dans les relations de travail, l'insuffisante association des managers de proximité aux décisions ou encore le développement d'organisation matricielles contribuent à déstabiliser ce maillon essentiel de l'organisation » (p. 7).

Le diagnostic est particulièrement juste sur la réalité actuelle et pertinent sur les difficultés rencontrées par les dirigeants de proximité – parmi les salariés, ce sont sans doute eux qui subissent le plus de tensions. Mais il souligne une contradiction dont les auteurs ne tirent pas toutes les conséquences. Les managers de proximité sont les premiers acteurs de la santé, mais ils n'ont plus les moyens d'exercer ce rôle essentiel. On peut craindre, comme nous avons pu l'observer sur le terrain, qu'étant déjà les premiers concernés par l'épuisement professionnel, le stress et le mal-être au travail, ils ne soient confrontés à une injonction paradoxale de plus. On leur demande d'écouter, de négocier, de dialoguer, d'expliciter les orientations de la direction, de faire remonter les problèmes du terrain et, en définitive, de se responsabiliser sur le front de la santé au travail alors qu'ils sont déjà totalement surchargés et impuissants pour agir sur les causes et dégager des moyens nécessaires.

Il manque une analyse sur les causes structurelles qui engendrent la fréquence des réorganisations, l'éloignement des décisions, l'impuissance des dirigeants de proximité, mais aussi le sentiment d'insécurité face au chômage, l'augmentation du niveau d'exigence des clients et des actionnaires, le développement des nouvelles technologies qui « cannibalisent » les relations de travail, les nouvelles formes de taylorisme qui standardisent et parcellisent les tâches. Tous ces éléments sont évoqués par les auteurs comme des données sans qu'une interrogation suive sur les raisons de leur émergence et les moyens d'agir sur ce qui les produit. Comment œuvrer pour rapprocher les prises de décision du terrain, limiter les injonctions paradoxales, les réorganisations permanentes, les conséquences du *double reporting* ? Les propositions du rapport n'apportent aucun élément sur ces différents points. Il y a un décalage évident entre le diagnostic, qui désigne clairement les causes organisationnelles et managériales du problème, et les préconisations, qui reportent sur le management intermédiaire, les collectifs de travail et les organisations syndicales le soin de trouver des solutions.

L'interrogation sur les surdéterminations économiques, sur la globalisation financière, sur la culture de la haute performance, sur l'introduction d'outils de gestion prescriptifs et de systèmes d'information normatifs n'est pas encore à l'ordre du jour. S'il faut agir, c'est pour améliorer la performance « toutes choses égales par ailleurs », sans remettre en question ce qui fonde le système. Certaines améliorations sont sûrement les bienvenues, comme rétablir des espaces de discussion dans le travail, restaurer le dialogue social, se préoccuper de l'impact et de la faisabilité de tout projet de réorganisation, évaluer la performance en termes non seulement financiers, mais aussi sociaux et humains. Cependant, on peut craindre que ces propositions ne changent pas fondamentalement le problème du mal-être au travail si les facteurs structurels qui les produisent ne sont pas mentionnés, encore moins analysés.

*

Les quatre diagnostics retenus dans ce chapitre donnent une idée de l'état de la réflexion au croisement de l'expertise scientifique, dominée par les psychiatres et les statisticiens, et de la réflexion politique associant des élus, des consultants et quelques dirigeants d'entreprise. On retiendra que la prise de conscience de l'importance du problème est de plus en plus vive et que les bonnes intentions sont évidentes de la part de certains responsables éclairés. La question des décalages entre le prescrit et le réel devient une référence importante. Les liens entre, d'une part, le stress, la souffrance au travail, l'épuisement professionnel, le harcèlement, et, d'autre part, les formes d'organisations du travail et certaines pratiques de management sont de plus en plus affirmés. Malgré ces avancées, la bataille idéologique est forte. La prise en main « politique » du débat conduit à éliminer la question de la violence et les soubassements socio-économiques du problème. La question sociale et les enjeux de pouvoir sont alors escamotés, en particulier à propos du rapport capital-travail. Par ailleurs, le poids du positivisme conduit à mettre en avant la question du bien-être pour neutraliser la négativité du terme « souffrance ». La multiplication des suicides rend fragiles ces tentatives d'euphémiser le débat.

Chapitre 5

France Télécom face à la « nouvelle mode » des suicides

> « Quand on ne peut rien contre la machine totalitaire et ses infamies, quand on est pris dans le piège que l'espoir est fini, il reste ce recours ultime pour se préserver : le suicide. Il est le dernier rempart de notre humanité, notre joker, invisible, invincible. »
>
> BOUALEM SANSAL,
> *LE VILLAGE DE L'ALLEMAND*, 2008.

Les médias commencent à s'intéresser aux suicides à France Télécom au cours de l'été 2009. Plusieurs témoignages frappent l'opinion, comme celui d'un employé de 51 ans qui se suicide pendant le week-end du 14 Juillet en laissant une lettre sans ambiguïté sur les raisons de son geste : « Je me suicide à cause de mon travail à France Télécom. C'est la seule cause. » Il évoque « la surcharge de travail », la « désorganisation totale de l'entreprise » et le « management par la terreur ». Depuis février 2008, c'est le dix-huitième salarié qui met fin à ses jours. « Les drames se succèdent : le 11 août à Besançon, le 30 à Lannion. Le 9 septembre, un salarié de Troyes tente de se poignarder devant ses collègues. Le 11, une jeune femme se tue à Paris. Chacun de ces drames est relaté dans la presse. Durant le week-end, le gouvernement décide de réagir. Le ministre du Travail convoque le PDG, Didier Lombard. La réunion est prévue pour le 15. Elle sera suivie d'une conférence de presse. C'est la première fois que le président de France Télécom s'exprime sur les suicides. En essayant d'éteindre l'incendie, il ne va faire que l'amplifier en prononçant la fameuse phrase sur la “mode des suicides”[1]. » Cette

1. Béatrice Brisset Chateauneuf, Manuela Echilley, Damien de Gaulejac, « Une bataille de légitimité dans les médias, les prises de parole de Didier Lombard et Stéphane Richard lors de la crise à France Télécom », master 2 CEI, CELSA, avril 2010, p. 3.

phrase malheureuse précipitera son départ. Stéphane Richard devait remplacer Didier Lombard en juillet 2011. Face aux événements, le remplacement est avancé au 1er mars 2010. Le nouveau directeur suscite l'espoir d'un changement. Il déclare « vouloir remettre l'humain au cœur de l'entreprise ». Fin 2010, le constat est amer : 23 suicides de plus depuis le 1er janvier. Du côté de la direction, le refrain ne change pas. Le nouveau PDG déclare dans un entretien au *Figaro* du 16 septembre : « Nous sommes face à des drames de la vie, sans liens entre eux, et qui sont *a priori* sans lien avec l'entreprise. » La dénégation continue.

Au-delà des réactions inadéquates de ses PDG, la situation de France Télécom illustre la difficulté pour une entreprise de cette taille, engagée dans des restructurations profondes, confrontée à une concurrence acharnée, à faire face à un mal-être particulièrement dramatique, puisqu'il se traduit par une suite ininterrompue de suicides sur plusieurs années. D'autant que cette « épidémie » mobilise les médias, l'État en tant qu'actionnaire, le patronat, les organisations syndicales, les experts, les cabinets de consultants et la justice.

En mars 2010, pour la première fois, sur l'initiative du parquet, la justice ouvre une information judiciaire pour « homicide involontaire » à propos du suicide d'un technicien d'intervention qui s'était donné la mort en août 2009. Cette initiative fait suite à un rapport de l'inspection du travail qui décrit de façon très précise les liens entre la politique de la direction, les modes de management et la multiplication des suicides. Le 4 février 2010, l'inspectrice du travail Sylvie Catala envoie au procureur de la République un signalement pour infraction aux dispositions de l'article 223-1 du Code pénal[2] : « Mise en danger d'autrui du fait de la mise en œuvre d'organisations du travail de nature à porter des atteintes graves à la santé des travailleurs. » Et pour infraction aux dispositions des articles L1152-1 et L1152-2 du Code du travail : « Méthodes de gestion caractérisant le harcèlement moral. » Le rapport qui justifie le signalement est un véritable réquisitoire en trois étapes : l'exposé des politiques de restructuration, de réorganisation, et leurs effets sur les conditions de travail ; l'exposé

2. Rapport de l'inspectrice du travail de la section 15A à Monsieur le procureur de la République, Paris, le 4 février 2010, ministère du Travail, des Relations sociales, de la Famille, de la Solidarité et de la Ville.

très détaillé de quatorze cas de suicide ou de tentative de suicide ; l'exposé des alertes constantes et répétées et « les réponses » apportées par la direction à ces alertes.

Les politiques de restructuration, de réorganisation : les plans NEXT et ACT

Dans un premier temps, le rapport de l'inspectrice du travail décrit les nombreuses réorganisations mises en œuvre depuis la privatisation de l'entreprise, en 1996, qui ont donné lieu à d'importantes réductions d'effectifs et à un changement de culture. Les effectifs sont tombés de 161 700 personnes en 1996 à 103 000 en 2009. Dans la même période, l'entreprise s'est considérablement endettée. Elle a racheté de nombreuses sociétés dans le monde pour devenir le quatrième opérateur mondial par sa taille. De 2002 à 2005, elle a dû chaque année rembourser entre 5 et 15 milliards d'euros. Face à cette situation, elle a dû alléger ses charges, en particulier la masse salariale. En 2005, la situation s'est améliorée. La croissance du chiffre d'affaires est de 6,2 %, le résultat net du groupe est de 5,7 milliards. En juin, le PDG, Didier Lombard, présente le plan NEXT (Nouvelle expérience des télécommunications). Ce plan concerne le regroupement des activités de France Télécom sous une marque unique, Orange, et le lancement de nouveaux produits. Il vise à améliorer le rendement, l'efficacité et la productivité du groupe. Louis-Pierre Wenes, directeur général adjoint, indique qu'il attend des gains de productivité de 15 % en trois ans, entre 2006 et 2008. Deux axes essentiels sont retenus : supprimer vingt-deux mille emplois et renforcer les métiers dédiés au service client. Lors d'une convention des cadres supérieurs et des dirigeants du groupe, Wenes déclare : « Il faut faire vite, faire vite, faire vite. » Le directeur exécutif des ressources humaines, Olivier Barberot, commente la logique qui doit présider à cette réduction massive des effectifs : « Ce qui compte, ce sont les clients [...], de faire de la croissance profitable. On part des clients. On regarde les sites économiquement viables. Puis, on rencontre les gens car tout se complique, car ce ne sont plus des chiffres qui sont en jeu. On est dans une considération humaine. Mais c'est la logique business qui commande. » Les objectifs ont été atteints et même dépassés. En trois ans, il y a eu 22 450 départs définitifs et 14 000 mobilités, dont 7 500 vers des secteurs prioritaires.

L'inspectrice du travail note que des changements aussi considérables auraient dû s'inscrire « dans le cadre réglementaire prévu à cet effet, à savoir la mise en œuvre d'un plan de sauvegarde de l'emploi et/ou d'un accord de gestion prévisionnel des emplois et des compétences ». Or ni l'un ni l'autre n'ont vu le jour au sein de l'entreprise. Ces dispositifs, parce qu'ils font l'objet de consultations des instances représentatives du personnel et de négociations, offrent des garanties en termes de transparence et de respect des droits des salariés. « Ils garantissent qu'un salarié ne sera pas muté sans son accord. Le pouvoir de gestion et de décision de l'employeur est ainsi tempéré et régulé par les dispositifs négociés avec les représentants du personnel » (p. 6). La direction de France Télécom a donc fait le choix de ne pas inscrire la suppression de ces vingt-deux mille emplois dans le cadre d'un Plan de sauvegarde de l'emploi (PSE). Plusieurs syndicats ont alors dénoncé ce choix, qui rend les salariés responsables de leur reclassement alors que la loi fait peser l'obligation d'adaptation au poste et de reclassement sur l'employeur et non sur le salarié.

Pour accompagner le plan NEXT dans le registre de la gestion des ressources humaines, la direction met en œuvre le plan ACT (Anticipation et compétences pour la transformation). Ce plan fixe un certain nombre d'objectifs : rajeunissement de la pyramide des âges, accroissement des mobilités, déploiement des métiers face au client, décroissance de certaines fonctions, en particulier les techniciens (entretien, production, conception), remplacement partiel des départs naturels. Les métiers doivent évoluer vers une plus grande polyvalence. Le salarié est invité à devenir le premier acteur de son évolution professionnelle. Il a la charge de rechercher un nouvel emploi si son poste est menacé. L'entreprise passe d'une logique de planification à long terme dans un environnement stable à une logique d'adaptation permanente dans un environnement instable. En présentant ce plan, Olivier Barberot met en avant le « crash programme », pour en accélérer l'application : « On ne va plus être dans un discours basé sur un volontariat un peu mou, on va être beaucoup plus systématique. […] Pour moi, j'aurai échoué si on ne fait pas les 22 000 départs. Pour le groupe, c'est 7 milliards de cash flow. »

En 2006, France Télécom va former quatre mille cadres au programme ACT. La formation dure dix jours. Elle consiste à apprendre aux cadres à « mettre en mouvement leurs collaborateurs », à faire céder leurs résistances et à accompagner les effets du changement sur leur santé mentale. Les causes de stress liées au changement sont exposées afin d'apprendre à les gérer. Enfin, la formation impute la responsabilité à chaque manager de faire bouger les salariés en fonction des besoins de l'entreprise, tout en accompagnant individuellement tous ceux qui risquent de se retrouver « au bord de la route » (expression de Louis-Pierre Wenes à la convention du 20 octobre 2006). C'est en définitive dans la relation individualisée de chaque manager avec chacun des travailleurs qu'est mise en œuvre la politique de mobilité et de changement de l'entreprise. La responsabilité du changement et la prise en compte de ses effets reposent exclusivement sur les salariés et sur les managers qui les accompagnent.

Le caractère pathogène de ces réorganisations : suicides et tentatives de suicide

Le rapport de l'inspection du travail décline les conséquences de cette politique : « De 2006 à 2009, des événements se sont produits au sein des établissements France Télécom, répartis sur tout le territoire, démontrant le caractère pathogène de la politique de réorganisation et de management mise en œuvre. Ces événements vont du suicide à la tentative de suicide en passant par le sentiment de malaise ou la dépression » (p. 16). Suit alors l'analyse approfondie de quatorze cas de suicide dans différents services répartis sur toute la France. Pour chaque situation, l'inspectrice analyse le contexte et les circonstances, montre en quoi l'acte suicidaire est la conséquence des effets pathogènes du management et des décisions de gestion prises par l'employeur. Elle expose les mesures, ou plutôt l'absence de mesures, face aux risques avérés d'atteinte à la santé mentale.

Les différents témoignages sont bouleversants. Ils montrent la détresse de ces employés, le plus souvent techniciens, confrontés à des changements qu'ils n'ont pas souhaités et pour lesquels ils n'ont pas été préparés. Comme cet employé de 54 ans qui se jette sous un train le 2 juillet 2008. Technicien de production et de maintenance de 1993 à 2003, il avait été réaffecté sur le plateau téléphonique de Troyes, suite à une réorganisation. Ses difficultés avaient conduit le médecin du travail à le déclarer inapte au poste de téléconseiller en

2007, demandant qu'il n'ait plus de contact avec la clientèle. Dans le courrier adressé à la direction, ce technicien écrit : « Quand je reprenais le travail, c'était pour être comme un pantin mécanique devant un écran. Je n'en pouvais plus. Le fait même de rentrer dans ce mouroir me stressait déjà. [...] Moi, je ne demandais pourtant pas grand-chose, seulement pouvoir faire un travail plus manuel et technique, comme le demandait à chaque visite le toubib, et même l'assistante sociale. » La direction restera sourde à ses demandes. « Pour eux, je n'étais qu'une merde incapable et encombrante. Qu'est-ce qu'on m'a proposé ? De travailler dans ce mouroir. Pour moi ça a été le couloir de la mort. Mieux vaut laisser crever les agents (car malheureusement je ne suis pas le seul), ça fait toujours un de moins, c'est sûrement bon pour leurs objectifs » (p. 18). La direction de France Télécom a refusé de considérer ce suicide comme accident de service au prétexte qu'il ne s'était pas produit sur le lieu de travail. Pour elle, il n'y a donc pas de lien entre le travail et l'état de santé mental de l'agent.

Dans la nuit du 10 au 11 août 2009, un employé technicien d'intervention client se suicide à son domicile. Il laisse une lettre à sa famille qui explique son geste : « Mon job me fait souffrir, je suis mal à l'aise face au client. [...] je ne supporte pas ce job et France Télécom s'en fout. France Télécom est grandement responsable de ce qui m'arrive. [...] Aujourd'hui on m'a méprisé, insulté, engueulé. J'ai appelé au secours. Les gens s'en foutent. Mon entreprise joue l'argent. Me faire insulter de con parce que j'ai travaillé de 8 h 00 à 19 h 30 avec 30 minutes de pause et le chef et les collègues qui ne répondent pas quand on les appelle. Je suis en colère contre l'entreprise. » Nommé à un nouveau poste en janvier 2009, il n'avait pas été préparé à cette nouvelle fonction qui l'obligeait à intervenir chez des clients. L'entreprise a attendu sept mois avant de lui proposer une formation à la gestion des situations difficiles avec les clients, alors même que des signes avant-coureurs montraient clairement les difficultés dans lesquelles il se débattait. Son manager lui avait annoncé qu'il faisait partie des salariés dont l'activité allait être sous-traitée et son poste supprimé. Il fait un malaise qui nécessite une hospitalisation et un arrêt de travail. Malgré cela, « le salarié a été soumis à des objectifs commerciaux et de productivité identiques à ceux assignés à l'ensemble du groupe », indique le rapport. En dépit des alertes des médecins du travail et des protestations du délégué du personnel, la direction refuse d'informer et de consulter le CHSCT à propos de l'augmentation des cadences des techniciens. Elle refuse également de reconnaître la moindre corrélation entre le suicide et les conditions de travail.

Le 6 janvier 2009, monsieur X fait une tentative de suicide alors qu'il est en congrès. Il ingère des médicaments dans une voiture France Télécom. Du lieu où il tente de se suicider, il adresse un mail mettant directement en cause ses conditions de travail et accusant cinq personnes de harcèlement. « Je m'appelle X. J'ai cinquante ans et je mets fin à ma vie ce jour. Pourquoi ? Pour harcèlement et humiliation. » Il évoque ensuite des évaluations subjectives de son travail, un manque de soutien de la part de son encadrement de proximité, un sentiment d'humiliation et d'écrasement par l'un de ses responsables, une surcharge de travail, des interruptions permanentes qui l'empêchent de finir ce qu'il commençait, des changements effectués dans son dos à la suite de paramétrages qu'il effectuait, des problèmes de sommeil liés à sa charge de travail, des enregistrements de ses discussions effectués à son insu et diffusés sur intranet…

Le refus de la direction de prendre en compte des alertes constantes et répétées

Le rapport de l'inspection du travail multiplie les exemples de ce type. Dans la majorité des cas, la direction a contesté le lien entre ces tentatives de suicide et les conditions de travail. Le cas de monsieur Y est emblématique. Expert technique sur les réseaux de haut niveau, il travaille sur le site de Bercy. Il est excédé par la pression permanente et l'obsession des résultats. « On a l'impression que ce qui compte ce sont les chiffres. On dirait que le client, il est là pour payer et puis c'est tout. » Il tente de se défenestrer de son bureau en déclarant : « J'en ai marre de ce boulot de merde, je vais me foutre par la fenêtre, je le fais ici pour qu'ils voient, il faut que ça serve d'exemple. » Ses collègues l'en empêchent, appellent les pompiers, qui l'emmènent à l'hôpital. Suite à cet incident, le représentant de la caisse régionale d'assurance maladie (CRAM) demande par courrier la mise en œuvre d'une démarche préconisée par l'Institut national de recherche et de sécurité visant à réaliser une évaluation des risques psychosociaux au sein de l'établissement. Le directeur du site répond en ces termes : « Je tiens à vous faire part de mon étonnement quant à votre affirmation selon laquelle ce salarié aurait établi par écrit un lien incontestable entre son geste et son activité professionnelle ce qui mettrait en évidence une dimension collective à sa situation. [...] Aussi, il est encore prématuré à mon sens pour se prononcer sur les causes de ce comportement suicidaire. » Dans ce courrier, le directeur du site refuse de suivre les recommandations du contrôleur de sécurité de la CRAM Île-de-France en matière de risques psychosociaux. Il estime que ces risques sont déjà parfaitement pris en charge par France Télécom. Les mêmes arguments seront repris quelques semaines plus tard par la directrice régionale d'Île-de-France en réponse à l'inspection du travail : « France Télécom impulse une dynamique particulière en ce qui concerne la lutte contre les risques psychosociaux. À titre d'exemple, nous avons au sein de la direction territoriale : un espace d'écoute et d'accompagnement des salariés qui permet une prise en charge des personnes confrontées à des difficultés professionnelles ; des cabinets spécialisés ont été sollicités pour effectuer des audits ; un effort conséquent de formation du management est mis en place ; des formations sur la gestion du stress sont organisées fréquemment. » À aucun moment, l'hypothèse d'un lien entre les conditions de travail, les réorganisations et la multiplication des tentatives de suicide n'est retenue. Le problème est renvoyé aux difficultés personnelles de quelques cas qui ont besoin d'un soutien psychologique. La réflexion sur la prévention des risques psychosociaux n'est pas vraiment abordée.

Et cela malgré le rapport du cabinet Technologia, remis en 2008, qui avait alerté la direction sur les risques psychosociaux lors des changements de métiers et sur les atteintes à la santé liées à la pression des objectifs commerciaux. En dépit également des alertes du médecin du travail et des expertises réalisées à la demande des CHSCT. L'analyse de quarante-cinq rapports d'expertise, menée par le cabinet Technologia, montre que les problèmes de santé au travail touchent l'ensemble des établissements de l'entreprise. La Commission nationale santé hygiène sécurité conditions de travail (CNCHSCT), mise en place en 2004 au moment de la privatisation, a alerté à maintes reprises la direction sur la dégradation de l'état de santé des travailleurs de France Télécom. Toutes les organisations syndicales ont fait des déclarations communes. En 2008, la déclaration commence en ces termes : « Nous déplorons aujourd'hui cinq suicides et plusieurs tentatives, pour certaines sur le lieu de travail. À partir de quel chiffre la direction va-t-elle décider d'aborder le problème pour tenter de trouver des mesures ? Vos refus systématiques d'aborder cette question prennent un sens dans la mesure où ils confirment la peur de la direction de voir son organisation du travail mise en cause. » Les rapports annuels de médecins du travail de plusieurs directions territoriales font état de situations inquiétantes liées aux risques psychosociaux dans de multiples directions régionales. L'Observatoire du stress, créé en juin 2007 à l'initiative de deux syndicats, SUD et la CGT, présente des enquêtes par questionnaires qui révèlent une situation alarmante : en 2007, 66,4 % des sondés (environ trois mille employés) s'estiment en situation de stress et 15 % en situation de détresse ; 77 % estiment que leur travail a un effet négatif sur leur santé (troubles de sommeil, irritabilité, fatigue généralisée) ; 53 % affirment avoir changé de métier sous contrainte. Fin 2008, l'observatoire publie une brochure, « Orange stressé Agir contre le stress chez France Télécom ». La direction avait parfaitement connaissance de l'existence de ces travaux puisqu'elle interdisait l'accès au site informatique de l'observatoire à partir des postes de travail de l'entreprise.

Les services de l'inspection du travail et des CRAM sont intervenus à plusieurs reprises en 2008 et 2009 suite à des suicides, des tentatives de suicide ou des rapports d'expertise inquiétants. Quatre ordonnances de référé des tribunaux de grande instance (TGI) de Bordeaux, Créteil, Toulouse et Paris, suite à des contestations par la direction des demandes d'expertises effectuées par les CHSCT, ont été prononcées. Elles condamnent toutes l'attitude de la direction, qui ne répond pas à ses obligations face aux risques graves pour la santé des personnes et « à la souffrance morale ressentie par une part importante du personnel » (ordonnance du TGI de Bordeaux du 22 septembre 2008). Le TGI de Toulouse évoque même « une politique managériale empreinte de brutalité ».

Après quarante-quatre suicides, la ligne de défense est toujours la même. Sollicité après l'un d'eux par *Le Monde* en mars 2010, un porte-parole de France Télécom déclare : « Les griefs mentionnés sont très généraux et ne démontrent aucun fait particulier permettant d'établir un lien de cause à effet entre la situation professionnelle de ce salarié et son suicide. » La direction refuse de reconnaître sa responsabilité. Elle semble incapable de tirer les conséquences face aux multiples sonnettes d'alarme qui retentissent dans tous les sens. Il faut que la justice intervienne pour qu'enfin soit reconnue cette responsabilité, qui risque de se transformer en culpabilité.

Le rapport de l'inspectrice indique en conclusion les infractions commises par la direction de France Télécom au titre :

> 1. d'une organisation du travail et des méthodes de management pathogènes exposant autrui « à un risque de mort ou de blessure de nature à entraîner une mutilation ou une infirmité permanente » (article 223-1 du Code pénal) ;
> 2. du non-respect des dispositions du Code du travail relatives à la protection de la santé mentale des travailleurs et à la prise en compte des risques psychosociaux dans l'organisation du travail (articles L4121-1, L4121-2, L4121-3, R4121-1, R4121-2) ;
> 3. d'infractions délibérées compte tenu des nombreuses alertes dont l'employeur a eu connaissance ;
> 4. du harcèlement moral au sens de la jurisprudence de la Cour de cassation qui stipule que « les méthodes de gestion qui se manifestent pour un salarié par des agissements répétés ayant pour objet ou pour effet d'entraîner une dégradation de ses conditions de travail susceptibles de porter atteinte à ses droits et à sa dignité, d'altérer sa santé physique ou mentale ou de compromettre son avenir professionnel, caractérisent le harcèlement moral » (arrêt du 10 novembre 2009 n° 07-45.521).

En mars 2010, pour la première fois, sur l'initiative du parquet, la justice ouvre une information judiciaire pour « homicide involontaire ».

« C'est terrible, ils sont dans le déni total »

Mise sous pression par le gouvernement, la direction, sur proposition syndicale, confie au cabinet Technologia, le même qui avait été mobilisé deux ans plus tôt à France Télécom et à Renault Guyancourt, le soin de réaliser une vaste enquête dans l'entreprise à partir de questionnaires (plus de cent mille) et d'entretiens approfondis (plus d'une centaine).

Le taux de réponse au questionnaire est impressionnant : 76,7 % des 102 843 salariés ont répondu. Le rapport révèle les « fortes inquiétudes » des salariés interrogés, avec pour conséquence la perte de la « fierté d'appartenir à France Télécom » et un « ressenti général très dégradé ». En outre, 40 % des salariés estiment que leur santé a pâti ces cinq dernières années de leur activité.

Les principaux griefs sont résumés autour de trois axes :

– des conditions de travail difficiles, des tensions dues à l'environnement, au travail en lui-même ou à l'organisation, et qui fragilisent la santé physique et mentale des salariés ;
– des désajustements professionnels (inadéquation au poste, impact de la mobilité), sources d'un fort sentiment d'insatisfaction chez l'ensemble des salariés. L'enquête révèle notamment une « mobilité fonctionnelle très mal accompagnée » et une « mobilité géographique des non-cadres sensibles ». La mobilité géographique est ressentie négativement par 92 % des personnes concernées ;
– des relations sociales dégradées (pression des collègues ou de la hiérarchie) du fait d'une grande défaillance du management et d'une « ambiance de travail tendue, voire violente », ainsi que « des problèmes de reconnaissance au travail face à la pression managériale ».

Face à ce premier constat, la direction de France Télécom fait savoir que « demain est en route ». Des négociations menées avec les syndicats ont « fait avancer les choses » : la mise en place d'un nouveau système de mobilité, excluant notamment tout salarié à moins de trois ans de la retraite, l'embauche de cent cinquante DRH de proximité et de médecins du travail, l'annonce d'un investissement de 5 à 10 millions d'euros consacrés à l'amélioration des conditions de travail, devraient contribuer à la mise en place d'un « nouveau France Télécom ».

Deux mois plus tard, on apprend que le nombre des suicides continue à augmenter. Le cabinet Technologia remet un rapport intermédiaire à la direction de France Télécom en mars et son rapport final en mai[3]. Cette note comporte cent sept propositions. Il s'agit de simplifier

3. http ://www.intelligence-rh.com/actualites/sante-securite/france-telecom-rapport-final-cabinet-technologia

l'organisation, de donner plus d'autonomie aux managers locaux, de réinventer le rôle des ressources humaines, de renommer la direction RH « direction des relations humaines », de mettre fin à la mobilité forcée, d'affubler les managers à risques d'un coach individuel en cas de dérapage (harcèlement, placardisation…), de renforcer le rôle des médecins du travail en garantissant mieux le secret médical. Il est en outre proposé de créer un réseau de médiateurs composé pour 30 % d'intervenants extérieurs, relevant d'une entité autonome, chargés d'écouter les salariés en difficulté et de jouer un réel rôle d'arbitrage. Par ailleurs, le rapport préconise de réduire le stress dans les boutiques Orange en cessant les rappels répétés des objectifs commerciaux, en donnant plus d'autonomie aux managers et aux vendeurs, en réduisant le nombre de produits à vendre, en remplaçant les postes manquants, bref en donnant aux employés les moyens de travailler. Enfin le rapport suggère de « revoir la procédure de dépannage du système d'information ». En clair, de réparer le Numéro Vert interne mis en place en septembre 2009 pour permettre aux salariés en souffrance de contacter des psychologues, numéro qui ne fonctionnait pas, ce qui est un comble pour une entreprise de télécommunication.

L'enquête de Technologia est réalisée dans un contexte de crise. Elle a en fait été imposée à la direction et a bénéficié d'une double commande, syndicats et direction, ce qui est exceptionnel dans ce domaine. Elle recueille les points de vue des acteurs pour comprendre le phénomène. Certes, la méthode des questionnaires cherche à objectiver ces points de vue, mais elle s'explique par le souci de recueillir les opinions de l'ensemble des salariés sur leurs conditions de travail, le fonctionnement de l'entreprise, l'attitude de la hiérarchie, les problèmes rencontrés au quotidien, les raisons des multiples pressions.

Le questionnaire initial comportait cent soixante-dix questions sur tous les aspects du travail. Les préconisations sont en conséquence. Il s'agit de revoir les conditions de travail, d'arrêter les mobilités forcées, de proscrire le TTM (*time to move*), d'alléger la pression sur les objectifs et les contrôles, de revoir le rôle des managers de proximité, de renforcer les aides et les accompagnements au plus près du terrain. Une proposition est particulièrement symbolique : abandonner le terme « ressources humaines » et le remplacer par celui de « Relations Humaines » afin d'en changer l'image.

*

Le 24 mars 2010, je rencontre Jean-Claude Delgenes, le directeur de Technologia : « C'est terrible, me dit-il, ils sont dans le déni total. Il y a encore eu un suicide il y a deux jours, onze depuis le début de l'année. Ils ne veulent rien entendre. J'en ai plus qu'assez. Je n'ai qu'une hâte, rendre mon rapport et arrêter. Les syndicats comptent sur moi. La direction ne raisonne qu'en termes de communication. Celui qui a mis en place le management par la peur est toujours en place. Il évalue les managers en fonction du nombre d'employés qu'ils ont réussi à éliminer tout au long de la ligne hiérarchique. Ils ne veulent pas voir ce qui se passe. La nouvelle direction n'a rien changé. On en parle moins parce qu'ils ont développé une politique de communication intense qui, chaque jour, annonce un événement, une mesure. Mais, sur le fond, ils n'agissent pas. Heureusement que la justice est là. Il y a une instruction en cours à Paris sur quatorze suicides. Ils ne voient pas ce que ça va leur coûter en termes financiers et en termes d'image. »

À l'automne 2010, une émission de France 2 relance le débat dans les médias. Des témoignages accablants sortent dans la presse, comme cette « confession d'un directeur régional » qui fait la une des *Inrockuptibles* (n° 773, 22 septembre 2010). Il raconte la brutalité avec laquelle le plan NEXT a été mis en œuvre par la direction générale et comment Didier Lombard avait présenté sa politique aux cadres de l'entreprise en 2004 : « Je vous préviens, les choses vont changer ! Je viens vous présenter ma nouvelle équipe. Elle va jouer dans un registre que vous ne connaissez pas : ça va être "le bon, la brute et le truand". Le bon, il n'est plus là. La brute, continue-t-il en désignant le numéro 2 du groupe, Louis-Pierre Wenes, c'est lui. Et le truand, pointant du doigt le DRH Olivier Barberot, le voici ! » Un stage de management est organisé pour les quatre mille cadres sélectionnés qui seront chargés d'appliquer sur le terrain ce changement. Il s'agit en particulier de « virer un certain nombre d'ingénieurs : on va leur faire comprendre que l'entreprise est en guerre et que, dans toute guerre, il y a des morts. Et que bouger, accepter le changement, c'est la vie ».

Les discussions dans l'entreprise ne prennent pas systématiquement cette tournure guerrière, mais les tensions sont toujours vives.

Bataille idéologique, politique, juridique, les enjeux autour du mal-être au travail illustrent la confrontation entre une conception offensive de l'entreprise, qui considère que la performance économique justifie des sacrifices humains, et une conception plus mesurée, souvent identifiée comme plus « sociale », qui considère que la protection des salariés est un devoir, et même un objectif incontournable et prioritaire. Ce débat traverse aujourd'hui l'ensemble du monde de l'entreprise.

Chapitre 6

Dénégations, incompréhensions, évitement…

« Le premier qui le dit, il est viré. »

DOCTEUR GALAMAND,
MÉDECIN À IBM, 2008.

L'aveuglement et le refus des directions de prendre la mesure du problème, d'en tirer les conséquences, ne sont pas l'apanage de France Télécom. La multiplication des témoignages, dans des entreprises et des institutions très différentes, montre qu'il y a là un problème structurel qui concerne le monde du travail dans son ensemble, en particulier les grandes entreprises et les institutions confrontées à des restructurations rapides. À mesure que le débat est devenu plus politique, on a pu observer des évolutions dans la façon de « traiter » et de « maltraiter » la question. Les pages qui suivent se proposent d'examiner quelques cas ; ils ne prétendent à aucune exhaustivité, mais ils illustrent différentes façons de voir et de ne pas voir le problème [1]. Autant d'exemples de la difficulté des élites dirigeantes à comprendre le mal-être au travail et à apporter les réponses qui conviennent.

Les démêlés judiciaires de Renault suite aux suicides du technocentre

Le technocentre de Renault à Guyancourt a eu le « privilège » d'être la première entreprise à attirer l'attention de l'opinion publique sur la

1. Les témoignages qui m'ont permis de collecter les données analysées ici ont été, pour la plupart, recueillis par mes soins, au cours d'entretiens et d'interventions sur le terrain.

question des suicides au travail. Un procès est en cours sur la question de la responsabilité de l'entreprise et le « classement » du suicide comme accident du travail. Après les quatre premiers suicides, le DRH du technocentre de Guyancourt a déclaré : « Je ne comprends pas. » Vu de l'extérieur, cet aveu d'incompréhension signe une incompétence. Que le responsable de la gestion du personnel d'un établissement aussi important ne comprenne pas le mal-être partagé par l'ensemble de ses agents, alors que certains d'entre eux en arrivent à se suicider, laisse perplexe. Cela démontre que ce problème ne fait pas partie de ses préoccupations et qu'il n'a pas été formé pour s'en occuper. Il faut dire que la grande majorité des DRH reçoivent une formation essentiellement juridique et économique, les sciences humaines et sociales n'entrant que pour une faible part dans celle-ci. L'humain n'est pas un registre qu'il convient de comprendre mais une ressource qu'il convient de gérer. Les effectifs sont un coût que l'on cherche à réduire, les salariés un ensemble d'individus qu'il faut mobiliser, le « social » un problème dont on cherche à éviter « le mouvement ». Dans l'ensemble, le travail est conçu dans les registres de la gestion, de l'économie financière et du droit. Ses dimensions anthropologiques, sociologiques et psychologiques sont rarement prises en compte, sauf en cas de crise. C'est alors dans l'urgence qu'un autre discours émerge, soulignant le poids de l'humain, la nécessité de l'écoute, l'importance de la prise en compte des aspirations du personnel... Discours perçu comme plaqué et peu porteur de sens tant la contradiction est forte entre les pratiques effectives et les intentions énoncées.

J'ai rencontré le directeur du technocentre de Guyancourt au ministère du Travail, en janvier 2010, à l'occasion d'un débat sur l'entreprise. Notre discussion a porté sur le procès de l'épouse d'Antonio B..., ingénieur en informatique de 39 ans qui s'est jeté du cinquième étage du bâtiment principal du site, le 20 octobre 2006. Cet ingénieur était en proie à une détresse de plus en plus aiguë : perte de poids importante, troubles anxiodépressifs. Trois jours après le suicide d'Antonio, la direction du technocentre déclare que son acte n'avait aucun rapport avec son travail, qu'il était en instance de divorce, ce qui était faux. Pour son épouse, Sylvie T..., ces symptômes étaient directement liés à son activité professionnelle. Il s'était énormément investi pour remplir ses objectifs. Elle demande dès lors que l'entreprise reconnaisse sa pleine responsabilité dans la mort de son mari : « Il rentrait le soir épuisé, il ne dormait plus que deux heures par nuit, il répétait sans cesse qu'il était nul. C'est un système qui l'a broyé. » J'interroge le directeur du centre sur les raisons du refus de Renault de reconnaître sa responsabilité. « Comment voulez-vous que l'entreprise reconnaisse une faute inexcusable ? me dit-il. Nous n'avons commis aucune faute. Le suicide est un problème complexe, il avait des problèmes personnels. » Cette réponse est compréhensible dans un contexte où un dirigeant doit, en priorité, protéger son entreprise contre un risque de condamnation. Dans la guerre judiciaire, admettre la responsabilité de l'employeur, c'est admettre une « faute inexcusable » qui entraîne une condamnation aux conséquences financières importantes et lourdes de sens sur le plan symbolique : c'est reconnaître que les conditions de travail sont mortifères[2]. À chaque suicide, les enjeux financiers et juridiques sont considérables, d'autant que la responsabilité pénale des dirigeants peut être engagée. Une action en justice à la suite d'un suicide peut entraîner un procès non seulement devant le tribunal des affaires de sécurité sociale (TASS), mais également au civil et au pénal.

Renault souhaitait un arrangement à l'amiable sur le plan financier. Mais cette tentative de conciliation a été refusée par l'épouse, qui a exigé que la responsabilité de l'entreprise soit reconnue formellement. « Elle manque de subtilité », me déclare le directeur, à propos de son refus de trouver un compromis. Formule maladroite : on peut comprendre qu'une femme dont le mari s'est suicidé n'éprouve pas le besoin de faire preuve de « subtilité » à ce sujet. On perçoit dans cette réflexion le décalage entre le point de vue stratégique d'un dirigeant qui défend les intérêts de son entreprise et le point de vue existentiel d'une femme qui tente de survivre à une tragédie familiale.

Finalement, le TASS de Nanterre a rendu son jugement en décembre 2009. Il a condamné Renault pour « faute inexcusable ». La veuve d'Antonio déclara à la sortie du tribunal : « On rend enfin justice à mon mari. On reconnaît ce qu'il a subi, enduré à cause de Renault. J'espère que ce sera un signal fort pour toutes les entreprises qui sacrifient tout sur l'autel de la rentabilité. »

2. La loi de modernisation sociale (LMS), votée en 2002, stipule que l'entreprise est comptable non seulement de la santé physique de ses employés mais également de leur santé mentale. L'entreprise peut être sanctionnée lors d'atteintes à la santé physique ou mentale des salariés. La Cour de cassation, en juin 2008, a déclaré que, en matière de santé mentale, l'entreprise avait une obligation de résultat.

Les attendus du jugement précisent que le constructeur automobile « aurait dû avoir conscience du danger auquel Antonio était exposé dans le cadre de son métier. [...] Renault n'a pas pris les mesures nécessaires pour préserver son salarié du risque qu'il encourait du fait de l'exercice de son activité professionnelle ». Pour l'avocate de la veuve d'Antonio, « c'est surtout l'attitude d'une direction qui a été condamnée. Son aveuglement face à la mise en place d'une organisation pathogène et ses dénégations face aux risques psychosociaux » (entretien avec l'avocate de Sylvie T..., décembre 2009). La « faute » de Renault n'est pas seulement d'avoir poussé son agent au suicide. Sa responsabilité est aussi dans le refus de comprendre et dans l'incapacité à reconnaître le mal-être dont ce suicide est la conséquence, mal-être pourtant partagé par la majorité des employés du site. L'incompréhension manifestée par ce directeur n'est pas due à une rigidité personnelle mais à une conception de l'entreprise : le bien-être au travail ne fait pas partie de ses finalités. Les managers n'ont pas pour fonction de le prendre en compte. Ce n'est pas dans leurs objectifs, sauf à considérer que les salariés sont plus productifs lorsqu'ils vont bien. Celui qui va mal ne peut s'en prendre qu'à lui-même. Pour un manager, c'est la non-performance qui pose un problème, et non la santé mentale. La gestion des ressources humaines consiste à optimiser l'affectation des effectifs en fonction de leurs compétences, de leurs aptitudes et leurs talents. Le bien-être des salariés est alors considéré comme un souci marginal, un luxe qui n'est pas de mise face à la compétition acharnée à laquelle l'entreprise est confrontée. *Business is war*, et, dans cette guerre, les états d'âme des employés sont des préoccupations marginales.

Quelques mois plus tard, le 9 mars, le TASS de Versailles a rendu un jugement qui allait encore plus loin dans la mise en cause de l'employeur. Raymond D..., un autre technicien du technocentre, s'était pendu à son domicile en 2007. Une lettre en expliquait les raisons : « Je ne peux plus rien assumer, ce boulot, c'est trop pour moi, ils vont me licencier et je suis fini. » Promu à un autre poste sans l'avoir demandé en 2006, Raymond D... se plaignait de la surcharge de travail du fait de ses nouvelles fonctions. Une dizaine de jours avant son suicide, il avait dit à un de ses collègues ne plus pouvoir faire face à ses objectifs et confié à l'un de ses chefs : « Je ne m'en sors pas, je ne suis pas à la hauteur. » Après la mort de son mari, son épouse avait demandé à la Caisse primaire d'assurance maladie (CPAM) de reconnaître l'origine professionnelle de sa mort. À l'époque, sa requête avait été rejetée. Dans son jugement, le TASS a constaté qu'une grande partie de la vie de Raymond D... était consacrée au travail et qu'il faisait beaucoup plus que 35 heures, sans que ces heures supplémentaires soient déclarées. « Le salarié a été soumis à un surcroît de travail trop lourd à supporter physiquement, ce qui a engendré chez lui un stress déstabilisant. [...] Ses supérieurs lui ont donné un objectif à atteindre sans s'interroger sur sa capacité psychique et physique à supporter cette charge. [...] Le suicide est donc intervenu du fait du travail », conclut le juge (Bertrand Bissuel, *Le Monde* du 11 mars 2010).

La décision du tribunal rend l'employeur responsable d'un suicide commis à domicile et lui demande de vérifier la capacité du salarié à remplir les objectifs qui lui sont assignés. Il y a là une évolution remarquable de la jurisprudence. La source du mal-être est, pour le tribunal, clairement identifiée : la surcharge de travail, la pression des objectifs, la non-vérification de la capacité de l'agent à les atteindre, la non-prise en compte des plaintes du salarié, de ses difficultés. L'avenir dira si cette jurisprudence sera confirmée. Si c'est le cas, c'est toute la culture du management par la performance qui sera remise en question. Ce jugement sonne peut-être le glas de la « révolution managériale ».

Certains analystes ont émis l'hypothèse que les suicides à France Télécom et chez Renault étaient dus à un passage brutal d'une culture de service public à une culture d'entreprise privée. On peut penser en effet que les transformations rapides des modes de management ont bousculé les systèmes de valeurs de ces deux sociétés. D'ailleurs, ce même constat peut être fait à La Poste (Hanique, 2004), à la SNCF, à la RATP... Mais force est de constater que le phénomène s'observe essentiellement dans les entreprises privées, adeptes depuis longtemps de la culture de la haute performance, comme IBM ou PSA.

IBM et le management par le stress

Il y a une vingtaine d'années, je travaillais avec Nicole Aubert sur la préparation du *Coût de l'excellence*. Chez IBM, un ingénieur technico-commercial s'était suicidé dans sa voiture en laissant une longue lettre expliquant les raisons de son geste. Il accusait l'organisation de l'avoir détruit, de l'avoir manipulé, et comment, alors qu'il « se défonçait » pour remplir ses objectifs, la reconnaissance attendue ne lui avait pas été accordée. Vingt ans après, une situation similaire a été évoquée dans la presse. Cette fois, il s'agissait d'une femme, retrouvée morte dans sa voiture sur le parking d'IBM, avec juste ces mots griffonnés à la hâte sur une feuille de papier : « Trop de pression. » Comme si le temps manquait pour expliciter son geste. Comme si, jusque dans la mort, elle avait été prise par l'urgence. Comme si elle ne pouvait plus prendre le temps d'écrire un mot sur son passage à l'acte et lui donner du sens.

Il faut dire qu'en vingt ans la situation s'est passablement dégradée. L'augmentation du stress est intense. Les docteurs Galamand et Morisseau, médecins du travail, ont mis en place un observatoire du stress à partir des consultations quotidiennes qu'ils peuvent avoir avec l'ensemble des employés de la tour Descartes à la Défense (Courbevoie), au siège du groupe en Europe. Le principe est simple. Il s'agit de mesurer le « niveau de stress professionnel perçu » à l'aide d'une « échelle visuelle analogique (EVA), graduée de 1 à 10. Cette échelle est validée et utilisée dans les hôpitaux pour évaluer la douleur. Un stress supérieur à 6 peut entraîner une pathologie psychique ou somatique. Des signes d'alerte sont mentionnés pour aider les employés à repérer leur stress : troubles de mémoire, de compréhension, lenteur inhabituelle, comportement irritable, perte de contrôle, repli sur soi, absences répétées, plaintes somatiques (fatigue, insomnie, lombalgie, douleurs abdominales, variations de poids, infections ORL récidivantes, démangeaisons...). Enfin sont indiqués les symptômes plus « graves » : tristesse, larmes pour un rien, dévalorisation, culpabilité, autant de troubles qui peuvent évoluer « vers un état anxieux, une dépression, un *burn-out* ». Le diagnostic de dépression probable est établi quand, pendant le mois écoulé, il existe un sentiment d'épuisement, de désespoir, associé à une perte d'intérêt ou de plaisir dans les activités habituelles.

Grâce à cet outil, les deux médecins ont pu mesurer l'évolution du stress chaque mois. Sur les 762 personnes reçues en consultation, ils ont pu établir une augmentation sensible du niveau d'hyperstress de 49 % en 2003 à 73 % en 2008. Par ailleurs, au cours des visites médicales, ils font les constats suivants :

– Le comportement de certains dirigeants pose moins de problèmes, mais il y a autant de souffrance exprimée ;

– Les salariés en souffrance ont plusieurs attitudes et notamment : certains se protègent en prenant du recul et nous disent sauver les apparences; d'autres sont mécontents et parfois excédés (15 % sont à un niveau de stress de 9 et 10);

– Le degré de mécontentement exprimé par certains salariés est tel que nous sommes exposés à la survenue d'actes très violents. Cette perception et cette inquiétude sont aussi partagées par les infirmières et les assistantes sociales;

– Les sessions de Prévention Primaire du Stress en équipe ont révélé des facteurs de stress organisationnels qu'il importe de prendre en compte, pour enfin pouvoir réduire la souffrance exprimée et observée.

Fort de ce constat, le docteur Galamand décide d'alerter le nouveau PDG pour lui faire part de son inquiétude face à une dégradation manifeste, progressive et durable de la santé mentale du personnel. « Deux mois après, j'avais une plainte au conseil de l'ordre des médecins sur le motif que ce que je disais n'était pas vrai. “Galamand ment, il dénigre IBM.” Il a fallu que je me justifie. Et j'ai été blanchi immédiatement » (entretien du 22 octobre 2008).

On reste pantois devant un tel témoignage. Non seulement la direction ne veut pas admettre la gravité de la situation, mais elle cherche à éliminer tous ceux qui osent l'évoquer. « Le premier qui le dit, il est viré », ajoute le docteur Galamand. Comment comprendre un tel acharnement dans le refus de voir ? Une hypothèse est évoquée par les médecins eux-mêmes. Le management par le stress est devenu une pratique courante dans les multinationales. On l'accepte ou on part. Les managers sont sélectionnés en fonction de leur capacité à générer et à supporter le stress. Dans ce contexte, celui qui rend visible ce qui doit rester implicite est un danger. Le PDG est choisi pour obtenir des résultats, pas pour s'apitoyer sur le sort de ceux qui ne suivent pas. Les « victimes » sont des poids morts qui freinent la performance collective. Le médecin du travail n'a pas à intervenir sur les orientations stratégiques définies par la direction. Celui qui le fait sort de ses attributions et de son champ de compétences qui sont strictement médicales. Une plainte au conseil de l'ordre est alors parfaitement justifiée pour remettre le médecin à sa place : s'occuper de ses patients, les soigner et ne pas intervenir sur le reste.

Parallèlement, la DRH met en place une « gestion des business partners » qui consiste à fixer des objectifs de plus en plus élevés sans se préoccuper des moyens nécessaires pour les atteindre. Une part de plus en plus importante du salaire dépend de la réalisation des objectifs. Les deux médecins évoquent les propos d'un manager.

« "Il y a des objectifs inatteignables, nous dit celui-ci. Vous me donnez des objectifs que je ne peux pas faire." On va lui expliquer que de toute façon c'est comme ça, ce n'est pas négociable. Alors il dit : "Je n'ai pas les moyens de le faire. Mais l'entreprise se fiche des moyens, elle ne regarde pas ça. C'est vulgaire d'aller dire que l'on manque de moyens. Et en plus, il y a des objectifs de qualité et, c'est là où c'est paradoxal, qui sont permanents. En permanence il faut faire de la qualité absolue. Dans le moindre dossier qui ne tourne pas rond, je suis responsable ! Et ça, c'est tout le temps. Mais moi, humainement, quand est-ce que je m'y retrouve ? Quand est-ce que je suis content d'avoir travaillé ?" »

Cet extrait d'entretien illustre l'intensité des paradoxes et la perversité du management par le stress. En fixant des objectifs sans se préoccuper des moyens pour les atteindre, on place tous les employés devant une obligation de résultat. À tout moment, ils peuvent être pris en défaut. Argumenter sur le fait que les résultats ne dépendent pas d'eux est « vulgaire », c'est une contestation inutile et dérisoire d'un système que tout le monde doit accepter sans broncher. L'exigence de qualité totale, alors que la course aux résultats empêche un travail de qualité, enferme chaque employé dans un paradoxe. Le stress est alors naturalisé. La pression fait partie du système. La dénoncer est un manque de savoir-faire. Pour la direction, le stress n'est pas un problème, c'est une solution !

On comprend alors pourquoi le docteur Galamand doit être éliminé. Il vient perturber le système. En mettant en évidence ses conséquences pathogènes, il démobilise le personnel, déstabilise le management et risque d'inverser les processus : le stress n'est plus un facteur d'émulation et de productivité, mais un facteur d'inhibition et de contestation. Il convient donc d'éliminer les empêcheurs de travailler qui transforment l'énergie positive de l'implication maximale dans la poursuite de ses objectifs en énergie négative de manifestations psychosomatiques et de contestation de la ligne managériale.

PSA, ou comment museler toute contestation

La volonté de museler les médecins du travail et tous ceux qui depuis des années dénoncent les effets nocifs de ces pratiques de management n'est pas l'exclusivité d'IBM. Margaret Moreau a été médecin du travail pendant vingt ans chez PSA, à Sochaux, au secteur montage. À plusieurs reprises elle s'est élevée contre les conditions de travail et les réorganisations en montrant leurs effets néfastes sur la santé des salariés. Par exemple, la mise en place du *lean manufacturing*, un système de production calqué sur le modèle du toyotisme – *cette* méthode d'uniformisation des standards de postes de travail ne prend pas en compte les capacités réelles de chacun (âge, compétences, ancienneté, état de santé). Elle a aussi dénoncé, par un courrier à l'inspection du travail, certaines dispositions du protocole sur la prévention des risques psychosociaux, en particulier le manque de confidentialité et le manque de validité scientifique du questionnaire préparé par le cabinet Stimulus, auquel la direction avait confié le dossier. Suite à ces initiatives, elle a été confrontée à une forme de harcèlement par la direction : convocation à une visite médicale afin de vérifier son aptitude à sa fonction ; recueil de témoignages destinés à invalider sa manière de manager le service médical ; convocation à un entretien préalable en vue de son licenciement. En définitive, elle ne sera pas licenciée, mais elle préférera partir d'elle-même face à la dégradation de sa situation (*Le Monde*, 13 janvier 2010).

Ces pratiques de mise au pas et d'intimidation sont courantes. La plupart des médecins du travail sont aux ordres. Les syndicats sont muselés. Les militants les plus résistants sont placardisés quand on ne peut pas les mettre à la porte. « Si un salarié critique les méthodes de gestion, il est montré du doigt par la hiérarchie et stigmatisé comme mauvais élément, pour décourager toute contestation », me dit une employée en place depuis dix ans et qui décide de se syndiquer pour se sentir moins seule dans son opposition à un système qui « transforme les employés en moutons ». Le paradoxe est à son comble entre deux exigences : « D'un côté, vous devez vous soumettre aux ordres de la direction et aux normes du système ; de l'autre, vous devez être une force de proposition pour développer des pratiques innovantes. » Sur différents points, la situation n'est pas très éloignée de celle du technocentre de Renault à Guyancourt. Bien que le site de Sochaux soit fermé à 20h30, il n'est pas rare d'y voir des employés rester jusqu'à 22h30. Les effectifs se réduisent (dix mille départs en deux ans sur un total de quatre-vingt mille personnes) alors que les exigences de productivité augmentent. « Il n'y a plus un chef qui vous protège, ils ont les yeux rivés sur les résultats, vous devez faire vos objectifs et puis c'est tout ! » (entretien du 28 mai 2010).

J'ai été contacté par le seul comité d'entreprise qui ne soit pas contrôlé par le « syndicat maison », pour animer un débat sur le *lean manufacturing*. La secrétaire du CE souhaitait présenter le film *La Mise à mort du travail*, de Jean-Robert Viallet. Un débat devait suivre, auquel étaient invités la direction, les employés, les médecins du travail et les assistantes sociales. Quatre jours avant la date prévue, la secrétaire du CE me fait savoir que la direction s'opposera à ma venue, ce qui est tout à fait illégal, un CE ayant toute liberté pour organiser une telle rencontre dans le cadre de ses attributions. Mais les locaux du comité étant sur le site, la direction peut en interdire l'accès à toute personne qu'elle juge indésirable. Les représentants du personnel me demandent donc de me présenter à l'heure prévue pour le débat à l'entrée du site pour faire constater, par un huissier dûment diligenté, la situation. J'arrive, je me présente à l'accueil, l'hôtesse me demande ma carte d'identité, téléphone au responsable de la sécurité et me rend ma carte en me disant que le chef d'établissement, monsieur Julien, s'oppose à mon entrée. Selon mes interlocuteurs du CE, la direction refuse l'entrée de PSA à tout expert qu'elle n'a pas choisi elle-même. Elle souhaite contrôler toutes les informations et n'accepte aucun point de vue différent des messages qu'elle veut faire passer au sein du personnel. Si, en externe, elle développe une communication ouverte et libérale, en interne elle ferme tout dialogue qui sort du cadre qu'elle a elle-même fixé.

La SNCF, ou l'évitement technocratique

La vague de suicides qu'a connue France Télécom a conduit la SNCF à s'interroger sur les possibles similitudes de contextes et à réfléchir à la mise en place d'un « programme d'action sur la prévention du stress et sur la prise en compte du risque suicidaire » (2009).

Le plan proposé repose sur quatre points : la détection des situations à risques ; une formation à la compréhension des risques psychosociaux et à l'identification des agents en difficulté ; la réalisation de diagnostics locaux pour les situations à risques détectées et l'élaboration de plans d'action adaptés ; un dispositif renforcé d'accompagnement du changement adapté. Ce référentiel est exemplaire de la façon dont les directions d'entreprise, dominées par une culture de l'ingénierie, abordent la question, une façon apparemment logique, rationnelle et rigoureuse. L'analyse du contenu de ce texte permet de mettre au jour quelques-uns des présupposés qui sous-tendent cette approche, ce qu'ils induisent dans les manières de penser le problème et les réponses à y apporter. Quatre « logiques » sont à l'œuvre. Le terme de *logique* est ici utilisé pour rendre compte des évidences normatives sur lesquelles les auteurs du texte fondent leur raisonnement : la logique de la mesure ; la logique de l'« objectivation » ; la logique de l'expertise ; la logique de préformatage du changement.

La logique de la mesure considère qu'une réalité n'existe que si elle est mesurable.

L'analyse de ce document est intéressante pour comprendre la « problématique » sous-jacente de ses concepteurs. Le « premier volet » (plan de détection) consiste « à rendre les établissements plus vigilants sur certains indicateurs » : le taux d'absentéisme, la fréquence des accidents du travail, l'excès de présence, la qualité de la production, les alertes faites par les CHSCT, le taux de couverture des emplois. La « détection » est pensée à travers le prisme de la construction d'indicateurs de mesure permettant une comparaison entre les établissements. Comme si ces indicateurs pouvaient rendre compte de la réalité qu'ils sont censés mesurer et surtout comme si leurs variations permettaient de saisir le mal-être. Celles-ci peuvent être dues à une multiplicité de causes. Ces indicateurs permettent-ils d'avancer sur la compréhension des raisons qui conduisent certains agents à se suicider ? Ce sont des indicateurs classiques, insérés dans les tableaux de bord que tout manager doit avoir pour évaluer son action. L'indicateur est utilisé comme lecture de la réalité, alors qu'il n'en donne qu'une vision partielle et déformée. Le risque est alors qu'il devienne le guide de l'action en déconnectant le management de la réalité vécue sur le terrain.

« Inconsciemment les indicateurs tendent à être pris pour la réalité, car ils médiatisent la relation au réel et l'on finit par définir les phénomènes par les indicateurs choisis pour les évaluer » (Bonetti, 2007). Seul ce qui est mesurable existe, et la mesure devient le prisme à travers lequel les « solutions » vont être élaborées. On va se préoccuper de faire évoluer les indicateurs, à la baisse ou à la hausse, selon qu'ils sont censés mesurer des effets positifs ou négatifs, sans se préoccuper de savoir si la réalité du phénomène mesuré a véritablement changé et si le problème posé au départ est résolu. De plus, les variations d'un indicateur ne sont pas signifiantes en elles-mêmes, c'est l'interprétation qu'on en donne qui lui donne du sens. Or, la plupart du temps, les hypothèses qui sont au fondement de la construction des indicateurs, comme celles qui président à leur interprétation, ne sont ni explicitées ni discutées.

La logique d'objectivation consiste à présenter comme rigoureuse et scientifique une démarche qui ne favorise ni la compréhension ni l'analyse du risque suicidaire.

Une « grille de diagnostic » est jointe au programme d'action. Celle-ci permet de calculer, à partir de douze items, la qualité de vie au travail. Pour chaque item, il convient d'établir une note de 0 à 3. Les cotations ainsi retenues sont présentées sous forme d'un *histogramme en barre* qui permet de voir immédiatement les items sur lesquels l'action est nécessaire, accompagné d'une indication de la note globale de diagnostic de l'entité. Deux calculs sont effectués en parallèle : « L'indice de job strain obtenu en multipliant le risque lié à la charge de travail par le risque lié au manque de latitude professionnelle ; l'indice d'isostrain qui s'obtient en multipliant l'indice de job strain par la somme des deux risques d'isolement. »

Le « succès » de ces approches est dû au fait qu'elles confortent l'illusion de l'objectivité. Elles transforment un problème humain particulièrement délicat à saisir en histogramme censé mesurer la qualité au travail. La grille a pour fonction de traduire en critères objectifs une réalité vécue radicalement subjective. Cette alchimie s'effectue à partir de deux « opérations » dont les effets ne sont pas neutres :

– l'une consiste à affecter une note, de 0 à 3, à des « critères » comme les pratiques managériales, l'équilibre vie privé-vie

professionnelle, l'accompagnement des personnes en difficulté, la reconnaissance au travail, la charge de travail, autant d'éléments qui recouvrent des réalités complexes, contradictoires, multidimensionnelles, qu'on ne peut sérieusement réduire à un chiffre ;
– l'autre consiste à agréger ces chiffres, en additionnant les notes des douze critères et les notes attribuées par chaque agent, réduisant les jugements de valeur à une note finale dont la signification se perd dans une traduction mathématique. Sous prétexte d'objectivité, cette traduction chiffrée des appréciations des agents sur différents aspects de « la qualité de vie au travail » annule les jugements subjectifs qui les fondent.

Cette double transformation produit en définitive une falsification, d'autant plus pernicieuse qu'elle est légitimée par « la science ». Il n'est pas anodin de mentionner que la grille en question est « inspirée des travaux universitaires de l'université de Laval au Québec », ce qui leur donne un brevet de scientificité, donc d'objectivité et de rigueur, difficilement contestable par des non-scientifiques.

La logique d'expertise conduit à présenter comme une « solution » une démarche qui occulte une partie des causes du problème.

La démarche consiste à confier à des experts le soin de mener des études qui établissent des diagnostics et vont « apporter des solutions ». Un plan de formation est mis en œuvre, animé par un médecin du travail, un psychiatre et un manager. Il débute par la formation des médecins régionaux qui, à leur tour, formeront l'ensemble des médecins. Un collaborateur sera nommé dans chaque région pour prendre en charge cette formation auprès des managers. L'objectif de la formation est « d'améliorer les connaissances quant aux maladies psychiques, d'en comprendre les mécanismes, de détecter les signes avant-coureurs chez les agents en difficulté et de partager les pratiques managériales pouvant avoir un effet réducteur du stress ». À l'issue de cette formation, les participants reçoivent un livret pédagogique reprenant les principaux éléments à retenir. Le but est de former les cent cinquante médecins du travail et les mille cinq cents directeurs d'unité opérationnelle (DUO). Cette formation est obligatoire.

Ce plan illustre la démarche d'expertise technocratique que l'on peut observer dans d'autres entreprises. En premier lieu est posée une évidence : le suicide est une maladie psychique. Il concerne donc des « agents en difficulté ». Il convient d'en déceler les signes avant-coureurs pour en faire la prévention et repérer les pratiques qui permettent de réduire le stress. On est dans une logique de repérage du symptôme et de son élimination. L'identification du symptôme permet de repérer les compétences et les spécialistes qui vont le prendre en charge. Il est d'abord appréhendé comme un problème médical et psychiatrique. Ce sont donc les médecins et les psychiatres qui doivent se former pour résoudre le problème et prendre en charge les agents en difficulté. La cause du problème étant supposée résider dans le symptôme, il suffit que celui-ci disparaisse ou, au moins, s'atténue pour que le problème soit considéré comme réglé. La psychopathologisation et la médicalisation du problème sont inscrites dans le dispositif de formation. La démarche met de côté les questionnements sur l'impact des réorganisations successives, de l'intensification du travail, des exigences contradictoires, de la multiplication des contraintes sur le mal-être des agents et de l'encadrement. Le problème est d'abord identifié comme un problème de troubles psychosomatiques touchant certaines personnes particulièrement vulnérables et, secondairement, comme un problème de management et d'organisation.

En second lieu, on cherche à établir un référentiel qui va permettre de définir un vade-mecum, un repérage des bonnes pratiques, un savoir-faire opérationnel, qui pourra alors être diffusé en cascade, auprès de l'ensemble des médecins et des responsables d'unité. L'élaboration d'un mode d'emploi tient lieu de solution. Comme s'il suffisait d'avoir une bonne notice d'entretien pour faire marcher la machine. En rendant cette formation obligatoire, la direction montre qu'elle veut prendre le problème « à bras-le-corps », qu'elle est décidée à impliquer l'ensemble du management. Conçue dans l'urgence, la démarche doit être dupliquée en cascade hiérarchique jusqu'à la base. Elle véhicule le message que le problème a déjà été compris par le *top management*, que des experts ont été formés pour cela, qu'ils ont la solution et qu'il suffit d'appliquer le référentiel pour le résoudre. Il ne s'agit donc pas de réfléchir aux causes mais d'appliquer le dispositif mis au point par des experts.

Cette logique d'expertise, construite sur une vision linéaire de hiérarchisation des savoirs et des étapes, est particulièrement illustrée par le point 3 du programme d'action : « Une fois les situations à risques identifiées par les établissements, ceux-ci pourront demander un diagnostic, réalisé par un expert. L'objectif est de disposer, au printemps 2010, de 25 personnes capables d'administrer ces diagnostics locaux. » La démarche est clairement définie : il suffit d'avoir un expert formé pour élaborer un diagnostic et pour administrer le remède prévu, comme en médecine. L'expert est celui qui sait, celui qui peut dire ce qu'il convient de faire pour résoudre le problème.

La logique de préformatage du changement consiste à associer les salariés pour qu'ils « accompagnent le changement » dans un cadre prédéfini et limité.

La quatrième phase du programme concerne l'accompagnement du changement : « Il importe désormais que chaque branche désigne pour les projets initiés par elles, un responsable en charge du volet social à qui il reviendra d'en valider l'acceptabilité et d'en maîtriser les impacts. [...] Il devra veiller aux risques d'augmentation du stress, mais aussi aux dimensions que l'on sait être protectrices des risques psychosociaux (le sens que le salarié trouve à l'exercice de son travail, l'autonomie ou la latitude décisionnelle qui lui est laissée, le soutien reçu du collectif de travail et/ou de sa hiérarchie, la reconnaissance perçue, l'équilibre vie privée-vie professionnelle). Une fois les impacts sociaux évalués, il sera important d'assurer une écoute régulière des salariés [...] et la co-construction avec les intéressés pour les associer à des recherches de solution. » Le volet social est abordé en quatrième phase, comme s'il fallait au préalable bien cadrer le problème par des indicateurs, des experts, des grilles de mesure, avant de se préoccuper d'écouter les salariés, d'élaborer avec eux la recherche de solutions, de prendre en compte les causes organisationnelles. On évite ainsi de se questionner sur le sens du travail, la maîtrise de l'activité, la participation aux décisions, la reconnaissance, le soutien du collectif...

Il y a là un renversement des processus tout à fait remarquable. Ainsi, le responsable en charge du volet social doit veiller « aux risques d'augmentation du stress ». S'agit-il de veiller à ce que l'indicateur de mesure n'augmente pas ou de veiller à éradiquer les causes de son augmentation ? La formule est ambiguë comme si les deux se confondaient. L'évaluation des impacts sociaux précède l'écoute et la coconstruction, comme si ces deux éléments n'étaient pas nécessaires pour l'évaluation ; comme s'il fallait confier à des experts l'analyse des causes avant d'impliquer les agents ; comme si l'écoute et l'implication dans les décisions ne pouvaient se faire que dans l'après-coup, une fois les véritables décisions prises. On est à la limite du paradoxe : l'accompagnement du changement est évoqué en fin de parcours, une fois que le cadre est prédéfini, les procédures bien cadrées, les objectifs fixés et les indicateurs de mesure bien en place. Le changement n'est concevable que dans un périmètre bien défini. L'écoute des salariés et la coconstruction de solutions ne sont pas posées comme un préalable et un élément du changement, mais comme une conséquence et un moyen de les « associer au changement ». Les employés ne sont pas considérés comme des acteurs du changement, encore moins comme les auteurs du processus, mais comme des « accompagnateurs ». La responsabilité est confiée à une personne, dont on peut se demander de quel pouvoir elle disposera pour remettre en question les décisions du management, permettre aux agents de « retrouver de l'autonomie dans la nouvelle organisation, [...] de souder le nouveau collectif de travail, limiter les effets de l'isolement des agents ». La préoccupation sera d'amener les agents à intérioriser une démarche conçue pour eux plutôt que de concevoir une démarche avec eux.

La culture de la SNCF est dominée depuis toujours par des ingénieurs passés maîtres dans la mise au point de procédures et de référentiels supposés résoudre tous les problèmes. Cette culture a montré sa pertinence pour la résolution des problèmes techniques. La tentation est forte de l'appliquer pour résoudre d'autres types de problèmes, par exemple dans la gestion des ressources humaines ou dans la relation de service. Le mal-être au travail et le suicide sont des phénomènes complexes qu'on ne peut impunément objectiver, mesurer, calibrer, expertiser, enserrer dans des grilles. Peut-être, au contraire, sont-ils révélateurs de l'impossibilité d'exprimer les difficultés à travailler dans un univers instrumental qui objective les agents, standardise les comportements et sérialise les individus. On peut penser que le mal-être au travail est justement lié aux effets de désubjectivation engendrés par la culture technique et l'application non raisonnée de la rationalité instrumentale. Si cette hypothèse est juste, la volonté d'aborder ce problème de façon positiviste, utilitariste, fonctionnaliste, serait alors non seulement contre-productive et inadaptée, mais surtout dangereuse. Il conduirait à renforcer le problème à résoudre.

Elle est l'effet de l'intériorisation de schémas de pensée fondés sur des paradigmes qui viennent des sciences dures, construits pour comprendre des problèmes de physique ou de mathématiques. On ne change pas de paradigmes facilement. La confrontation à d'autres façons de penser, à d'autres disciplines, est un exercice difficile, surtout pour des hommes de pouvoir habitués à imposer leur point de vue. Comment comprendre autrement la décision du Comité exécutif de la SNCF d'arrêter toutes les recherches à caractère sociologique (avril 2009) ? C'est justement au moment où les dirigeants auraient besoin de l'éclairage des sciences humaines et sociales qu'ils décident de l'éliminer !

Name and shame

Devant les résistances massives des dirigeants à prendre en compte le mal-être au travail, et suite à l'émotion provoquée par l'épidémie de suicides à France Télécom, le ministère du Travail avait demandé aux entreprises, fin 2009, d'amorcer des négociations sur les risques psychosociaux et d'instaurer des plans d'action. Faute de négociation avant le 1er février 2010, les entreprises défaillantes étaient menacées de dénonciation publique selon le principe du *name and shame* (nommer et faire honte), cher aux pays anglo-saxons. Ce principe consiste à blâmer publiquement les entreprises qui ne respectent pas la loi ou développent des pratiques contestables sur le plan éthique. Il permet de les menacer d'écorner leur image de marque par un étiquetage qui n'est pas sans conséquence pour leurs clients et leurs employés.

Le 15 février, le ministère publie trois listes abondamment commentées par la presse. Un tiers des sociétés sont classées en feu vert, plus de la moitié sont en feu orange et 15 % sont en feu rouge pour n'avoir entamé aucune action. Le ministre du Travail affirme la volonté du gouvernement de s'attaquer à un problème que la crise tend à accentuer, « car une partie des difficultés du monde du travail sont désormais liées à ces risques, comme le stress, les violences au travail, le harcèlement… Leur coût a été évalué à trois points du PIB par le Bureau international du travail. La financiarisation des grandes entreprises, l'obsession du rendement accentuent le sentiment de déclassement » (Xavier Darcos, déclaration du 15 février 2010). Une telle déclaration pourrait rendre optimiste sur la volonté politique du gouvernement de s'emparer du problème et d'en tirer toutes les conséquences. Mais quatre jours après, on apprend que la liste rouge a été retirée du site du ministère, alors qu'elle a été consultée par plus d'un million d'internautes. Le ministère annonce qu'elle va réapparaître après sa remise à jour dans quelques semaines. Le 1er avril, le nouveau ministre du Travail, Éric Woerth, informe, en catimini, de l'abandon de la méthode *name and shame*. « Le ministre souhaite mettre en avant les bonnes pratiques et indiquera prochainement comment il entend traiter la question des risques psychosociaux » (communiqué du ministère, cité par *Le Monde* le 8 avril 2010). Suite aux pressions du MEDEF et au lobbying intense des patrons concernés, la présidence de la République et le chef du gouvernement ont vite réagi pour retirer le blâme !

Ces atermoiements illustrent cependant une prise de conscience et une volonté, de la part d'un certain nombre de responsables, de s'attaquer au problème. Si les causes du mal-être au travail sont multiples, si les sources de ce malaise le sont tout autant, les réponses et les solutions sont plurielles et globales. L'approche solution, dont on connaît les limites, est toujours mise en avant par les décideurs. L'appel à l'expert dont on attend la réponse à la question « que faire ? » est bien compréhensible, quand bien même les responsables éclairés savent qu'elle n'est pas toujours opérante, en particulier pour résoudre les problèmes complexes.

Bon nombre de spécialistes mettent en avant le coût humain et le coût économique des risques psychosociaux, parce qu'ils pensent que c'est le seul argument recevable par les gestionnaires. Les experts ont intériorisé l'idée que c'est en faisant la démonstration que le stress représente un coût financier important qu'ils pourront obtenir l'oreille des dirigeants et les amener à entériner les « solutions » préconisées. Leur position a le mérite d'être pragmatique. Mais le réalisme peut être mauvais conseiller. En effet, ce point de départ conduit à considérer le mal-être au travail à travers le prisme du coût qu'il représente et à construire des « solutions » qui permettent de réduire ce coût. Or, la réduction des coûts ne conduit pas forcément à l'éradication des causes. Certains cabinets de consultants proposent des séminaires de « gestion du stress » consistant à aider les agents à le supporter pour qu'il ne les empêche pas de travailler. Certains proposent même de le rendre « rentable » au prétexte qu'une certaine dose de pression serait un stimulant actif favorisant la motivation. Dans cette perspective, le stress n'est plus un coût mais une ressource qu'il faut savoir exploiter. Certains consultants sont ainsi passés maîtres dans la capacité à inventer des dispositifs pour éviter aux dirigeants de se poser les questions qui les dérangent. On comprend alors que ces derniers soient séduits par ces « solutions clés en main » et prêts à les rémunérer à prix d'or. Il arrive un moment où l'aveuglement n'est plus possible, où les fausses solutions ne sont plus recevables et où l'analyse doit être approfondie pour remonter aux causes.

Conclusion de la première partie

Les chapitres précédents illustrent les résistances et les incompréhensions des dirigeants face au mal-être. Les refus des uns, les maladresses des autres, les réponses alambiquées pour tenter de minimiser le problème, le recours à des experts sans réelle volonté d'appliquer leurs recommandations, la mauvaise volonté à répondre aux exigences légales, la construction de référentiels technocratiques qui donnent l'illusion d'apporter des « solutions » sans changer quoi que ce soit, sont autant de tentatives de neutralisation du fléau. La grande majorité des dirigeants est obsédée par l'amélioration de la rentabilité financière, par l'affichage de résultats. Ils sont persuadés que le travail est une chose à « gérer » comme les autres facteurs de l'entreprise, qu'il s'agit là d'une simple variable d'ajustement. Ce faisant, ils contribuent à légitimer un système d'assujettissement et d'instrumentalisation particulièrement violent. Leur aveuglement est une des raisons de la colère des salariés.

D'autres responsables commencent à être persuadés de l'ampleur du problème. Mais on peut craindre qu'une compassion artificielle se substitue à l'aveuglement. « Face à cette crise des conditions de travail, la gestion administrative des risques psychosociaux et de la souffrance au travail, mélangeant retard et précipitation, débouche sur un nouvel hygiénisme : nous serions face à une pandémie qu'il convient de gérer comme telle. Cette gestion se met en place à grands renforts de ressources externes, notamment d'outils visant à signaler et à surveiller les individus fragiles. L'enjeu principal pour l'entreprise est d'éviter de s'exposer à des situations de non-assistance à personne en danger. Il s'agit, en installant des “souffromètres” ou des “doloromètres”, de repérer “le risque dont le salarié est porteur”.

Cette approche compassionnelle et gestionnaire à la fois ne permet de débattre ni de ce qu'est le travail bien fait, ni des organisations du travail elles-mêmes » (ASTREES[1], 2010, p. 6). On a là une ligne de fracture au sein des directions selon qu'elles refusent ou non d'effectuer un lien entre le mal-être au travail et leur mode de gestion et d'organisation du travail.

Réagissant à deux suicides, l'un à France Télécom, l'autre à La Poste, Laurence Parisot déclare en février 2008 : « Je pense que c'est très lié au climat général qu'il y a dans notre pays, parce que tout est plus dur. C'est plus dur pour l'entreprise de dégager des marges. Si nous avions des conditions économiques globales plus favorables, je pense que cela atténuerait la pression qu'il y a dans le travail » (déclaration du 21 février 2008, sur RMC). L'analyse est intéressante. Selon la présidente du MEDEF, il existerait une corrélation entre la compétitivité d'un pays, celle des entreprises et le taux de suicides au travail. Le constat consiste à lier tension dans le travail et réduction des marges dégagées par les entreprises. Il inverse ainsi les causes et les effets. La recherche effrénée de gains de productivité, dans un contexte de concurrence exacerbée, accroît la pression au travail. Penser que la course à la rentabilité engendre de meilleures relations dans le travail démontre une méconnaissance totale de ce que vivent les salariés sur le terrain. Mais c'est surtout un déni de l'évolution structurelle du capitalisme qui entraîne les entreprises dans la conquête de nouveaux marchés, dans l'obsession d'améliorer la productivité, dans une soumission totale au pouvoir des actionnaires et dans une pression sur le travail toujours plus intense.

Dans le « monde idéal » du capitalisme libéral, il n'y a aucune limite à la recherche de compétitivité, donc pas de limite à la pression exercée sur le travail. La guerre économique a ceci de particulier qu'elle est sans fin et que personne ne peut la gagner. Elle pousse l'ensemble du système vers de nouvelles conquêtes, de nouveaux com-

1. ASTREES (ASsociation TRavail Emploi Europe Société) est une association indépendante qui réunit dans son conseil d'administration des représentants d'entreprises, de syndicats, d'associations, ainsi que des universitaires. Elle a constitué un groupe de réflexion, « Conditions de travail, management, organisation », avec le soutien actif de « Réalités du dialogue social » (RDS), qui a remis un rapport en juin 2010 : « Crise du travail : pour un changement des modes de gestion ». Le rapport lance un appel en faveur de ce changement.

bats. Il est illusoire de penser que la paix viendra lorsque les marges seront suffisantes, puisqu'elles ne le seront jamais. Mais cette surdétermination n'existe pas dans le secteur public, alors que les « symptômes » sont, sur bien des points, similaires. Le mal-être au travail n'est pas l'exclusivité du monde de l'entreprise privée. Il nous faut donc chercher une autre cause. Les exemples décrits précédemment montrent que la politique du chiffre, l'exigence de résultats en termes de quotas, l'introduction d'une culture managériale dans les services publics, produisent des effets similaires en termes de souffrance, de pression et de dépression.

II

MALAISE DANS LES INSTITUTIONS PUBLIQUES

« Les cliniciens ont en commun de rechercher les diminutions des souffrances communes et l'affirmation des valeurs de vie. Dans cette lutte pour les valeurs, le clinicien rencontre nécessairement les pouvoirs établis, soit qu'il cherche à les influencer, soit qu'il les dénonce. »

Pierre Ansart,
Les Cliniciens des passions politiques, 1997.

« Un mort dans la salle des profs. Vendredi, un enseignant s'est tiré une balle dans la tête dans un collège près de Nancy », titre en première page *Le Journal du dimanche* du 2 mai 2010. Le recteur de l'académie de Nancy-Metz, rapidement arrivé sur place, publie aussitôt un communiqué : « Les premiers éléments dont nous disposons tendent à démontrer que cet événement tragique n'est pas directement connecté à une situation professionnelle mais davantage à une situation personnelle. » Le Syndicat national des lycées et collèges (SNALC) juge cette conclusion un peu hâtive : « Se donner la mort dans la salle des professeurs a puissance de symbole » ; et il en appelle « à la conscience de chacun pour que l'on sorte du déni permanent ».

Les mêmes arguments face à des faits similaires sont donc présents dans la fonction publique, comme dans le privé. Le suicide comme symptôme d'un mal-être ne serait donc pas propre au travail soumis aux exigences de la logique du profit. La pression financière ne serait alors qu'un facteur explicatif parmi d'autres. On peut d'ailleurs constater que beaucoup d'entreprises ont des performances tout à fait respectables sans mettre leurs salariés sous pression. La majorité des dirigeants « éclairés » considère que la santé au travail n'est pas tant une obligation morale qu'une condition de la prospérité de leur entreprise. Mais surtout, la logique de profit ne permet pas de comprendre pourquoi le mal-être au travail est à l'œuvre, avec des symptômes équivalents, dans le secteur public.

L'épidémie de suicides, avec sans doute moins d'intensité qu'à France Télécom, semble se répandre. Le phénomène est l'objet d'une discrétion remarquable. On a pu relever quelques cas à l'Éducation nationale, dans les commissariats de police, à la Protection judiciaire de l'enfance, à l'hôpital, au ministère de l'Équipement. Cas isolés ou manifestation d'un mal-être de plus en plus manifeste ? Si la majorité des agents de la fonction publique n'en arrive pas à ces extrémités, le mal-être semble tout aussi intense que dans d'autres sphères du monde du travail. On peut en outre constater une corrélation entre la mise en place de la révision générale des politiques publiques (RGPP) et la montée du mal-être. Cette « révision » consiste à importer la « révolution managériale » dans toutes les institutions publiques, jusqu'au cœur de l'État. Elle veut favoriser le passage d'une culture de moyens à une culture de résultats, l'introduction d'une gestion des ressources humaines, le développement de la culture client et de l'évaluation, l'application d'une comptabilité analytique permettant de gérer les dépenses de façon plus rationnelle… De multiples transformations sont apparues, adaptant la gestion de ces institutions aux normes managériales. Il convient donc d'essayer de comprendre pourquoi ces changements destinés à rendre les institutions publiques plus efficientes, ce qui n'est pas en soi un objectif contestable, produisent des effets contradictoires. La qualité du service rendu s'améliore sur certains points et se détériore sur d'autres. La réduction des coûts n'est pas démontrée. La montée du mal-être au travail semble en revanche être l'effet le plus patent de la « modernisation ».

Pour quelles raisons la nouvelle gestion publique est-elle facteur de stress ? Pourquoi la RGPP conduit-elle certains agents de la fonction publique, parmi les meilleurs, à vouloir se suicider ? En quoi la réforme hospitalière produit-elle un univers prescriptif qui normalise les comportements des agents au point de les mettre en difficulté pour effectuer leur tâche ? Pourquoi l'évaluation de l'activité des salariés de la fonction publique semble-t-elle inadéquate et contre-productive ? Pourquoi le mal-être se diffuse-t-il aujourd'hui dans la sphère publique, qui semblait jusqu'à présent relativement protégée ? La fonction publique représentait, et représente encore pour beaucoup, un cadre stable offrant la sécurité, la stabilité et la tranquillité. Être fonctionnaire était l'assurance d'un emploi à vie, d'une protection garantie, d'un avancement assuré, d'un mode de vie sans risque. Pour beaucoup, ce n'est plus le cas. Essayons d'en comprendre les raisons.

Chapitre 7

La nouvelle gestion publique

> « En fait, capital humain constitue un oxymore saugrenu imposé par cette novlangue contemporaine qu'est le discours néolibéral. Comme si le capital, ce monstre froid, cette accumulation de travail mort, qui ne doit de survivre qu'au fait de vampiriser en permanence le travail vivant, tandis qu'il voue quelques milliards d'individus à la pauvreté et au chômage, pouvait avoir quoi que ce soit d'humain ! Les économistes, les gestionnaires, les hommes politiques, mais aussi les simples quidams qui osent user de cette expression disent en fait toute l'inhumanité d'une conception du monde dans laquelle tout et tous doivent mesurer leur existence à l'aune de la seule valeur importante et à laquelle il faut se soumettre : la valeur marchande. »
>
> ALAIN BIHR,
> *LA NOVLANGUE NÉOLIBÉRALE*, 2007.

La doctrine du *new public management* prend sa source dans les entreprises multinationales. Ce modèle managérial va tendre à s'appliquer à l'ensemble des organisations de la planète sous l'impulsion des gouvernements néolibéraux et l'inspiration de la théorie du capital humain. Conçu et appliqué dans les entreprises multinationales anglo-saxonnes comme IBM, Rank Xerox, Hewlett-Packard, American Express..., il a été complété par un arsenal d'outils de gestion destiné à optimiser l'utilisation des ressources humaines et à améliorer la productivité pour augmenter la rentabilité. Ce modèle a intégré différentes influences venant d'autres cultures, tel le modèle japonais (toyotisme). Il a été formalisé et vendu dans le monde entier par l'entremise des grands cabinets de consultants comme Arthur Andersen, McKinsey,

Accenture, Ernst & Young, Deloitte, KPMG, PricewaterhouseCoopers, Boston Consulting Group… Il est aujourd'hui enseigné dans les écoles de gestion et relayé par une littérature abondante, que l'on trouve dans tous les magasins Relay, dans les gares et les aéroports, ainsi que dans les rayons « économie et gestion » des grandes surfaces. Il sert désormais de vernis scientifique pour légitimer les processus de « modernisation » des organisations publiques.

Sous l'impulsion donnée par Ronald Reagan aux États-Unis et Margaret Thatcher en Angleterre dans les années quatre-vingt, le *new public management* a inspiré l'ensemble des institutions internationales (FMI, Banque mondiale, OMC, OCDE). Les institutions européennes et les gouvernements des pays « développés » ont été des relais extrêmement puissants de cette doctrine qui va influencer les gouvernements de droite comme de gauche. Elle s'est banalisée au point de devenir l'idéologie dominante de notre temps et de se répandre dans l'ensemble de la société.

Une instrumentalisation du capital humain

On doit la notion de « capital humain » à l'économiste américain Theodore William Schultz, qui l'a inventée dans les années cinquante. Elle a été popularisée et instrumentalisée par son compatriote Gary Stanley Becker, un des représentants, avec Milton Friedman, de l'école de Chicago, creuset du néolibéralisme. Elle s'est répandue à partir des années quatre-vingt pour devenir l'un des concepts favoris des théoriciens des « ressources humaines » et des agences de recrutement. La théorie du capital humain de Becker se présente comme une gestion scientifique de l'humain, déconnectée de toute considération idéologique. Gary Becker donne en outre une assise scientiste à ses orientations en les articulant sur la biologie, la génétique et les neurosciences (Becker, 1976).

Le capital humain désigne l'ensemble des facultés physiques (puissance, endurance, dextérité, savoir-faire), morales (courage, persévérance, conscience morale et professionnelle), intellectuelles (connaissances générales et spécialisées, imagination et intelligence), esthétiques (goût, talents), relationnelles (capacité d'empathie, sens de la relation ou de la négociation), que les salariés peuvent mettre en vente sur le marché du travail (Bihr, 2007). Selon cette théorie, chaque individu est en lui-même un capital qu'il peut valoriser par sa formation initiale et continue, son expérience professionnelle, sa carrière, le soin apporté à sa santé, ses activités culturelles et de loisir, ses relations personnelles, etc. Dans toutes les dimensions de son existence, chaque personne doit se considérer comme un centre potentiel d'accumulation de richesse monétaire, à l'instar de l'entreprise capitaliste. À chacun donc de se comporter comme un capitaliste dont le capital ne serait autre que sa propre personne.

On peut s'étonner du succès de cette notion qui aborde l'humain à partir des concepts du capitalisme, transforme le moi de chaque individu en capital et la famille en petite entreprise de fabrication d'individus employables sur le marché de l'emploi. En transformant le « facteur humain » en ressource, les gestionnaires instrumentalisent l'humain. Ils canalisent les investissements psychiques et mentaux au service du développement de l'entreprise. L'énergie libidinale de chaque employé devient une énergie productive dirigée sur les objectifs fixés par l'organisation.

Cette conception de l'humain conduit à considérer tous ceux qui ne font pas fructifier leur capital comme des improductifs. Les précaires, les chômeurs, les travailleurs pauvres doivent être encouragés à devenir des entrepreneurs et à acquérir les compétences qui leur manquent pour rejoindre la cohorte de tous ceux qui savent gérer leur existence en s'adaptant aux exigences du marché. Les individus deviennent plus responsables en intériorisant l'idée que, s'ils sont sans emploi, dans la misère et dans la précarité, ils ne peuvent s'en prendre qu'à eux-mêmes. Leur situation sociale n'est plus interprétée comme la conséquence d'un système économique qui organise la lutte des places, mais comme la conséquence de leur manque de formation, de leur inaptitude et de leur incompétence. S'ils ne parviennent pas à vendre leur force de travail en tant que marchandise, c'est que celle-ci ne trouve pas preneur et qu'il convient donc de la corriger pour l'adapter à l'offre du marché de l'emploi. C'est à chaque individu de se transformer pour devenir employable et de se couler dans les moules fixés par l'entreprise.

Cette approche fait l'impasse sur le poids des déterminations sociales dans l'aptitude de chaque individu à affronter le marché scolaire et le marché du travail. Elle part du postulat que les talents individuels sont le moteur principal des destinées humaines et que rien ne doit venir entraver la liberté de valoriser ses capacités. La réussite ou l'échec dépendent avant tout de la mobilisation et de la volonté de chacun. L'individu doit apprendre à développer ses facultés stratégiques pour gérer son existence en optimisant l'utilisation de son potentiel (Brunel, 2004). Dans ce contexte, l'exploitation et les inégalités ne sont pas la conséquence de rapports sociaux structurés par des rapports de pouvoir, mais la conséquence de choix négatifs, d'opportunités que l'individu n'a pas su choisir, de malchances accumulées, de talents inexploités, de mauvaises orientations.

Le rapport salarial se réduit à une négociation entre deux parties équivalentes. « Car, en tant que gestionnaire d'un capital humain, le travailleur salarié n'est plus censé vendre au capital une puissance de travail dont l'actualisation [...] peut former plus de valeur que sa valeur propre. Il est censé vendre des "services" dont le salaire serait en quelque sorte le juste prix, le strict équivalent monétaire » (Bihr, 2007). Il ne s'agit plus alors de rapports de force entre le capital et le travail, mais d'une simple transaction, libre de toute contrainte, parfaitement juste et équilibrée. On occulte ainsi le poids des conditions économiques et sociales, l'inégalité structurelle entre l'entrepreneur propriétaire qui peut intervenir sur les « règles du jeu » et le travailleur qui n'a d'autres ressources qu'un CV à présenter pour espérer être embauché. Le « capital humain » n'a pas la même valeur que le capital financier. Il ne donne pas les mêmes « ressources », ni en termes de pouvoir ni en termes de conditions de vie. Assimiler l'un à l'autre dans des équivalences théoriques conduit à occulter les conflits d'intérêts qui les opposent, et les inégalités qui les caractérisent.

Les principes de la nouvelle gestion publique

Cette théorie du capital humain est le socle principal à partir duquel ont été élaborés les principes de la nouvelle gestion publique. L'idée de base est que les formes de gestion des entreprises publiques et de l'État sont bureaucratiques, archaïques, coûteuses, inefficaces. Il convient donc de « moderniser » les administrations et les institutions à partir des postulats suivants :

– l'action publique est un coût qu'il convient de réduire, en particulier en sous-traitant au privé le maximum de tâches, en dehors du noyau dur des tâches régaliennes ;
– les services publics sont largement improductifs ; il faut donc introduire une exigence d'« efficience productive » à tous les niveaux de l'organisation ;
– la culture client doit se substituer à la culture de l'usager. La culture commerciale qui met le client au centre de l'organisation doit remplacer la culture de service public, considérée comme bureaucratique et obsolète. La notion de marché doit devenir la norme pour les secteurs naguère considérés comme biens publics ;
– la compétition en interne et la concurrence en externe sont des facteurs de stimulation et d'efficacité. En conséquence, elles doivent être profondément repensées sur le modèle du management privé, considéré comme « moderne », performant, rentable et efficient. Les agences publiques sont mises en concurrence entre elles ou avec des agences privées pour la fourniture des services ;
– la culture du résultat doit remplacer la culture des moyens. Les administrations sont réputées pour demander toujours plus de moyens, sans se préoccuper des résultats produits. Il faut donc inverser ces mauvaises habitudes et affecter les moyens en fonction des résultats. Le management par objectifs doit conduire chaque employé à se préoccuper du but à atteindre plutôt que d'accroître les moyens dont il dispose. On lui donne une plus grande autonomie dans l'organisation de ses tâches et dans l'utilisation de ses ressources, mais on évalue plus systématiquement les résultats de son activité ;
– la culture de l'évaluation performative doit remplacer la culture juridique du contrôle de régularité ;
– les résultats doivent être évalués en temps réel, pour être intégrés dans le pilotage de l'activité et non plus *a posteriori* ;
– les employés des entreprises publiques cessent d'être des fonctionnaires statutaires. La flexibilité et la mobilité doivent remplacer la rigidité et le conservatisme qui attachent chaque agent à son poste. Les promotions doivent être décidées en

fonction du mérite et non plus d'une grille statutaire, fondée avant tout sur l'ancienneté dans le grade ;
– la culture entrepreneuriale doit remplacer la culture hiérarchique. L'heure des structures pyramidales dans lesquelles chaque niveau est déresponsabilisé par le niveau supérieur est révolue. Il faut redonner à chaque agent le goût d'entreprendre et l'envie de prendre des initiatives. Les procédures hiérarchisées doivent être remplacées par des procédures contractuelles ou semi-contractuelles ;
– le management par l'incitation est plus mobilisateur que l'exercice du pouvoir centré sur l'obéissance au chef et la soumission aux directives. Il faut responsabiliser chaque service et chaque agent, et mettre en place un système individualisé des performances. Les agents sont évalués et rémunérés au mérite plutôt qu'à l'ancienneté.

Les inspirateurs du *new public management* vont introduire la culture managériale dans les services publics, fondée sur l'approche client, la concurrence, le management par objectifs, la comptabilité analytique, l'affectation des budgets par enveloppes globales, l'évaluation chiffrée des résultats, la gestion des ressources humaines, l'avancement au mérite, la démarche qualité. Ils substituent les « principes de marché » à la planification. Ils remettent en cause l'organisation bureaucratique traditionnelle pour développer de nouvelles formes d'organisation, comme l'organisation matricielle fondée sur le *double reporting*, la décentralisation dans le choix des moyens, une plus grande autonomie des établissements et des services, le développement du *front office*, le contact direct entre les employés et les clients.

Les principes et les outils de gestion de la nouvelle gestion publique sont porteurs de valeurs et de normes spécifiques qui font la part belle au monde de l'entreprise privée et de la pensée managériale. Jean-François Chanlat évoque à ce propos l'hégémonie du *managérialisme*, « système de description, d'explication et d'interprétation du monde à partir des catégories de la gestion privée » (Chanlat, 2003). Nous avons là une pression idéologique intense qui impose à l'ensemble de la société des principes utilitaristes et productivistes. Chaque individu doit faire la preuve de son utilité sociale en s'adaptant aux besoins du marché du travail, en adhérant à la culture de la haute performance et en intériorisant les normes du monde managérial.

L'introduction de la nouvelle gestion publique dans les services publics a pour conséquence « l'émergence de contradictions internes qui mettent les agents publics dans des situations extrêmement difficiles à vivre, car ils sont pris dans un système bureaucratique encore largement traditionnel, alors qu'ils doivent manipuler et utiliser des outils propres au secteur privé » (Giauque, 2006, p. 41). Cette pression idéologique se heurte à des résistances fortes dans les institutions dont la culture de base est nourrie de valeurs et d'idéaux fondés sur l'égalité, la liberté et la fraternité. Elle produit une multitude de tensions. Les oppositions du personnel sont d'abord interprétées, du côté des décideurs, comme l'expression de résistances au changement qu'il faut combattre et qui seront dépassées par une politique active de turnover et de renouvellement des générations, les plus jeunes étant considérés par nature favorables à cette nouvelle culture présentée comme « moderne » et progressiste.

Avec le recul, on peut constater que les résistances en question sont moins dues à un refus des réformes ou à un attachement nostalgique au passé qu'au fait que les nouvelles formes d'organisations empêchent de bien faire son travail, c'est-à-dire de remplir les missions pour lesquelles les uns et les autres ont été embauchés. Le constat est fait tous les jours, par les salariés, que les nouvelles modalités de fonctionnement, loin de faciliter la tâche, la compliquent, loin de motiver le personnel, le démobilisent, loin de satisfaire le client, le fâchent, loin de favoriser l'efficience, la freinent.

La modernisation est accompagnée par un discours insistant sur la liberté stratégique des directions, l'autonomie budgétaire des établissements, la décentralisation des décisions. Dans les faits, les acteurs constatent que si, sur certains points, l'autonomie est effective, elle se traduit par un renforcement des contraintes et de l'impuissance à agir. D'un côté, on préconise la mise en avant de leur autonomie – qui doit se traduire par une prise de risque, le développement de leur capacité d'innovation, la démonstration des bienfaits d'une liberté enfin acquise –, et de l'autre, les acteurs sont dans l'obligation de se soumettre à des contrôles financiers précis, d'appliquer des normes de gestion strictes, de se mouler dans des modèles préformatés. L'explosion des tâches administratives vient par ailleurs sérieusement limiter le temps des initiatives nouvelles. En définitive, les agents sont soumis à l'injonction d'exercer leur liberté en élaborant des projets conformes aux attentes des autorités chargées de les évaluer.

La révision générale des politiques publiques

Lancée en 2007, la révision générale des politiques publiques (RGPP) est « une réforme de l'État sans précédent » (selon la présentation officielle sur le site du gouvernement[1]). Elle a pour objet de réformer l'ensemble de la fonction publique et de l'État. Vingt-six équipes d'audits mixtes, composées d'auditeurs issus des inspections générales interministérielles et ministérielles et du secteur privé, soit plus de trois cents personnes, ont été mobilisées pour passer en revue l'ensemble des missions de l'État.

Ces équipes s'appuient sur une grille de sept questions :

- Que faisons-nous ?
- Quels sont les besoins et les attentes collectives ?
- Faut-il continuer à faire de la sorte ?
- Qui doit le faire ?
- Qui doit payer ?
- Comment faire mieux et moins cher ?
- Quel doit être le scénario de transformation ?

À l'issue d'une analyse approfondie, des scénarios de réforme sont élaborés pour chaque secteur et soumis au comité de suivi de la RGPP, coprésidé par le secrétaire général de la présidence de la République, et le directeur de cabinet du Premier ministre. Ce comité de suivi formule des propositions au Conseil de modernisation des politiques publiques. Sous la présidence du président de la République, cette instance réunit l'ensemble du gouvernement et les membres du comité de suivi. Elle valide les décisions et définit les grandes étapes de la démarche. Dans chaque ministère, un comité de pilotage de la RGPP est mis en place sous la responsabilité du secrétaire général (ou d'un représentant nommé par le ministre). Un chef de projet est désigné pour la mise en œuvre de chaque réforme. Il s'engage sur les résultats et détermine le plan d'action lui permettant de les atteindre. Il dispose de l'ensemble des instruments et moyens

1. Les citations qui suivent sont extraites de ce site.

nécessaires, et rend compte de son avancement au comité de pilotage RGPP de son ministère.

Des indicateurs de suivi des réformes (avancement et impact) sont définis. Des trajectoires sur trois ans et des réalisations mesurables au moins annuellement sont fixées pour chacun de ces indicateurs. Les résultats ne se limitent pas à l'amélioration de l'efficacité de la dépense publique. Des indicateurs de « moyens » doivent permettre d'assurer au chef de projet, dans la durée, les ressources humaines ou financières dont il a besoin pour mener à bien son projet. La mesure de la qualité des services rendus est également un des éléments majeurs suivis pendant la mise en œuvre de la mesure.

Trois objectifs apparaissent au centre de ce programme :

– une volonté réformatrice et réflexive pour vérifier les écarts entre d'une part « les besoins et les attentes collectives » (on ne parle plus en termes de mission de service public) et, d'autre part, les façons de faire et les modes de fonctionnement des organisations ;
– une réduction des dépenses et des effectifs. Il s'agit donc de faire mieux avec moins. Une réduction de trente mille postes est attendue. Une économie de 7,7 milliards d'euros doit être réalisée ;
– une conception rationalisante et gestionnaire consistant à introduire des outils de mesure de la qualité des services rendus, des indicateurs d'évaluation des performances et de l'efficacité de la dépense.

Ces objectifs sont contradictoires : l'amélioration du service rendu est contradictoire avec la réduction des moyens. La volonté réflexive est antagoniste avec l'approche technocratique et normalisatrice induite par l'application d'indicateurs de mesure des résultats. Parler en termes de « besoins » et d'« attentes collectives », sans préciser les acteurs concernés, neutralise le fait que les besoins et les attentes sont différents entre les fournisseurs de ressources, les personnels des institutions, les usagers et les contribuables. En fait, un objectif prévaut sur tous les autres : réduire les effectifs à hauteur de trente mille équivalents temps plein chaque année et faire des économies. Comme dans le privé, on mesure les résultats à partir de la réduction des effectifs, selon un principe de la « bonne » gestion des ressources humaines : les effectifs sont un coût, il convient donc de faire plus avec moins.

Par ailleurs, la « révision » est confiée à un certain nombre d'experts, conseillés par des cabinets de consultants, qui appliquent la réforme sans que soit prévue une implication des personnels dans sa conception. Un chef de projet est nommé « pour la mise en œuvre de chaque réforme. Il s'engage sur les résultats et détermine le plan d'action lui permettant de les atteindre. Il dispose de l'ensemble des instruments et moyens nécessaires à la conduite de la réforme et rend compte de son avancement au comité de pilotage RGPP de son ministère ». L'implication des personnels dans la démarche est laissée au bon vouloir du chef de projet. À aucun moment ne sont mentionnés les représentants du personnel, l'encadrement et même les directions des différents services concernés. On est dans une démarche d'efficacité managériale imposée par le haut (*top down*). Ce sont des experts qui sont chargés d'élaborer et de mettre en œuvre la réforme. Aucun souci participatif et encore moins démocratique n'est mentionné. Redonner le pouvoir au peuple n'est plus d'actualité.

La RGPP a exacerbé les tensions dans la fonction publique. Trois administrateurs civils résument les critiques en ces termes : « La RGPP était destinée à rationaliser la dépense publique, à repenser le service public pour le rendre plus efficient, plus économe des deniers publics. Menée avec une brutalité sans égale, la RGPP se révèle guidée par l'unique objectif de réduction des effectifs de fonctionnaires, sans toucher aux missions à accomplir qui demeurent toutes prioritaires et sans vision sur la meilleure façon de servir le citoyen[2]. » La RGPP a conduit à faire appel à des cabinets privés dont le coût est très élevé. Ces consultants appliquent des méthodes drastiques de réduction des coûts sans associer les cadres et les employés. Ils conçoivent des réorganisations sans que les principaux intéressés y soient associés. Comment peuvent-ils adhérer à des améliorations qui leur sont imposées ? La nouvelle gestion des ressources humaines consiste, sur le modèle des listes de « cadres à haut potentiel » élaborées dans les multinationales, à sélectionner un vivier de jeunes hauts fonctionnaires prometteurs. Les fiches de poste de ces emplois restent confidentielles. Ce dispositif

2. Chantal Labat-Gest, Hervé Latimier, Anne Le Moal, « La crise de confiance des hauts fonctionnaires », *Le Monde*, 21 avril 2010.

de sélection suscite une compétition interne acharnée qui favorise un management par le stress, une politisation des nominations. La lutte des places est peu compatible avec l'esprit d'équipe et la coopération.

La mise en œuvre de la RGPP est justifiée, selon ses promoteurs, par la nécessité de réduire la dépense publique. Dans le secteur public, ce n'est pas la pression de l'actionnaire qui détermine la logique de réduction des effectifs et l'exigence d'efficience, mais la dette, comme si celle-ci était la conséquence d'un coût exorbitant des dépenses de l'État et des collectivités territoriales. On peut constater que ce point de vue est partagé par la plupart des gouvernements européens, qui appliquent avec frénésie une politique drastique de réduction des effectifs de fonctionnaires et des budgets alloués aux institutions publiques. La thèse selon laquelle la montée de la dette publique serait la conséquence de la hausse des dépenses publiques est pourtant contestable puisque celles-ci sont stables ou en baisse dans l'Union européenne depuis vingt ans. L'accroissement de la dette provient plutôt d'un effritement des recettes publiques dû à la faiblesse de la croissance économique et à la baisse de la pression fiscale. « En France, le coût des baisses d'impôts consenties entre 2000 et 2010 représente 100 milliards d'euros, sans même inclure les exonérations de cotisations sociales (30 milliards). Faute d'harmonisation fiscale, les pays européens se livrent à une concurrence fiscale, baissant les impôts sur les sociétés, les hauts revenus et les patrimoines. [...] Si la réduction des déficits plombe l'activité économique, la dette s'alourdira encore plus. Une réduction simultanée et massive des dépenses publiques de l'ensemble des pays de l'Union ne peut avoir pour effet qu'une récession aggravée et donc un nouvel alourdissement de la dette publique » (Askenasy, Coutrot, Orléan, 2010, p. 12). La RGPP est, en définitive, fondée sur une hypothèse purement idéologique : il faut réduire les budgets et les effectifs de la fonction publique, ce qui revient à privatiser l'ensemble des missions de l'« État providence » comme la santé, l'éducation, l'action sociale, l'insertion professionnelle, la protection de l'enfance, le logement social, la sécurité, la recherche...

*

L'application acharnée de la RGPP introduit un bouleversement profond des pratiques et de la culture du service public, qui se traduit par une exacerbation des tensions. L'Appel des appels s'est fait l'écho de ces inquiétudes [3]. « Demain, lorsque la normalisation des conduites et des métiers régnera définitivement, il sera trop tard. Soin, éducation, recherche, justice seront formatés par la politique du chiffre et la concurrence de tous contre tous. […] L'Appel des appels invite à parler d'une seule voix pour s'opposer à la transformation de l'État en entreprise, au saccage des services publics et à la destruction des valeurs de solidarité humaine, de liberté intellectuelle et de justice sociale. Il témoigne qu'un futur est possible pour "l'humanité dans l'homme". […] La résistance de ces milliers de professionnels et de citoyens qui ont répondu à l'Appel des appels touche nos sociétés en un point stratégique. En refusant de devenir les agents du contrôle social des individus et des populations, en refusant de se transformer en gentils accompagnateurs de ce nouveau capitalisme, nous appelons à reconquérir l'espace démocratique de la parole et de la responsabilité » (Gori, Cassin, Laval, 2009). Le nombre de signataires de cet appel ne cesse d'augmenter, signe d'une inquiétude profonde face à des mutations refusées par la majorité des agents des services publics.

3. L'Appel des appels est un mouvement, lancé par Roland Gori et Stefan Chedri le 22 décembre 2008, qui rassemble des professionnels du travail social, de l'éducation, de la santé, de la recherche, de la justice, de l'information et de la culture, pour lutter contre les réformes gouvernementales. www.appeldesappels.org/

Chapitre 8

« La RGPP m'a tué »

« J'ai failli mourir de ne plus pouvoir penser. »

CATHERINE KOKOSZKA, 2009.

L'introduction de pratiques fondées sur des valeurs étrangères à la culture du service public plonge son personnel dans un désarroi complet. Au nom de l'amélioration du fonctionnement des institutions, objectif que personne ne peut contester, on met en place des pratiques totalement opposées à l'esprit du service public que partage la majorité des agents de la fonction publique. Les conséquences de ce hiatus sont de plus en plus visibles. Elles érodent l'adhésion profonde des salariés à leur mission, elles suscitent un désinvestissement de leur travail et, dans certains cas, une désespérance qui peut mener au suicide.

Il nous faut mieux comprendre la profondeur de ce désarroi, qui trouve un écho de plus en plus large au sein de toutes les institutions. La majorité des fonctionnaires, soit parce qu'ils s'estiment tenus par un devoir de réserve, soit parce qu'ils s'estiment privilégiés, n'osent pas exprimer publiquement le mal-être qu'ils ressentent. Pourtant, les symptômes sont aussi importants que dans le privé. Les cas de dépression, de *burn-out*, de harcèlement, ainsi que les suicides, sont de plus en plus fréquents. Si la plupart d'entre eux sont entourés de silence et de discrétion, d'autres sont devenus emblématiques.

Le 15 septembre 2009, 8 h 55, moi, Catherine Kokoszka…

« Le 15 septembre 2009, 8 h 55, moi, Catherine Kokoszka, Directrice départementale de la protection judiciaire de la jeunesse

(PJJ) de Paris, enfermée que j'étais dans le travail comme en huis clos, je me jette par la fenêtre de la Direction départementale du troisième étage sur cour. » Ainsi commence le texte dans lequel elle explique les raisons de son passage à l'acte. Ce texte a été diffusé un mois plus tard par son syndicat, à sa demande. Catherine Kokoszka présente sa rédaction comme une nécessité pour elle de ne pas enfouir son passage à l'acte « dans les limbes de l'oubli », de « le parler » pour en comprendre les causes profondes et de pouvoir recommencer à penser.

Parmi ces raisons, elle évoque longuement la contradiction entre deux identités. L'identité de l'éducatrice, formée aux sciences humaines, qui choisit ce métier pour sa mission première, protéger les enfants en danger ; et celle de la fonctionnaire d'État, qui a gravi les échelons de l'institution et doit mettre en œuvre la réforme de l'État, dont elle estime qu'elle remet en question sa mission éducative. « C'est ce conflit de loyauté qui m'a fait passer de l'autre côté du miroir… Ma tâche est de diriger un département, de mettre en œuvre les consignes de mon administration. Or mes idéaux, ma conception de la République, du bien commun, de l'intérêt général, des missions de la PJJ, m'ont paru de plus en plus en complète contradiction avec ce qui m'était demandé. »

Elle se présente comme « une fonctionnaire d'État, serviteur mais pas servile, loyale mais pas courtisane ». Elle ne trouve pas déraisonnable l'idée de réformer la PJJ. C'est « l'accélération des transformations en un temps trop court [qui produit] la maltraitance institutionnelle. La machine infernale suit son chemin sans se soucier des humains que sont les professionnels […]. Quelles programmations, quelles évolutions ont été prévues par les échelons stratégiques pour éviter le mal-être, pour ne pas dire la maltraitance des personnels qui ne savent plus où nous allons ? Les congés maladie, longue maladie, longue durée, le *burn-out*, le surmenage se multiplient. Quand va-t-on arrêter la casse ? Cette souffrance rejaillit obligatoirement sur les prises en charge des mineurs et l'accompagnement des mineurs ».

Le diagnostic est d'autant plus pertinent qu'il est posé par une personne incarnant totalement les transformations de son institution, qui en a incorporé les moindres rouages, s'est identifiée à ses missions, a adhéré à ses valeurs et intériorisé ses exigences. Elle s'est dévouée corps et âme à son métier, à sa fonction, jusqu'à ce qu'elle se retrouve dans une impasse. L'impasse est une contradiction non dialectisable, face à laquelle le sujet n'arrive plus à trouver des médiations. Il est devant des exigences irréductibles et antagonistes sans qu'aucun compromis puisse soulager la tension. Le sujet ne peut « sortir » de cette impasse dans la mesure où elle s'appuie objectivement sur des exigences externes liées à sa fonction dans l'organisation, et subjectivement sur des exigences internes liées à son fonctionnement psychique. La souffrance est l'effet des tensions d'un système psychique organisationnel (Aubert, Gaulejac, 1991) dans lequel il existe une intrication profonde entre des conflits psychiques, qui conduisent au passage à l'acte, et des processus organisationnels qui confrontent les individus à des contradictions qu'ils n'arrivent plus à dépasser. Ici tout se mêle, l'angoisse de ne pas réussir, la détresse psychique, l'application des consignes, le surmenage, la perte de sens, la mise en œuvre d'outils d'évaluation, les réorganisations, la compression des coûts, les réaffectations de personnels, l'isolement, la culture de l'urgence...

La tension entre l'organisation et l'institution

Le témoignage de Catherine Kokoszka illustre la contradiction que l'on trouve aujourd'hui dans la plupart des institutions publiques entre les logiques organisationnelles et les finalités institutionnelles, ou, pour être plus précis, entre les conceptions qui sous-tendent la nouvelle gestion publique et les missions de service public confiées à ces institutions. « J'ai failli mourir parce que je passais ma vie à mon travail, certaine de soutenir les valeurs éducatives de l'institution. J'ai failli mourir de la surdité d'une institution qui n'entendait pas que tout allait trop vite, si vite que nous ne pouvions plus suivre. » Elle évoque un conflit de loyauté entre sa conception de la mission de son institution – protéger les enfants en danger – et ce que les instances de tutelle exigent d'elle pour « moderniser » l'organisation. Sa responsabilité managériale est d'optimiser le fonctionnement de son service, objectif louable auquel elle souscrit, sauf que l'optimisation dans l'utilisation des moyens remet en question l'accomplissement des missions confiées à son institution. Ces tensions entre les logiques organisationnelles et les logiques institutionnelles sont la cause principale du déchirement vécu par bon nombre des agents des « services publics » entre ce que la hiérarchie leur demande de faire et la conception qu'ils se font de leur mission.

La distinction entre organisation et institution est classique. L'institution est du côté des finalités, des raisons d'agir, des valeurs et du sens de l'action. L'organisation est du côté des moyens, des façons d'agir, de la mise en œuvre et de l'opératoire. L'institution remplit des missions (la justice, l'éducation, la défense, la santé, la sécurité, la protection de la jeunesse…), l'organisation met en œuvre des dispositifs, mobilise des ressources, répartit les tâches, coordonne les activités, élabore des programmes en vue de remplir ces missions. L'organisation concerne le registre des modalités opératoires de l'action (comment on fait), alors que l'institution concerne le registre de la régulation, des cadres de référence qui donnent le sens de l'action (pourquoi on fait). Le personnel universitaire organise des cours, des options, des programmes, des emplois du temps, mais l'Université est une institution qui produit et transmet de la connaissance, délivre des diplômes, donne une reconnaissance symbolique des compétences acquises par les étudiants.

L'exemple de Catherine Kokoszka n'est pas seulement l'histoire singulière d'une femme qui a tenté jusqu'au bout de concilier ses responsabilités administratives et les valeurs qui donnaient du sens à son engagement. Il révèle une crise profonde qui traverse aujourd'hui l'ensemble des institutions publiques : l'hôpital, l'action sociale, l'éducation, la justice, Pôle emploi, La Poste, la police, la gendarmerie, l'armée… L'application de la révision générale des politiques publiques, l'introduction massive de changements inspirés par des modèles de la nouvelle gestion publique, l'empilement rapide de réformes destinées à « moderniser » la fonction publique, produisent une crise sans précédent des institutions. Le mal-être des personnels n'a rien à envier à celui du privé. Il confirme que la violence au travail est la conséquence non seulement des pressions de la concurrence et des exigences des actionnaires, mais aussi d'une conception managériale qui instrumentalise les individus et leur fait perdre le sens du travail (Hanique, 2004).

Le phénomène est d'autant plus préoccupant que les institutions sont au fondement de l'ordre social, de l'*être social* qui caractérise les éléments structurants de la société. C'est toute la société qui se dégrade sous l'effet d'une crise du symbolique. Les exemples de l'Université, de la police ou de Pôle emploi illustrent les différents aspects d'un malaise grandissant.

L'Université, la production scientifique pervertie par le productivisme

L'introduction de la révolution managériale dans les universités françaises s'est accélérée avec la LRU [1]. J'ai pu constater, comme enseignant chercheur et comme responsable d'une équipe d'accueil, les conséquences de cette politique qui s'est imposée malgré des mouvements d'opposition internes rassemblant les étudiants, le personnel administratif et les enseignants chercheurs. J'ai pu observer comment l'avancement au mérite, tant vanté par les chantres de l'idéologie des ressources humaines, divise le personnel et favorise le développement de l'individualisme au détriment de la motivation. Plus précisément, comment il contribue à détruire des solidarités traditionnelles, implantées dans des pratiques anciennes et une culture de service public, au profit d'une lutte des places larvée aussi destructrice que déprimante.

De nouvelles structures institutionnelles ont été créées pour piloter la recherche universitaire : l'Agence nationale de la recherche (ANR) est devenue la source prédominante du financement, et l'Agence d'évaluation de la recherche et de l'enseignement supérieur (AERES) est chargée d'évaluer l'ensemble des structures à partir de critères qui soumettent la recherche à des « axes stratégiques » définis par les pouvoirs publics. Les institutions universitaires doivent être « porteuses de projets », « diversifier leur moyen de financement », « améliorer leur gouvernance », « optimiser la gestion de leurs ressources humaines », « contribuer à la croissance économique », créer des « pôles d'excellence ». La valeur de la recherche est évaluée à partir de ses retombées économiques, du nombre de brevets déposés, de ses applications pratiques ; la valeur de l'enseignement l'est à partir des qualifications professionnelles qu'il offre aux étudiants, ses « clients » (This Saint-Jean, Saint-Jean, 2009, p. 176). L'introduction de nouvelles procédures d'évaluation conduit à l'exclusion des « non-publiants » et au développement de stratégies de reconnaissance qui favorisent le conformisme et la course aux points. Ce sont les paramètres à partir

1. Loi relative aux libertés et aux responsabilités des universités, votée le 11 août 2007.

desquels les chercheurs sont évalués qui deviennent les principaux déterminants de la production scientifique. L'évaluation des laboratoires de recherche mesure l'activité scientifique à l'aune de critères répondant à des stratégies institutionnelles et financières. Les critères d'utilité pratique prennent le pas sur les critères d'intérêt scientifique. Les projets doivent répondre à des appels d'offres, à des priorités stratégiques, à des cibles fléchées par des instances institutionnelles. Les logiques politico-administratives l'emportent sur les logiques propres à la démarche scientifique.

L'obsession des présidents d'université, dont certains ont affirmé par ailleurs leur opposition à la LRU, est de gagner des places au classement de Shanghai, comme si ce classement était le référent essentiel de toute la politique universitaire[2]. Soulignons pour mémoire la déclaration du vice-président de l'université Jiao Tong, de Shanghai, à l'origine de ce palmarès : « Le classement de Shanghai n'est utile que si l'on veut comparer les universités américaines, britanniques, chinoises et japonaises. Il ne rend pas justice aux universités françaises ou allemandes, car elles ont un système qui diffère complètement[3]. » Ce classement est construit à partir de critères favorisant les recherches de langue anglaise et les sciences « exactes ». Les publications dans les autres langues et en lettres et sciences humaines sont dévaluées ou ignorées. Des universitaires se mobilisent pour tenter de produire d'autres classements plus favorables à leurs pratiques et à leurs disciplines. Mais la logique est la même. L'obsession évaluatrice à partir de critères facilement quantifiables produit les mêmes ravages. L'*impact factor* a encore frappé[4].

Les effets de cette politique sont visibles dans des pays qui l'appliquent depuis une trentaine d'années, comme le Chili, le Brésil, l'Uruguay, le Mexique. J'ai animé plusieurs ateliers dans ces différents

2. Selon le rapport du sénateur Joël Bourdin, 61 % des dirigeants d'établissement d'enseignement supérieur « ont pour objectif explicite d'améliorer leur rang dans le classement de Shanghai. 83 % ont pris des mesures concrètes destinées à améliorer leur rang dans les classements internationaux » (2008).

3. Déclaration à l'université Paris-Dauphine du 11 avril 2008.

4. Le facteur d'impact (FI) – IF pour l'anglais *impact factor* – mesure l'importance d'une revue scientifique. Il est calculé chaque année par l'Institute for Scientific Information pour chaque publication suivie. Il est publié dans le *Journal Citation Reports*. Les facteurs d'impact sont utilisés pour évaluer la production scientifique des chercheurs, des laboratoires et des universités.

pays sur le thème « face à la souffrance au travail », auxquels participaient des universitaires. Ils ont témoigné des dégâts professionnels et humains de la course aux points, dont dépend le versement de primes qui représentent jusqu'à 120 % de leur rémunération (Taracena, 1997, p. 94). Pour obtenir ces points, il faut multiplier les publications d'articles dans les revues bien classées, les communications dans des colloques, obtenir des attestations d'invitations dans des universités prestigieuses... J'ai eu l'occasion de présider un colloque international à Cuernavaca, près de Mexico, organisé par Elvia Taracena. Nous avons dû signer plus de cinq cents attestations indiquant précisément la nature de la contribution de chaque participant (atelier, table ronde, conférence simple, conférence plénière) sachant que le nombre de points obtenus dépendait du type d'intervention effectué. Bien entendu, tout cela ne dit rien sur la qualité scientifique de ces interventions. Soulignons que ma collègue organisatrice n'a obtenu aucun point supplémentaire pour l'organisation de ce colloque ! Dans ce contexte, un certain nombre de participants ne viennent que pour présenter leur communication sans participer aux discussions ni écouter leurs collègues, détournant ainsi le lieu privilégié d'échanges scientifiques en foire à récolter des points.

Il en va de même pour l'inflation de la production d'articles signés par une kyrielle d'auteurs, dont certains n'ont pas participé à leur rédaction, mais qui mettent en place un système de renvoi d'ascenseur, pour multiplier les signatures et le nombre de références. Triste conséquence du principe selon lequel les acteurs ajustent leur comportement sur les paramètres utilisés pour les évaluer. Triste constat d'un productivisme quantitatif censé mesurer la productivité de chercheurs au détriment de la qualité scientifique de leur activité effective. Mais il y a pis. On assiste au développement d'un véritable trafic autour de la production du savoir. Des directeurs de thèse font pression sur leurs doctorants pour qu'ils cosignent la publication d'articles et d'ouvrages issus de leurs travaux. De jeunes chercheurs sont spoliés de leurs projets de recherche par les membres des commissions chargées de les évaluer. Certains membres des comités de rédaction des revues les mieux classées monnayent leur pouvoir auprès des candidats qui ont besoin de publier pour faire carrière. Si ces pratiques sont heureusement minoritaires, elles ne cessent de se répandre dans un milieu qui, jusqu'à présent, était réputé pour son intégrité.

La concurrence est rude entre les *Big Four* (Pricewaterhouse Coopers, Ernst & Young, Deloitte et KPMG), qui font le siège des présidences d'université pour moderniser leur système de gestion, rentabiliser la production, attirer les investisseurs privés, appliquer à l'institution universitaire les principes de la gestion managériale. Ainsi, KPMG, cabinet leader dans le domaine de l'expertise comptable, propose de devenir le cabinet de référence pour aider les universités à gérer un budget global selon les normes de la comptabilité analytique. « Le budget est un outil essentiel pour l'amélioration de la performance », indique une plaquette interne. Intitulé « Agir pour la performance de l'action publique », ce document définit la stratégie à mettre en œuvre pour capter ce nouveau marché[5] : proposition d'audits dans le domaine des systèmes d'information, de la gestion comptable et de la fonction ressources humaines, aide à la mise en place d'une gestion prévisionnelle des emplois et des compétences, aide pour la recherche de financements privés. Derrière ces offres de conseil, les intentions sont claires. Il s'agit de transformer l'Université en développant une culture d'entreprise fondée sur les notions d'efficacité, de performance. Les cabinets privés proposent leur savoir-faire pour introduire les « solutions » émanant du privé comme l'audit financier, la gestion prévisionnelle des emplois et des compétences, la comptabilité analytique, le *fundraising* pour récolter des fonds privés, l'introduction de normes ISO, etc. On en voit les premiers effets avec l'embauche de prix Nobel et la création de chaires de professeurs financées par des entreprises privées. Deux mesures symboliques qui indiquent l'esprit de la réforme : le marketing et la communication constituent désormais les enjeux essentiels de la production scientifique. La création de « pôles d'excellence » devient l'obsession des présidences universitaires.

« Nous n'avons pas le choix », répondent en chœur les présidents des universités, craignant de perdre des financements et d'être marginalisés s'ils n'appliquent pas la réforme. Certains résistent. Ainsi la Présidence de Paris Diderot décide de rebaptiser la DRH, Direction des Relations Humaines. Mais la majorité d'entre eux est fascinée par la logique de

5. Sébastien Louradour, « Le management aux portes des universités ? Immersion dans le cabinet KPMG », mémoire de M2, Laboratoire de changement social, université Paris-Diderot, septembre 2008, p. 61.

l'excellence, aveugle au fait qu'elle produit l'exclusion. Il faut développer les disciplines « rentables », ce qui conduit « naturellement » à la marginalisation des autres. Le paradigme utilitariste est à l'œuvre : à quoi bon développer les filières d'histoire de l'art, de philosophie ou de littérature médiévale ? Sauf à les articuler sur des débouchés pratiques comme le mécénat d'entreprise, la philosophie de l'action, la rédaction des discours des dirigeants. L'Université doit s'adapter au monde d'aujourd'hui en produisant du savoir utile, des étudiants employables, des chercheurs au service de l'économie de la connaissance. La réforme soumet la production scientifique à des critères de rentabilité, la recherche appliquée prend le pas sur la recherche fondamentale, les « humanités » sont considérées comme un luxe, un héritage du passé dont la nécessité est marginale, les filières d'enseignement doivent s'adapter au marché de l'emploi, les enseignements techniques et professionnels sont valorisés au détriment des enseignements fondamentaux, la pensée critique est considérée comme inutile, voire nuisible.

Les « résistants » sont perçus d'un œil condescendant : ne sont-ils pas dépassés, ne sont-ils pas les représentants d'un autre âge à jamais révolu ? Ils deviennent alors un poids qui freine une modernisation nécessaire. Pourtant, ces résistants sont nombreux. La colère gronde, là comme ailleurs, contre une réforme qui véhicule des valeurs en contradiction avec celles de nombreux universitaires : l'accès à la connaissance pour tous, la gratuité, la probité, l'ouverture à l'altérité et, surtout, la liberté de penser. Ce sont ces valeurs qui sont perverties par les nouveaux outils de gestion et d'évaluation. Là aussi, les modalités organisationnelles remettent en question les missions institutionnelles, les moyens mis en œuvre entrent en contradiction avec les finalités.

Quel est l'avenir d'une science évaluée sur des critères de rentabilité ? On sait que les besoins actuels du marché de l'emploi seront largement différents dans cinq ou dix ans, sans que l'on puisse dire, aujourd'hui, ce que seront les métiers de demain. Dans ce domaine, il vaut mieux donner les bases qui permettent d'acquérir des techniques nouvelles que d'apprendre des techniques qui seront rapidement obsolètes. L'essentiel est-il de former des travailleurs soumis aux exigences du marché ou des citoyens capables de produire la société de demain ?

Les mêmes enjeux traversent aujourd'hui l'ensemble des institutions publiques, dont les missions premières sont remises en question par des principes de gestion qui mesurent l'efficience, non plus à partir de critères rendant compte de la façon dont ces missions sont effectuées, mais à partir d'indicateurs de résultats chiffrés, partiels et partiaux.

La police et la politique du chiffre

Le métier de policier a toujours été stressant. Les policiers sont quotidiennement exposés à la violence, à la mort, aux accidents. Appelés pour intervenir dans l'urgence, faire face au drame sous toutes ses formes, accidents de la route, crimes, maltraitances physiques et sexuelles, ils sont en butte à l'hostilité d'une partie de la population, qui dénonce leur brutalité. Les bavures jettent une ombre sur leur image. Dans les cités, ils sont caillassés, moqués, rejetés. Autant de raisons qui peuvent entretenir le malaise. Le taux de suicides au sein de la police est un tabou. Les chiffres évoluent entre plusieurs dizaines et plusieurs centaines par an. Là comme ailleurs, les facteurs professionnels et extraprofessionnels s'entremêlent. La croissance des tentatives de suicide dans ce secteur est cependant avérée sans que l'on puisse la chiffrer précisément. Tant que le symptôme n'est pas reconnu, on peut entretenir l'illusion que le mal est superficiel.

Contrairement à d'autres secteurs du service public, les lois de modernisation de la police (1985, 1995, 2002) ont apporté des moyens supplémentaires en termes d'effectifs, d'équipement, de locaux, de rémunération. Mais si les policiers semblent mieux traités que d'autres catégories de fonctionnaires, ils expriment un malaise subjectif profond et croissant. Pour Fabien Jobard, chercheur au CNRS, « le stress est croissant à mesure que l'on monte dans la hiérarchie. Les commissaires sont soumis à des objectifs de management inspirés de la réforme de l'administration menée en Grande-Bretagne. Ils doivent appliquer des directives ministérielles, conduire une politique de chiffre. On leur demande des résultats sans qu'ils aient de prise sur la maîtrise de recrutement et la mobilité » (Jobard, 2002).

Le décalage entre les résultats attendus et la maîtrise des moyens pour les obtenir met sous pression l'ensemble de l'institution. Les policiers ont le sentiment que cette pression les détourne de ce qui est l'essence même de leurs missions et au fondement de leurs motivations : lutter contre les causes structurelles de la délinquance, assurer la paix civile, lutter contre toutes les violences et les incivilités. Autant de finalités qui font sens pour eux et que les indicateurs de résultat ne traduisent pas réellement.

La hiérarchie nie farouchement l'existence de quotas. En mars 2010, *Le Parisien* publie un document émanant de la préfecture de police de Paris ; celui-ci fixe « les objectifs à réaliser par les compagnies centrales de circulation au cours de l'année 2010 (3e compagnie) ». Il indique les six infractions à sanctionner en priorité (stationnement gênant, circulation couloir bus en deux roues, feux rouges, refus de priorité à piétons, engagement volontaire dans une intersection encombrée, circulation couloir bus en roues motorisées). Pour chacune de ces infractions, des objectifs mensuels et annuels sont chiffrés. « Les objectifs ont été calculés en fonction des effectifs et du nombre de contraventions établies l'an passé avec un pourcentage supplémentaire à atteindre. [...] On travaille avant tout pour remplir les caisses de l'État », confie un policier au journaliste sous couvert d'anonymat. Une prime annuelle de 600 euros est attribuée aux policiers bien notés et considérés comme méritants. Après la parution de cet article, le préfet de police s'est déclaré tout à fait hostile à l'établissement de quotas de contraventions : « L'idée même de quotas est irrationnelle. Cela n'a aucun sens. C'est invraisemblable au regard des instructions que nous passons. Le fonctionnaire à l'origine de ce document sera sanctionné » (*Aujourd'hui*, 15 mars 2010). La dissonance entre la nature du document, dont l'authenticité ne fait aucun doute, et la réaction du préfet de police est intéressante. D'un côté, la gestion par objectifs à partir de résultats chiffrés conduit les policiers à « appliquer la réglementation » afin d'augmenter le nombre de contraventions et espérer être bien notés pour toucher une prime ; de l'autre, la hiérarchie qui a mis en place le système proclame simultanément que l'idée même de quotas en matière de contraventions est irrationnelle alors que les policiers sont évalués en fonction du nombre d'amendes délivrées. Bel exemple d'injonction paradoxale. On peut penser que ce double langage n'est pas sans effet sur le malaise récurrent qui émerge malgré la chape de plomb que la hiérarchie est chargée de maintenir pour qu'il ne s'exprime pas au grand jour.

L'augmentation du stress et du mal-être est soulignée régulièrement tant par les sociologues que par les syndicats. Pour Laurent Mucchielli, la pression des indicateurs de résultat est l'une des causes. « Face à une situation très difficile, mis sous pression par la hiérarchie, les policiers et les gendarmes ont fait ce qu'ils ont pu pour permettre au Ministre de sauver les apparences. On peut très bien demander à un moment aux policiers de lever le pied sur certaines infractions pour que le bilan de la délinquance soit plus flatteur » (Mucchielli, 2008). La politique du chiffre consiste à trouver des astuces statistiques pour augmenter ou diminuer les résultats en fonction de considérations politiques. En décembre 2009, les policiers ont manifesté pour protester contre ces méthodes qui conduisent à tricher. Par exemple, organiser des missions pour des raisons statistiques plutôt que pour maintenir l'ordre ou lutter contre la délinquance. La hiérarchie va demander de multiplier les timbres-amendes, les gardes à vue ou les interpellations, plutôt que de s'attaquer à un dealer ou de passer du temps sur des affaires graves du point de vue pénal mais peu « lucratives » sur le plan des résultats chiffrés.

Le malaise est si profond que le ministère de l'Intérieur a créé un service de soutien psychologique opérationnel (SSPO) animé par des psychologues chargés d'apporter un soutien et une écoute aux policiers confrontés à des difficultés dans l'exercice de leur activité professionnelle. Composé de deux personnes à l'origine (1996), ce service en compte actuellement soixante. En 2009, 36500 appels ont été consignés et 17500 entretiens ont été menés. Pourtant, le recours à des psychologues n'était pas une pratique courante dans la culture policière. Habituellement, l'évacuation du stress se faisait « entre hommes » par l'humour, des pots bien arrosés, le soutien des collègues et l'écoute de l'encadrement de proximité. « Voir un psy, ce n'était même pas envisageable, déclare Patrick, gardien de la paix dans le Nord. Pour nous, les psys c'était bon pour les dépressifs et les junkies, et puis, petit à petit..., [...] on s'est dit que ce n'était pas aussi insultant que ça » (*Le Parisien*, 15 mars 2010).

L'évocation de suicides dans les commissariats et les nombreuses et diverses manifestations de cette corporation, alors que les policiers n'ont pas le droit de grève, montrent la profondeur de la crise qui frappe cette institution. On pourrait évoquer en même temps la gendarmerie, les pompiers et l'armée, institutions similaires, également en crise pour les mêmes raisons. Nous analyserons dans le chapitre suivant les conséquences de la réforme hospitalière. Mais voyons déjà comment le passage de l'ANPE au Pôle emploi illustre les méfaits de la culture du résultat, en particulier pour le personnel et ses « clients ».

Pôle emploi et la culture du résultat

« Quatre nouvelles tentatives de suicide au Pôle Emploi », titrait *Le Parisien* le 8 décembre 2009. En fait, le mal-être n'a fait que s'accentuer depuis vingt ans, frappant d'abord l'Agence nationale pour l'emploi puis l'institution après sa fusion avec les Assedic. Le mot d'ordre de la direction et du gouvernement est de passer d'une logique de moyens à une logique de résultats. La première valorise la même offre pour tous, sans discrimination, proposant du conseil fondé sur la spécificité des problèmes et la singularité des situations. La seconde est centrée sur le traitement d'un maximum de dossiers, débouchant sur des « solutions » appropriées qui répondent aux critères d'évaluation des résultats. Ainsi le nombre de radiations a-t-il considérablement augmenté dans la mesure où elles permettent de diminuer le nombre des demandeurs d'emploi. Face à cette évolution, les plaintes des agents sont nombreuses. « On est devenu des gestionnaires qui faisons de la gestion administrative et du contrôle » ; « la mission est dévoyée par la gestion des chiffres où il est difficile de trouver de l'humain » ; « j'ai pas honte de mon travail, mais j'ai honte de ce que l'Établissement me demande » ; « on a plus le temps de faire correctement notre travail » ; « les objectifs sont en cascade et chacun se déresponsabilise à chaque niveau » ; « notre travail est évalué sur des critères étrangers à ce travail-là » ; « j'ai de plus en plus de difficulté d'avoir la conviction qu'on sert à quelque chose » (Prévot, 2007, p. 51 et suivantes). Ces différents témoignages ont été recueillis par Carole Prévot, chercheur au Laboratoire de changement social. Des membres de Force ouvrière et de la Fédération syndicale unitaire avaient contacté le LCS pour qu'on les aide à analyser le problème et qu'on leur donne des éléments destinés à convaincre la direction de l'importance de la souffrance au travail. En 2006, cette dernière a refusé, sans explication, l'autorisation que nous avions demandée afin d'effectuer cette recherche sur le terrain. Aussi l'enquête a-t-elle été réalisée avec les syndicats par un recueil de témoignages en dehors des heures de travail.

Trois facteurs sont mis en avant par les agents pour décrire les causes du malaise :

– l'introduction d'une culture managériale qui transforme le demandeur d'emploi en client, recentre l'activité des

« conseillers professionnels » sur le traitement des dossiers plutôt que sur l'accueil de personnes en recherche d'emploi (un portefeuille de cent vingt à deux cents dossiers par mois), limite les entretiens à douze minutes, et surtout encourage les agents à multiplier les radiations pour faire baisser les statistiques du chômage. On peut comprendre dès lors que ceux qui ont choisi de travailler dans une institution publique pour défendre les droits des chômeurs et accompagner des personnes en difficulté vivent mal une « modernisation » qui les oblige à produire l'exclusion de ceux-là mêmes qu'ils sont censés aider ;

– la fusion imposée de l'ANPE et des Assedic ainsi que le déploiement dans l'urgence de guichets uniques sans que le temps ait été pris ni les moyens donnés pour former les agents, organiser l'accueil, adapter les procédures ;

– l'augmentation du nombre des demandeurs d'emploi sans augmentation des effectifs. Cette situation a pour conséquences de multiplier la charge de travail des agents et de voir confier au privé la sous-traitance d'un nombre croissant de dossiers à un coût plus élevé que celui du service public. L'intensification de la charge de travail se conjugue avec l'exaspération d'être mis en concurrence sans que les armes soient égales, contribuant ainsi à la déconsidération du service public, qui ne serait pas à la hauteur des performances du privé [6].

Dans ce contexte, le mal-être s'accentue sans que les agents et les demandeurs d'emploi aient le sentiment d'être entendus. Plusieurs organisations syndicales ont tenté, à plusieurs reprises, d'alerter la direction. Les symptômes d'une crise profonde ne semblent pas pour autant stopper la frénésie de réformes. Benoît Genuini est polytechnicien. Il a dirigé l'antenne française d'Accenture, l'un des grands cabinets mondiaux de consultants, et fondé avec Martin Hirsch l'Agence nouvelle des solidarités actives. Nommé médiateur national de Pôle emploi, il a rédigé un rapport en 2010 dans lequel il décrit des pratiques devenues courantes dans l'institution avec le soutien de la hiérarchie : l'art de

6. Un bilan de compétences évalué à 600 euros à Pôle emploi peut être facturé jusqu'à 6000 euros à une officine privée.

radier par téléphone, comment « perdre des clients » dans les méandres du serveur vocal… Remis au directeur général, Christian Charpy, le rapport a été mis dans un tiroir, ce qui a conduit le médiateur à démissionner en avril 2010. Son analyse de la situation montre parfaitement les conséquences, pour les employés comme pour les usagers, de la politique de réorganisation menée par la direction : « À la fin de l'année 2008, j'ai été contacté par Christian Charpy, qui était alors directeur général de l'ANPE, pour prendre la fonction. Améliorer la qualité du service rendu aux chômeurs dans un grand service public, mais assez unanimement critiqué, cela me paraissait un défi intéressant. […] Pôle emploi prend rarement la peine de justifier ses décisions, ce qui accroît le sentiment d'arbitraire, d'injustice, fréquent chez les chômeurs, et peut déclencher des réactions de colère. […] Pôle emploi ne dit pas assez à ses conseillers pourquoi ils sont là et quels sont leurs objectifs qualitatifs. Il leur demande de l'efficacité et de la rapidité, jamais de prendre un certain recul face à l'application très stricte du règlement ni de prendre le temps d'approfondir la situation particulière d'une personne. Les conseillers, qui abattent un travail considérable, n'ont aucune marge de manœuvre et ils sont très frustrés de voir la qualité de service se dégrader » (entretien avec Claire Guélaud, *Le Monde*, 26 avril 2010).

L'encadrement est pris en étau entre, d'un côté, un système organisationnel qui ne fonctionne plus, des agents épuisés et démotivés, des managers de proximité débordés et à bout de souffle, et, de l'autre, une direction, un gouvernement et un président de la République qui imposent une réforme dans l'urgence, refusent d'y affecter les moyens nécessaires pour la mener à bien. Comme dans le privé, c'est le travail des agents qui devient la « variable d'ajustement » sur laquelle on compte au nom de la chasse aux « poches de productivité », de l'« approche client » et de la « culture de résultat ». Les symptômes du malaise étaient déjà présents à l'ANPE avant la fusion. Reste que les tentatives de suicide vont se multiplier. Début 2010, un syndicaliste du site de Villejuif passe à l'acte pour exprimer sa colère, son impuissance et son désespoir : « Je souhaite faire un exemple, comme à France Télécom », dit-il à ses collègues. Face à la fin de non-recevoir de la hiérarchie, à la désorganisation de l'institution, à la perte de sens de l'activité, le suicide, redisons-le, exprime une révolte qui, faute de trouver une expression collective, s'exprime dans un acte individuel.

Quand on n'a plus la possibilité et l'espoir de changer le monde, on retourne les armes contre soi.

*

Les exemples évoqués dans ce chapitre illustrent la crise de confiance et le malaise qui règnent aujourd'hui dans toute la fonction publique au point de pousser ses agents, souvent les plus zélés, au suicide, et les autres, une grande majorité, à résister à une modernisation qu'ils vivent comme une régression. Ces résistances sont interprétées par les responsables de la RGPP comme des résistances au changement. On perçoit ici le caractère pervers de ce discours. Dans un premier temps, on met le service public en crise en le discréditant parce qu'il coûterait trop cher, en réduisant de façon drastique ses moyens et ses effectifs, en détruisant les valeurs qui fondent sa culture. Dans un second temps, on utilise la crise ainsi provoquée pour justifier la nécessité de la réforme et de la « modernisation ». On introduit alors la « révolution managériale », qui ne peut que renforcer la crise. La crise accentue le mal-être, le mal-être rend encore plus nécessaire le changement... Toutes les conditions sont réunies pour mettre en place un système paradoxant[7].

7. Un système paradoxant est un métaparadoxe, c'est-à-dire un ensemble de paradoxes qui font système, qui s'emboîtent en une chaîne sans fin dans un mouvement de circularité dialectique.

Chapitre 9

La réforme hospitalière, un exemple de prescriptophrénie aiguë[1]

« Une société qui ne mesure l'acte de soin qu'à la toise de sa rentabilité et de sa tarification fait de la santé une marchandise, et du patient un client auquel l'acte de soin rend un service commercial comme un autre. Le soin y perd sa valeur spécifique et le soignant son honneur professionnel. »

ROLAND GORI, *L'APPEL DES APPELS. POUR UNE INSURRECTION DES CONSCIENCES*, 2009.

La réforme hospitalière illustre les effets paradoxaux induits par la nouvelle gestion publique. D'un côté, la mise en œuvre d'une réorganisation en profondeur fondée sur des principes de rationalisation de l'activité, d'informatisation de la gestion et de réduction des coûts. De l'autre, la défense d'une institution publique et privée dont la mission est d'apporter des soins de qualité à l'ensemble de la population sans discrimination. Dès lors, entre les principes de gestion qui sont au fondement de la réforme et les motivations profondes des acteurs qui incarnent l'institution hospitalière, le divorce est patent.

1. La prescriptophrénie est une maladie qui consiste à vouloir tout prescrire, décrire, standardiser, classer, ordonner. Elle est souvent associée au symptôme de la quantophrénie, maladie de la mesure. Ces deux « maladies » ne figurent pas encore dans la « CIM-10 » (*Classification statistique interactive des maladies et des problèmes de santé connexes*), établie par l'Organisation mondiale de la santé. Cette « bible du praticien hospitalier » est un répertoire exhaustif de toutes les maladies et des prestations que les soignants se doivent d'apporter à leurs patients. Elle sert de référent pour codifier les activités du personnel soignant.

De l'hôpital public à l'entreprise de soins

L'ordonnance hospitalière du 24 avril 1996 a institué une procédure d'accréditation inspirée de celles qui existaient aux États-Unis. Cette procédure doit permettre « une appréciation indépendante sur la qualité de chaque établissement, à l'aide d'indicateurs, de critères et de référentiels portant sur les procédures, les bonnes pratiques cliniques et les résultats des différents services et activités de l'établissement »[2]. La procédure d'accréditation s'effectue notamment à partir de visites réalisées par des experts indépendants formés par la Haute Autorité de santé. Les hôpitaux deviennent des « entreprises de soins » qui bénéficient d'un budget global dont ils peuvent décider l'affectation. La dotation versée par l'État est calculée à partir d'un programme de médicalisation des systèmes d'information (PMSI), inspiré du modèle créé aux États-Unis par le professeur Fetter de l'université Yale. Chaque patient se voit attribuer un tarif qui détermine le montant de l'enveloppe budgétaire dont l'hôpital a besoin. « Le PMSI est un programme qui permet de classer chaque patient dans un groupe homogène de malades (GHM) par le biais d'un algorithme qui prend en compte l'âge, le diagnostic principal, les diagnostics secondaires et les actes médicaux et chirurgicaux, en les reliant avec le coût du séjour hospitalier » (Danet, 2008, p. 129). Ce programme a permis de construire une échelle des coûts « en points ISA » (indice synthétique d'activité). Deux systèmes coexistent actuellement, mais à terme ils sont destinés à s'harmoniser. L'un est le MCO, qui concerne la médecine chirurgie orthopédie obstétrique, dont l'activité est payée à 100 % par le PMSI selon la T2A (tarification à l'activité). L'autre est le SSR, qui concerne les soins de suite et de réadaptation, système plus complexe dans la mesure où les établissements concernés reçoivent des patients pour une durée plus longue, dont le « classement » est moins évident puisqu'il doit intégrer leur degré de dépendance, leur âge, la

2. La description de la réforme hospitalière présentée ici s'inspire principalement de deux sources : la thèse que F. Danet a soutenue au Laboratoire de changement social : « La quête de professionnalisation de la médecine d'urgence », université Paris-Diderot, 2006 ; des entretiens menés dans un service hospitalier de la région parisienne auprès du chef de service et de la responsable de la mise en œuvre du programme d'informatisation.

complexité des pathologies, les problèmes sociaux et familiaux… Si le but est d'aboutir à un financement par l'activité avec des points ISA, les SSR sont actuellement évalués à partir de points IVA (indices de valorisation de l'activité). Chaque groupe homogène de malades s'est vu attribuer un certain nombre de points ISA, en fonction des soins prodigués. « Il a été ensuite possible, connaissant le nombre de patients traités dans chaque GHM, de calculer la valeur financière du point ISA de l'hôpital et, par conséquent, d'établir des comparaisons entre les différents établissements par rapport à la base de référence nationale, pour permettre aux services de l'État d'apprécier la "productivité" des hôpitaux et de "réguler" les dépenses de santé » (Danet, 2008, p. 137).

L'institution hospitalière est invitée à se transformer en entreprise de santé. La subdivision en GHM conduit à sélectionner les malades et à gérer les séjours en fonction de leurs coûts. Le tarif à l'activité introduit une norme de rentabilité dans le traitement des patients. Aussi les soignants sont écartelés entre la logique gestionnaire, dominée par l'intérêt de l'entreprise hospitalière, et la logique médicale, conçue pour défendre l'intérêt des malades. La mission dévolue à l'hôpital – recevoir et prendre en charge tous les malades, quels que soient leurs conditions, leurs symptômes, leur état – est par conséquent remise en question par des calculs de rentabilité.

Un chef de service d'un hôpital parisien en témoigne. Son directeur administratif lui reproche de faire sortir les patients qui n'ont pas besoin de soins le week-end, car cela fait perdre de l'argent à l'hôpital : ce sont deux jours pendant lesquels les lits ne sont pas occupés. Qu'importe l'équilibre psychique des malades et le fait qu'ils soient mieux dans leur famille qu'à l'hôpital ! Il lui fait grief également de garder trop longtemps une personne âgée qui s'est cassé le col du fémur et n'a personne à la maison pour s'occuper d'elle. Un col du fémur, c'est un mois, pas un jour de plus ! Il lui reproche d'accepter des malades qui ne sont pas rentables, comme ces patients qui ont le sida : leur pathologie complexe exige des soins multiples sans que ceux-ci puissent être comptabilisés pour rapporter des points supplémentaires. L'hôpital ne peut plus se permettre de « travailler à perte » ! Tous les mois, ce chef de service reçoit du directeur un tableau statistique récapitulatif des actes prodigués, de leur codification et de leur tarification. Le directeur accompagne cette note de commentaires sur les améliorations attendues pour optimiser le fonctionnement du service et améliorer sa rentabilité afin de le rendre plus conforme aux principes du PMSI.

Une anecdote illustre les paradoxes induits par cette obsession évaluatrice. Ce chef de service reçoit une note du directeur lui demandant des explications à propos de l'augmentation de ses prescriptions d'antibiotiques. De fait, cette augmentation était due à l'accroissement du nombre de jours d'hospitalisation dans son service. En définitive, le directeur lui demande des comptes sur le fait qu'il augmente son activité et que celle-ci se traduit par une augmentation des dépenses, alors même qu'elle apporte une augmentation des recettes. Moralité, moins l'hôpital prend en charge des malades, plus il est rentable !

Il est demandé aux médecins de prendre leurs décisions de traitement en fonction de leurs implications financières. Et si l'incitation n'est pas suffisante, la menace est explicite : un service non rentable est destiné à être supprimé. Celui qui ne rentre pas dans le moule représente un coût pour l'ensemble. Il ne peut s'en prendre qu'à lui s'il ne se conforme pas de lui-même aux critères qui lui sont fixés.

La maladie de la prescription

Dans les établissements SSR, le personnel soignant est confronté à la nécessité de répondre aux exigences du DIM (département de l'informatique médicale) qui, dans chaque établissement, opère la codification de l'ensemble des activités. Le DIM est composé d'un MIM (médecin de l'information médicale) et de TIM (technicien de l'information médicale). Leur tâche est d'ajuster les données recueillies à la réalité des activités. Pour cela, ils établissent des RHS (résumés hebdomadaires d'activité standardisés). Toutes les semaines, chaque intervenant doit codifier ses actes pour tous les patients dont il a la charge. Le surcroît de travail que cela implique n'est évidemment pas pris en compte puisqu'il s'agit de faire toujours mieux, à moyens constants et, très souvent, alors que les effectifs sont en baisse. Les DIM ont pour mission de coder les interventions, d'évaluer les prises en charge, d'établir des CMC (catégories majeures cliniques), de définir des GMD (groupes de morbidité dominante), d'instaurer des « indices de dépendance », de mettre au point des IVAJP (indice de valorisation d'activité pour la journée) qui vont servir de base de calcul aux points IVA. Ce système de codification va permettre de calculer les coûts de séjour qui en fin de compte vont aider les organismes de tutelle à déterminer le budget attribué à l'établissement.

L'obsession prescriptive et codificatrice n'a plus de bornes. Le personnel doit remplir des résumés hebdomadaires standardisés et s'assurer de l'adéquation entre son activité et les objectifs fixés. Des guides PMSI lui permettent de définir l'attitude adéquate et la conduite à tenir dans toutes les situations rencontrées. L'activité de chacun est ainsi décomposée, normalisée et contrôlée à partir de codifications précises et rigoureuses. Dans ce contexte, chacun se sent obligé de contribuer à produire le meilleur système possible puisque c'est de la note obtenue que dépend l'image de son service, de son établissement. La note A prouve que l'établissement a bien rempli ses objectifs et s'est amélioré par rapport à l'évaluation précédente ; la note B l'oblige à fournir la preuve qu'il va s'améliorer ; la note C indique un fonctionnement insatisfaisant. Tous les trois ans, des experts accrédités viennent évaluer les progrès accomplis, vérifier que les items et les cotations ont été correctement remplis. Le personnel doit montrer les mesures prises pour l'amélioration des items retenus. Un manuel indique l'ensemble des éléments mis à disposition des évaluateurs qui passent au peigne fin toutes les activités. Des dossiers de patients sont tirés au sort et examinés : les soignants doivent justifier les mesures prises, le suivi des procédures, les observations mentionnées, et expliquer comment ces dernières ont été faites aux malades.

Dans certains établissements SSR, un guide va indiquer aux soignants comment évaluer systématiquement le degré de dépendance des patients à partir de six variables : habillage, déplacement + locomotion, alimentation, continence, comportement, relation. À chaque variable correspondent quatre niveaux de cotation qui vont de l'indépendance à l'assistance totale en passant par la supervision et l'assistance partielle. Chaque variable de dépendance recouvre une ou plusieurs actions de la vie quotidienne. Par exemple, la variable habillage inclut deux actions, l'habillage du haut du corps (« s'habiller et se déshabiller au-dessus de la taille, ainsi que mettre en place et enlever une orthèse ou prothèse selon le cas ») et l'habillage du bas du corps (« s'habiller et se déshabiller de la taille jusqu'en bas, ainsi que mettre en place et enlever une orthèse ou une prothèse selon le cas »). Quatre niveaux de cotation sont alors décrits tout aussi précisément.

1. Indépendance complète ou modifiée
S'habille ou se déshabille seul en prenant ses vêtements à leur place habituelle, peut mettre et attacher un soutien-gorge, enfiler un vêtement par la tête, mettre un vêtement à ouverture sur le devant, mettre les sous-vêtements, un pantalon, une jupe, des bas, une ceinture, des chaussettes et des chaussures, peut manipuler des fermetures Éclair, des boutons, des boutons-pression, peut mettre en place et enlever seul selon les cas une orthèse ou une prothèse OU requiert une adaptation pour attacher ses vêtements OU prend plus de temps que la normale.

2. Supervision ou arrangement
Requiert une supervision (présence, suggestion, stimulation) OU un arrangement (mise en place d'une orthèse ou d'une prothèse, préparation des vêtements ou d'une aide technique spécialisée).

3. Assistance partielle
Nécessite une assistance partielle pour au moins l'une des deux Actions.

4. Assistance totale
Nécessite une assistance totale pour au moins l'une des deux Actions.

Pour la variable « continence », deux « actions » sont décrites : contrôle de la miction (« assurer un contrôle complet et volontaire de la miction OU utiliser de l'équipement ou des moyens nécessaires à ce contrôle ») ; contrôle de la défécation (« assurer un contrôle complet et volontaire de la défécation OU utiliser de l'équipement ou des moyens nécessaires à ce contrôle »). Comme dans l'exemple de l'habillage, suit la description de quatre niveaux de cotation.

Dans le même esprit, le SIIPS (soins infirmiers individualisés à la personne soignée) vient compléter le dispositif de contrôle de l'activité des soignants. La méthode des SIIPS permet d'élaborer une mesure tant qualitative que quantitative, reproductible selon des paramètres courants, de la charge en soins d'une personne soignée durant une période donnée. Le résultat de cet audit est exprimé sous forme d'un indicateur en soins infirmiers, dont l'analyse permet de mesurer qualitativement et/ou quantitativement un changement dans la pratique.

Chaque soignant doit passer au crible tous les aspects de son activité afin de satisfaire le système de cotation élaboré par le DIM. Le degré de dépendance mesuré pour chacun des patients permet de classer ceux-ci sur une échelle afin de définir le niveau et le coût de la prise en charge.

Les agents doivent intérioriser cette grille de codification qui modélise leur activité. À la différence du travail à la chaîne qui obligeait à soutenir les cadences, incorporer un rythme, un geste, une posture, ce sont des schèmes mentaux et cognitifs qui sont ici sollicités, d'autant que ces prescriptions sont élaborées avec la participation des agents eux-mêmes. On n'est plus dans la production machinique de biens matériels mais dans la normalisation de la relation de service. Les guides PMSI soumettent la relation à des prescriptions comportementalistes standardisées. La codification devient un référentiel sur les bonnes et les mauvaises pratiques fixant précisément ce que chaque soignant doit faire et comment le faire. Ces guides pour l'action désubjectivent l'activité des soignants et aseptisent le rapport aux patients. Il ne s'agit plus d'entrer en relation mais d'appliquer un protocole. Le soignant n'a plus d'initiative à prendre, de lien à construire, il doit simplement suivre un mode d'emploi.

Sous prétexte d'évaluer l'état du patient pour rationaliser le fonctionnement de l'hôpital et réduire les coûts, l'informatisation médicale remet à l'ordre du jour certains principes de l'organisation scientifique du travail : décomposer l'activité en variables codifiées pour contrôler la productivité de chaque agent et mesurer la conformité de son comportement par rapport aux règles prescrites par le bureau des méthodes. Il y a pourtant une différence : ce ne sont pas des ingénieurs qui mesurent la productivité de chaque employé à partir d'une observation systématique, mais les agents eux-mêmes qui doivent intégrer dans leur activité la codification de celle-ci. Le compte rendu sur la façon de travailler conduit parfois à passer plus de temps à codifier l'activité qu'à faire simplement son travail.

La plainte sur le travail empêché et la perte du sens de l'action est vive. Le sens n'est plus dans la qualité du soin apporté aux patients, donc dans la qualité du service rendu, mais dans la capacité à traduire son action en variables et à la codifier selon les items attendus par le DIM. En objectivant à l'extrême l'activité, on lui fait perdre sa dimension subjective, on dépossède les agents de leurs compétences, de leur capacité réflexive, de tout ce qui donne de la valeur à leur travail. La valeur n'est plus attachée au prix que chacun attribue au travail bien fait, mais au nombre de points que chaque prestation rapporte à l'établissement et, en fin de compte, à la rentabilité du patient et du soin au regard d'une logique comptable. Dans ces conditions, on peut comprendre la source du désenchantement et du désespoir des personnels les plus attachés au service public. À quoi bon se donner du mal pour bien faire son travail si ces efforts sont si mal reconnus ?

La rupture entre l'institution et l'organisation

La réforme hospitalière illustre les contradictions entre les logiques organisationnelles, qui rationalisent les modes opératoires, et les finalités institutionnelles qui fondent l'adhésion et les motivations de la communauté hospitalière. Trois éléments ressortent : une autonomie de plus en plus contrôlée, la nécessité de tricher pour survivre, la remise en cause de la logique de soins par la logique gestionnaire.

L'autonomie accordée aux établissements est encadrée par un système d'évaluation normalisateur qui renforce le contrôle sur les choix et les activités de l'ensemble des services. D'un côté, la décentralisation de la gestion hospitalière semble donner une plus grande liberté aux établissements quant à l'affectation de leurs dépenses à partir d'une dotation globale. De l'autre, la mise en place d'une tarification précise, calculée en fonction du type de patient et du type de traitement, permet un contrôle hypersophistiqué de l'activité de chaque service et de chaque établissement. Le système fait que les acteurs eux-mêmes doivent prendre en charge l'amélioration de la productivité et la réduction des coûts voulues par la tutelle, ce qui désamorce toute contestation. À partir du moment où les agents participent à la mise en œuvre du système qui les contrôle, il leur est difficile de le critiquer, si ce n'est pour l'améliorer.

Ce dispositif va conduire les agents hospitaliers à transformer leur pratique en l'adaptant aux nouveaux paramètres sur lesquels elle est évaluée. L'essentiel est déterminé non plus par la nature des soins dont le malade a besoin pour recouvrer la santé, mais par le calcul des points que le traitement engendre. Au sein des MCO, plus la durée de séjour est courte, plus le patient rapporte des points. « Si un patient qui rapporte 2000 points occupe un lit pendant huit jours, il rapporte deux fois moins que s'il occupe ce lit pendant quatre jours. De ce fait, l'amélioration des résultats peut être due au fait que les médecins ont diminué systématiquement les durées d'hospitalisation, dans la plus grande indifférence quant aux risques sanitaires, ce d'autant qu'une nouvelle hospitalisation rapporte de nouveau le même nombre de points ISA sans prendre en compte le séjour précédent » (Danet, 2008, p. 139). On peut comprendre la tension pour le personnel hospitalier entre la préoccupation de gagner des points ISA, exigence relayée par la direction, et celle de bien soigner les patients.

Il faut apprendre à tricher pour subsister dans un tel système ou, au moins, à ajuster ses pratiques pour intégrer ces nouvelles règles du jeu. Un chef de service illustre les dérives de cette forme d'évaluation à partir d'un exemple : « La lutte contre le risque nosocomial est mesurée par un critère simple : le nombre de flacons utilisés pour se laver les mains. Plus le produit est utilisé, mieux le service est noté. Un certain nombre de flacons disparaissent comme par enchantement. Cela améliore les résultats ! »

Par ailleurs, les médecins mettent en place des stratégies de codage mensongères, parfois préjudiciables pour la santé des patients. Ainsi, un patient éthylique sans dépendance (GHM n° 632) rapporte 452 points ISA, alors que le code « éthylisme avec dépendance » (GHM n° 631) rapporte 1 200 points ISA (Labayle, 2002). Il est difficile, dans ces conditions, de ne pas surévaluer certaines variables et de ne pas en sous-estimer d'autres. Le « mensonge » est d'autant plus justifié qu'un service qui voit son pourcentage de patients relevant de sa spécialité diminuer, selon la cotation du PSMI, risque de perdre son agrément. S'il accepte des patients qui relèvent d'une autre spécialité, ou de pathologies multiples et intriquées, cela ne lui rapporte aucun point. Dans ce contexte, le personnel est déchiré entre l'acceptation de normes faussement objectives, pour assurer la pérennité de leur service, et le refus de se laisser instrumentaliser en acceptant les patients qui en ont besoin, sans se préoccuper de savoir ce qu'ils rapportent. Que faire des patients qui ne sont pas rentables, de ceux qui présentent des pathologies complexes, multiples, intriquées ? Que faire des SDF et des personnes âgées qui présentent des détresses psychosociales graves ?

La *novlangue managériale* se substitue au langage médical, les considérations financières s'imposent face aux nécessités du soin, la tarification et les points ISA ou IVA deviennent la référence à partir de laquelle toute l'activité est évaluée. Autant d'éléments qui illustrent la tension entre l'hôpital entreprise et l'institution hospitalière. Le passage de l'un à l'autre s'inscrit dans un processus « d'économisation du monde, c'est-à-dire de transformation de tous les aspects de la vie en questions économiques, sinon en marchandises » (Latouche, 2001). Il remet radicalement en question les valeurs médicales du secteur public, éthique fondée sur la non-discrimination, la priorité donnée aux soins du patient, l'égalité de tous devant la santé, le refus que la logique du profit impose sa loi à la logique de soins.

La gestion de son « capital santé »

La réforme illustre l'irruption des théories du capital humain dans le champ médical et psychiatrique, d'où une transformation en profondeur des pratiques, des identités professionnelles et des soins. « Le découpage des thérapeutiques en actes cotés et évalués implique un délitement de la logique de soins qui présidait à l'organisation d'un service, au profit d'une logique de coûts qui s'attache à choisir les objectifs en fonction de leur retour sur investissement » (Chaumon, 2009, p. 111). Les choix et les conceptions du travail sont surdéterminés par des impératifs financiers. La logique du moindre coût devient la norme pour respecter la prétendue nécessité de l'équilibre budgétaire, entendue comme réduction drastique des coûts et mise en concurrence avec d'autres services. Outre l'exclusion des malades les plus coûteux, des cas les plus lourds, des malades complexes, c'est la conception même des soins et de la santé qui est en jeu. En effet, on assiste d'un côté à la soumission de l'exercice médical à des considérations de gestion et à la perte de l'indépendance professionnelle des soignants. De l'autre, à une normalisation des actes, des protocoles, des évaluations, qui soumet la médecine à un formalisme dévitalisé, dominé par la rationalité instrumentale.

Dans ce contexte, il convient d'apporter des réponses précises, efficaces, opératoires et « garanties ». La mise en concurrence mobilise des lobbies qui inondent les instances de décision et les médecins d'études et de moyens de pression pour faire la preuve de l'efficacité de leurs traitements. Par exemple, dans le champ de la psychothérapie, les approches cognitivistes et comportementalistes se sont engouffrées dans ces réformes pour démontrer, à partir d'études « scientifiques », combien leur rapport qualité-prix était nettement supérieur aux thérapies humanistes et psychanalytiques.

Elles, au moins, pouvaient apporter la preuve de leur efficacité et en mesurer les effets. Leurs paradigmes se nourrissant aux mêmes sources que celles qui inspirent la RGPP, ils n'ont pas eu de mal à se faire reconnaître et à entrer sans états d'âme dans les réglementations et les codifications demandées pour alimenter la machine bureaucratique. Les approches cliniques inspirées par d'autres paradigmes privilégiant la parole, l'écoute, le sens, plutôt que la disparition du symptôme, la maîtrise du comportement et la logique coût-efficacité, se sont retrouvées globalement invalidées et marginalisées. Non seulement leur place dans les institutions est menacée, mais les professionnels sont sommés de se former pour assimiler les nouvelles pratiques. Les débats sur le statut de psychothérapeute et la réglementation de la profession illustrent la bataille idéologique qui sous-tend ces enjeux. Derrière les questions de formation, de statut, de réorganisation, de codification, ce sont des conceptions du soin, de la santé, de la médecine et de l'humain qui s'affrontent. « En psychiatrie, on peut voir que les nomenclatures, les définitions cliniques imposées par les autorités gestionnaires impliquent des partis pris cliniques. Ce qui était au départ un simple manuel de statistiques, le fameux *DSM* (*Diagnostic and Statistical Manual of Mental Disorders*) de l'American Psychiatric Association – élaboré sous influence des grands laboratoires pharmaceutiques – est ainsi devenu la boîte à outils banalisée de la codification évaluative » (Chaumon, 2009, p. 113).

Les psychiatres ont alors tout intérêt à adapter leur pratique aux paramètres à partir desquels ils vont être évalués. Un renversement s'opère. Ce n'est plus le sens clinique et la connaissance scientifique qui déterminent la pratique, ce sont les critères et les paramètres d'évaluation conçus par des experts relayés par les systèmes d'information et de communication. Chaque médecin est invité à traiter au plus vite à l'aide d'un ordinateur qui lui permet de codifier le symptôme dans les catégories du *DSM*, de noter le traitement préformaté, de le codifier dans la foulée selon les cotations prévues par la DIM, d'enregistrer le tarif et de délivrer au patient les papiers nécessaires au règlement et au remboursement. Formidable efficacité d'un système de soins rationnel, rapide et efficace, qui permet de ne plus perdre de temps et d'argent dans des analyses interminables ou des psychothérapies dont les résultats ne sont pas mesurables.

Les patients sont, eux aussi, entraînés dans cette mutation idéologique et technologique. Ils deviennent les clients d'une entreprise de soins qui les invite à chercher le meilleur rapport qualité-prix, à mettre en concurrence les soignants et les services, à gérer leur capital santé au meilleur coût, dans les délais les plus courts. Si l'humain est une ressource qu'il convient de gérer au mieux pour la mettre au service de l'efficacité économique, il est normal que le patient participe lui-même à ce conditionnement : guérir pour redevenir employable et s'adapter au marché du travail. Il lui faut intégrer que la maladie est un coût pour la collectivité qu'il doit réduire. Il est donc responsable de sa santé, se doit de se maintenir en forme. La santé n'est plus un droit, mais un devoir.

*

L'action menée en décembre 2009 par quelque neuf cents responsables de service illustre la résistance massive que la réforme hospitalière suscite dans le personnel de santé, jusqu'aux niveaux les plus élevés. Ces responsables décidèrent de démissionner de leurs responsabilités administratives pour protester contre les projets de suppression de postes par l'Assistance publique. L'un des meneurs du mouvement, vice-président du comité consultatif médical de l'hôpital Armand-Trousseau, à Paris, le professeur Bensman, chef d'un service de néphrologie pédiatrique, dénonce l'organisation insidieuse de la pénurie : « Depuis quelques mois, un processus de destruction massive et brutale est en route. La plupart des services de spécialités pédiatriques n'ont plus les lits nécessaires pour faire leur travail et répondre aux demandes. [...] En gardant mes fonctions administratives, j'aurais eu l'impression d'être complice d'un énorme gâchis. [...] En trente-cinq ans, je n'ai jamais vu un tel ras-le-bol des équipes, et une telle rupture avec l'administration. Les infirmières veulent toutes partir, à cause de la charge de travail, du retard des soins, de la peur de l'erreur et du manque de temps pour l'accompagnement des familles. Sous Thatcher, on a fait la même chose outre-Manche, et nous étions fiers en France d'avoir une meilleure médecine. Je crois que nous prenons le même chemin, alors que les Anglais reconnaissent qu'il n'aurait pas fallu procéder ainsi » (*Le Monde*, 16 décembre 2009).

On en vient à se demander si la volonté modernisatrice de la RGPP, dont les professionnels constatent la force destructrice, ne dissimule pas une stratégie implicite délibérée. Comment comprendre autrement que, malgré tous les signaux d'alerte sur les conséquences nocives de ces réformes, elles se mettent en place malgré tout ? On assisterait alors à une logique qui n'est paradoxale qu'en apparence : les réformes mettent les services publics en crise ; la crise justifie l'urgence des réformes ; les réticences sont interprétées comme des résistances responsables des ratés ; le mal-être et le désinvestissement s'accentuent ; ils justifient la nécessité des réformes et ainsi de suite. Cette logique passe d'autant plus inaperçue qu'elle est occultée par des procédures d'évaluation qui attirent le regard sur d'autres questions.

Chapitre 10

L'obsession évaluatrice

« L'évaluation est, en réalité, une notion qui, depuis cinquante ans, fait l'objet de joutes idéologiques entre différents courants qui cherchent à s'en approprier la définition et les finalités parce qu'elle est un outil stratégique de jugement utilisable pour légitimer ou discréditer des choix de gouvernance. »

FRÉDÉRIC BLONDEL,
« L'*AGGIORNAMMENTO* DE L'ÉVALUATION... », 2009.

L'évaluation est constamment mise en avant comme principe de légitimation de la RGPP. Rien de plus nécessaire et légitime que d'évaluer l'action publique, comme si celle-ci ne l'était pas auparavant. L'argument avancé est toujours le même. Financée par les contribuables, l'activité des agents de la fonction publique doit être constamment mesurée en termes comptables pour rendre compte de façon rigoureuse aux citoyens de l'utilisation de « leur » argent. Modernisation et évaluation sont énoncées comme deux exigences impérieuses et incontournables. L'évaluation est dès lors présentée comme un outil pragmatique et nécessaire pour rationaliser la gestion, mettre en regard les résultats obtenus et les objectifs assignés, comparer différentes façons de procéder, calculer le coût et l'efficacité du fonctionnement des organisations. L'évaluation va transformer en profondeur le fonctionnement des organisations à partir de critères qui mettent en avant la performance plutôt que l'efficience, le résultat plutôt que les moyens, la rentabilité plutôt que la qualité du service rendu, la culture commerciale centrée sur le client plutôt que la culture administrative centrée sur l'usager.

L'évaluation managériale conçue pour mesurer l'efficacité de l'organisation va donc remplacer l'évaluation bureaucratique conçue pour vérifier la conformité aux règlements et au droit.

Les glissements progressifs de l'évaluation

Jusque dans les années soixante, l'évaluation des politiques publiques est conçue sur le mode soit politique, soit juridique. Contrôle par le Parlement et les élus d'un côté, la « sanction électorale » étant en définitive la seule évaluation vraiment prise en compte ; contrôle par les institutions judiciaires et administratives – Cour des comptes, Conseil d'État, chambres régionales et territoriales des comptes – et par les corps d'inspection – inspection générale des Finances (IGF), inspection générale des Affaires sociales (IGAS), inspection générale de l'Administration (IGA). Les inspecteurs qui en dépendent sont chargés de surveiller les administrations, de façon que l'activité soit conforme à la loi, aux règlements, aux instructions et aux normes techniques. Deux conceptions du contrôle inspirent ces démarches d'évaluation. L'une porte sur la *régularité-honnêteté* (recherche de détournement de fonds, d'actes frauduleux, appréciation de la légalité des opérations…). L'autre porte sur la *régularité-respects des règles et des instructions* (appréciation sur les conditions de mise en œuvre des circulaires, des écarts entre le droit et les faits, les principes et la pratique). Ces deux formes de contrôle visent à s'assurer que les services concernés ont agi conformément à des normes préétablies et explicites (juridiques, techniques et financières). Il s'agit donc d'un contrôle *a posteriori*, essentiellement fondé sur des considérations juridiques.

À partir des années soixante émerge une autre conception de l'évaluation. Le contrôle de gestion, issu des entreprises privées, consiste à analyser les coûts par rapport au service fourni, à apprécier les rapports entre les dépenses et le rendement, à traduire l'activité en indicateurs financiers pour mesurer la pertinence de la gestion. À cette époque, la « rationalisation des choix budgétaires », issue du modèle américain du PPBS (*Planning, Programming and Budgeting System*), se répand dans tous les ministères. Il s'agit de développer des études coûts-avantages, coûts-efficacité, pour mesurer les effets des politiques menées, comparer les solutions possibles, traduire l'activité publique en termes financiers et éclairer la décision publique.

La conception de l'évaluation à l'œuvre dans cette approche ne relève plus d'un contrôle juridique mais d'une évaluation économique et financière sur la pertinence et le coût des actions menées, en intégrant des appréciations d'opportunité et d'utilité. La méthodologie est confiée à des experts, dont la tâche consiste à calculer le coût des actions menées dans le moindre détail, et à évaluer les effets de ces actions afin de les traduire en termes financiers. Ainsi, une étude sur la sécurité routière sera réalisée pour calculer les avantages et les coûts respectifs du train, de l'autoroute et de l'avion entre Paris et Lyon. Une autre sur la prévention des inadaptations sociales calculera les avantages et les coûts respectifs des différentes formes de prise en charge des personnes en difficulté [1].

Ce glissement vers une conception économique et financière de l'évaluation va se consolider dans les années quatre-vingt-dix. L'objectif est d'accentuer la rationalisation dans la gestion de l'action publique pour la rendre plus « performante ». La performance est évaluée en termes de rentabilité financière, comme dans le secteur privé. Il s'agit de faire plus, sinon mieux, avec des moyens constants et des effectifs réduits. Les principes du *new public management* deviennent la référence. Des critères de performance sont établis et s'imposent de l'extérieur, fixant des normes standardisées déconnectées de l'analyse de l'activité concrète (par exemple, ne pas remplacer un fonctionnaire sur deux). Le résultat à atteindre n'est pas défini par les organisations elles-mêmes dans une logique de progression entre une situation de départ et une situation d'arrivée, mais en fonction d'un étalon dont la définition est imposée de l'extérieur, à partir d'une analyse comparative entre différentes institutions. L'évaluation n'est plus effectuée à partir de l'activité réelle, mais à partir de modèles construits sur l'analyse des meilleures pratiques traduites en indicateurs de performance. Les pratiques les plus efficaces sont présentées comme l'objectif à atteindre pour chaque service équivalent. L'heure est à l'excellence. À l'univers bureaucratique du contrôle de régularité, puis à

1. Ministère de la Santé publique et de la Sécurité sociale, *La Prévention des inadaptations sociales*, Paris, La Documentation française, Études de RCB, 1973.

l'univers technocratique du calcul comparatif pour définir *the one best way*, se substitue la culture de la haute performance. L'idéal devient la norme (Dujarier, 2006).

« La tyrannie des nombres »

Substituer la mesure à l'évaluation conduit à abandonner les jugements de valeur qui font sens pour les personnes en faveur d'indicateurs qui travestissent la réalité en la recomposant à partir d'instruments statistiques et comptables. La métamorphose des activités singulières en une quantité mesurable engendre une quantophrénie aiguë, une véritable pathologie de la mesure. Cette maladie entraîne « une boucle spéculative où la croyance en des images chiffrées se substitue progressivement au contact avec des réalités que ces images sont censées représenter » (Supiot, 2010, p. 81). Les statistiques, les évaluations chiffrées, les nombres donnent une représentation qui se veut rationnelle alors qu'elle est partielle et partiale. On ne peut la contester puisqu'elle devient plus vraie que la réalité, puisqu'elle impose une réalité nouvelle à laquelle il convient de s'adapter. Le « réalisme » conduit à se soumettre à ses exigences. « Les faits indiscutables qu'elle est sommée de fournir (mais qu'elle a contribué à accréditer) ne portent pas en eux-mêmes les modalités de leur discussion » (Desrosières, 2008, p. 78). La quantification systématique conduit à substituer le calcul à la parole. Il ne s'agit plus de partager des expériences sensibles, des connaissances intuitives, mais de les traduire en chiffres. Il n'est plus question de se parler, mais de compter. La valeur de l'activité n'est plus soumise à des « jugements de beauté » mais à l'amélioration de scores statistiques ou comptables censés rendre compte de la valeur de l'activité concrète.

Évaluer l'activité d'un chercheur à partir du nombre d'articles publiés dans des revues elles-mêmes classées par les instances d'évaluation conduit à apprécier la valeur d'une recherche à l'aune de la marque de la revue dans laquelle elle est publiée. Dans la majorité des disciplines, cette pratique conduit à imposer l'hégémonie culturelle des critères et des paradigmes anglo-saxons. La course aux publications dans les « bonnes revues » devient alors l'obsession première des chercheurs qui veulent faire carrière. Ceux qui ne veulent pas entrer dans cette course sont marginalisés et menacés d'exclusion. Les autres intériorisent les critères à partir desquels ils pensent être évalués. Le conformisme et la soumission aux normes dominantes sont deux conséquences d'un système d'évaluation particulièrement inapproprié dans un domaine qui a besoin d'originalité et d'indiscipline.

La tyrannie des nombres développe l'individualisation du travail, supprime les espaces délibératifs et conduit à une altération du sens. Elle construit un monde dans lequel la pensée est mise en sommeil, la compréhension est marginalisée, la confrontation de points de vue est considérée comme inutile, voire nuisible. « Prétendre évaluer la qualité d'un travail au moyen d'indicateurs de performances déconnectés de l'expérience singulière de ce travail est à la fois destructeur, illusoire et pathogène. Postuler la justice de la distribution des revenus qui résulte de "l'ordre spontané du marché" conduit à creuser des inégalités aussi vertigineuses qu'injustifiables. Indexer les politiques publiques sur des indicateurs macroéconomiques dont on postule la pertinence universelle, procède d'un fétichisme du signe, qui coupe les dirigeants des hommes et des faits qu'ils sont censés gouverner » (Supiot, 2010, p. 116). Cette coupure entre les hommes et les faits n'a cessé de s'accentuer avec l'abstraction croissante du travail.

Du travail bien fait à l'évaluation abstraite

Lorsque le travail est essentiellement défini en termes de fabrication d'objets, d'activité concrète et tangible, l'idée de travail bien fait est soumise « au jugement infaillible de la réalité, sans autres considérations annexes. Le savoir-faire artisanal suppose qu'on apprenne à faire une chose vraiment bien, alors que l'idéal de la nouvelle économie repose sur l'aptitude à apprendre correctement des choses nouvelles : ce qui est célébré, ce sont des potentialités plutôt que des réalisations concrètes » (Crawford, 2010, p. 27).

L'une des mutations essentielles dans le rapport au travail et son évaluation, dans le privé comme dans le public, vient de la dissociation entre le faire et le penser, entre la théorie et la pratique, entre la part du concret et le degré d'abstraction introduit dans le processus de fabrication. Cette dissociation n'est pas nouvelle. Elle a été instaurée par l'organisation scientifique du travail selon les principes du taylorisme, qui demandaient aux ingénieurs « de collecter le savoir traditionnel accumulé tout au long du passé par les travailleurs et de le classifier, de tabuler ce savoir et de le réduire à des règles, des lois, des formules » (Taylor, 1912, p. 36). Toutes les fonctions cérébrales des cols bleus devaient être assimilées par le département conception et planification, chargé de « penser » le travail en lieu et place de l'ouvrier. En réaction contre cette dépossession, le courant des relations humaines a montré combien l'investissement réflexif et subjectif des travailleurs était nécessaire pour améliorer la productivité. Depuis, la complexification des organisations, le développement du travail immatériel et de la relation de service, ont changé la donne : l'activité concrète n'est plus aussi facilement formalisable et standardisable. Elle ne peut être totalement prédéfinie et enfermée dans des codifications trop strictes. Pour autant, les cols blancs constatent une évolution similaire à la taylorisation. « La part cognitive de ces tâches est "expropriée" par le management, systématisée sous forme de procédures abstraites, puis réinjectée dans le procès de travail pour être confiée à une nouvelle couche d'employés moins qualifiés que les professionnels qui les précédaient » (Crawford, 2010, p. 55). L'objet de cette expropriation n'est plus l'activité physique de l'ouvrier mais l'activité mentale de l'employé. Ce sont des processus cognitifs et comportementaux qui sont ainsi formalisés et codifiés. « On doit vous entendre sourire au téléphone », prescrit le manuel de formation des téléopérateurs sur les plates-formes téléphoniques.

On assiste donc à une désincarnation du savoir humain, processus renforcé par l'introduction de nouvelles technologies de communication, qui offrent un support technique à ces formalisations. L'évaluation de l'activité va alors changer de nature. Dans les métiers manuels, le sens de l'activité est ancré sur des données concrètes, il est construit sur des compétences pratiques reconnues par les pairs et sur des résultats tangibles. Dans les organisations hypermodernes, le sens de l'activité se perd dans un arsenal procédurier complexe, des référentiels abstraits, des compétences théoriques générales, des résultats intangibles. Dans ce contexte, la notion de travail bien fait se perd. Les salariés ne savent plus s'ils peuvent se fier à leur jugement intuitif, fondé sur une connaissance pratique, à partir du moment où l'évaluation de leur activité est soumise à des principes de codification fondés sur des modèles abstraits. D'autant que, dans la majorité des cas, ils n'ont pas été associés à l'élaboration de ces modèles, dont la « logique » leur est inaccessible. Cette perte de sens dans l'abstraction est d'autant plus flagrante que la qualité du travail dépend de toute une série de causes sur lesquelles le salarié n'a pas de prise.

Lorsque l'activité n'est plus incarnée dans des tâches concrètes, la valeur de l'œuvre, des façons de faire, de l'activité tangible, n'est plus directement accessible. Le jugement se déplace alors sur les comportements, les façons d'être, entraînant une surcharge psychique et mentale du côté des salariés comme de l'encadrement. Le travailleur n'est plus jugé sur ce qu'il fait, réellement. Les managers n'ont plus de critères d'évaluation concrets fondés sur l'appréciation du travail effectivement réalisé. D'où le recours à des indicateurs modélisés et quantifiables qui tentent de redonner à l'évaluation un semblant d'objectivité. C'est alors le prescrit et non plus le réel qui devient la référence. L'idéal devient la norme à partir de laquelle chacun doit mesurer ses résultats (Dujarier, 2006). L'exigence du toujours plus se substitue à l'exigence du bon travail. Il ne s'agit plus de bien faire, normalement, mais de se dépasser, en compétition avec tous les autres. Le jugement de valeur se déplace du registre du Surmoi (il faut bien travailler en imitant le modèle du maître qui sait ce qui est bien ou mal) au registre narcissique (la réalisation de soi passe par la réalisation d'un idéal toujours plus exigeant). On comprend mieux alors pourquoi se développe l'angoisse de ne pas être à la hauteur, de ne jamais en faire assez, la peur d'être pris en défaut, d'être insuffisant. La dépression est l'expression de ces pathologies du narcissisme qui envahissent le champ du travail, entraînant une quête inassouvie de reconnaissance et une dépendance croissante au jugement d'autrui. Non pas un jugement destiné à évaluer ce qui est fait, mais un jugement sur l'être et sa conformité à un comportement idéal.

L'abstraction croissante du travail conduit à deux évolutions profondément reliées. D'un côté, elle suscite une prescriptophrénie aussi galopante qu'abstraite pour tenter de cadrer l'évaluation de l'activité dans des modèles théoriques. De l'autre, elle implique une mobilisation psychique intense, qui sollicite des investissements narcissiques massifs, chaque salarié cherchant à se réaliser dans une dépendance complète face aux jugements portés sur lui et un désir de reconnaissance infini, donc jamais satisfait.

L'évaluation devient alors un enjeu de pouvoir qui ne consiste plus principalement à réguler le travail à partir de jugements de valeur acceptés et fiables, mais qui tend à comparer, à classer, à valoriser et/ou à dévaloriser des comportements, à susciter une compétition permanente dans laquelle le « narcissisme des petites différences » prend une place prépondérante.

Pouvoir de l'évaluation, souffrances dans l'évaluation

Les enjeux de pouvoir de l'évaluation sont souvent occultés par un processus de légitimation qui la présente comme objective, neutre et pragmatique. Les problèmes méthodologiques de sa mise en œuvre viennent alors occulter ou déplacer la discussion autour des fondements de sa conception et l'interprétation des résultats.

L'évaluation recouvre trois dimensions du pouvoir : le pouvoir d'imposer « sa » vision, son système de valeurs ; le pouvoir d'imposer « ses » règles du jeu, le cadre et le dispositif qui règlent les façons de faire ; le pouvoir d'imposer « son » interprétation des résultats en fonction de ce que l'on cherche à obtenir.

> 1. L'imposition d'un système de valeurs
> Les jugements portés sur la valeur d'une activité sont différents selon la place occupée dans l'organisation. La position, le statut, les aspirations, les attentes, les compétences contribuent à former des jugements de valeur sur ce qu'il convient de faire et comment le faire, la conception de ce qui est bien ou mal. Les critères et les indicateurs retenus, leur hiérarchisation sont des enjeux essentiels. Ils soulèvent des questions qui devraient être mises en discussion dans le processus d'évaluation : qui impose sa conception de la valeur à prendre en compte ? quelles sont les valeurs qui seront retenues ? quel poids auront-elles dans le dispositif final ? Le pouvoir se définit avant tout par la capacité à imposer une vision du monde qui est acceptée comme légitime, sinon naturelle.
>
> 2. L'imposition d'un cadre
> L'évaluation installe des dispositifs et des processus qui sont intégrés dans l'organisation courante. La mise en place

du dispositif est un enjeu central puisqu'il va déterminer l'implication des différents acteurs dans le processus, les possibilités d'intervenir ou non sur son déroulement et le degré d'autonomie pour le modifier et/ou l'ajuster à leur activité « réelle ». Instrument de prescription et/ou de régulation, l'évaluation devient, une fois mise en place, un outil de contrôle puissant. Reste à déterminer au service de qui il sera utilisé et quels pouvoirs ont les différents acteurs sur sa mise en œuvre.

3. L'imposition d'une interprétation des résultats
On assiste à une bataille permanente autour des chiffres sur la question de leur signification. L'opinion courante est que l'on peut leur faire dire ce que l'on veut. On peut y voir les limites de l'illusion objectiviste : le chiffre ne dit rien en lui-même, c'est l'interprétation qu'on lui donne qui est signifiante. Certaines interprétations peuvent être violentes. Par exemple, lorsque le gouvernement annonce une baisse du chômage au vu de la baisse du nombre de demandeurs d'emploi inscrits à Pôle emploi alors même que cette baisse est la conséquence de radiations des chômeurs qui arrivent en fin de droit. Violence pour les demandeurs d'emploi, mais aussi violence pour le personnel, qui doit accepter de participer à la manipulation des chiffres et voit son activité s'ordonner autour de la variation d'un indicateur artificiel. Il y a là une inversion du sens : l'indicateur n'est plus un élément de mesure de l'activité mais son guide.

À ces trois registres de pouvoir correspondent trois éléments de mal-être pour les salariés en termes de dépréciation, de dépossession et de dévalorisation.

La valeur travail est dénaturée lorsque le travailleur n'est plus maître du sens qu'il donne à ce qu'il fait. Son activité est alors dévaluée. Si au « travail bien fait » selon les critères du groupe de pairs se substituent des critères de mesure qui n'en rendent plus compte, c'est le travail lui-même qui en sort déprécié. La « perte de sens » exprimée comme une plainte lancinante est la conséquence de ce processus : l'acte de travail n'est plus mesuré à l'aune de celui qui le fait mais à l'aune de celui pour qui il est fait. La perte de sens est d'autant plus mal vécue que le travailleur est encouragé à s'identifier à ce qu'il fait. S'il ne peut en fixer lui-même la valeur, cette invalidation le touche dans son être même : c'est lui-même qui est dévalué. Le besoin de reconnaissance et de revalorisation de soi-même est d'autant plus intense qu'il ne se reconnaît plus dans ce qu'il fait.

Le dispositif même de l'évaluation impose de nouvelles normes, de nouvelles façons de procéder. Elle a des conséquences en termes d'organisation du travail. Tous ces éléments transforment le rapport à l'organisation. Celle-ci n'est plus un moyen, une aide, un support pour faciliter la production des biens ou des services, elle s'impose comme système prescriptif et normatif à partir duquel le travailleur doit adapter « son » activité. Le malaise s'installe durablement lorsque ces prescriptions imposent des façons de procéder qui vont à l'encontre de l'intelligence pratique que tout travailleur doit mettre en œuvre pour bien travailler. L'empêchement à faire son travail correctement et l'impuissance pour adapter « son » organisation pratique génèrent un sentiment de dépossession.

La lutte pour l'interprétation est une lutte par la reconnaissance. L'investissement dans le travail implique une mobilisation psychique intense qui engage le narcissisme et l'idéal du moi. C'est la raison pour laquelle le travail est vécu comme un moyen de se réaliser, de s'accomplir. La fierté de la tâche effectuée, de la résolution d'un problème complexe, le sentiment d'avoir « bien » travaillé, sont autant de satisfactions profondes, nécessaires, vitales. Si les résultats du travail ne sont plus « interprétés » à partir de la valeur que le salarié lui confère, mais à partir de critères externes qui en dévaluent le sens, il ne peut plus reconnaître la valeur de ce qu'il fait, il ne se reconnaît plus lui-même. Plutôt que de se réaliser dans son travail, il s'y perd. Le sentiment de perte de soi est l'expression de cette dévalorisation.

La conception et la mise en place de dispositifs d'évaluation ne produisent pas les mêmes effets selon que cette évaluation :

– est au service de l'organisation ou au service de l'institution ;
– est au service du pouvoir des gestionnaires pour une gestion plus efficace ou au service des citoyens pour développer la démocratie ;

– renforce les contrôles formels ou favorise l'autonomie des travailleurs.

L'évaluation de l'évaluation est donc nécessaire pour comprendre en quoi ses formes technocratiques et objectivistes, mises en œuvre avec la RGPP, sont facteurs de démobilisation, de désenchantement et de désubjectivation. Loin de redonner de la valeur à l'activité, l'évaluation managériale la dévalorise. La politique du chiffre participe à l'inclusion et à la domination de la rationalité instrumentale au sein du service public. C'est une des raisons essentielles de la perte de confiance, dans le personnel comme chez les usagers, dans les institutions.

*

Une autre conception de l'évaluation est possible. Non pour renforcer le pouvoir managérial, mais pour renforcer plutôt la démocratie. Non pour réduire la question de l'objectivité à celle de la mesure, mais pour considérer que, dans le domaine de l'activité humaine, la seule objectivité qui vaille naît de la confrontation entre des points de vue différents, plutôt que de leur neutralisation. La fameuse « neutralité de l'expert » est un leurre. L'expert est au service de celui qui le paye. Si ses conseils peuvent être utiles et judicieux, ils ne sont pas neutres. Pour sortir de l'illusion objectiviste, il convient de développer l'évaluation dynamique (Bonetti, Fraisse, Gaulejac, 1987). Elle consiste à mettre en perspective les jugements de valeur des différents acteurs concernés par le processus que l'on cherche à évaluer. Chacun (direction, usagers ou clients, salariés, fournisseurs de ressources, producteurs de services…) est invité à définir la valeur qu'il attribue à l'activité considérée. Un espace de réflexivité permet de les aider à préciser leur point de vue, d'écouter celui des autres, d'en discuter la pertinence. La compréhension des jugements de valeur des autres est un moment précieux pour favoriser une prise de conscience et une confrontation à l'altérité, bien nécessaire dans un monde complexe et pluriel. La mise en perspective des évaluations des uns et des autres ne débouche pas toujours sur un consensus, en particulier sur le poids qu'il convient d'attribuer à tel ou tel facteur. Mais elle favorise souvent une meilleure compréhension mutuelle et la mise en évidence des « intérêts » qui sous-tendent les appréciations subjectives. L'objectivité consiste alors à mettre en évidence comment ces éléments subjectifs sont constitutifs de la position de chacun, des critères qu'il privilégie dans son évaluation, de l'interprétation qu'il propose des résultats. L'évaluation devient alors un espace délibératif et un exercice pratique de démocratie quotidienne qui favorise l'élaboration de médiations.

L'évaluation devrait être un guide pour répondre à une préoccupation majeure : en quoi les organisations et les institutions favorisent ou inhibent-elles l'émergence de citoyens qui, comme travailleurs, usagers ou clients, participent à la production d'un « monde commun », un monde où l'être ensemble est plus important que le produire plus.

Chapitre 11

Violence paradoxale, paradoxes de la violence

« Sur mille expériences que nous faisons, nous en traduisons tout au plus une par des mots, et même celle-là simplement par hasard et sans le soin qu'elle mériterait. Parmi toutes les expériences muettes sont cachées celles qui donnent secrètement à notre vie sa forme, sa couleur et sa mélodie. Si ensuite en archéologue de l'âme, nous nous tournons vers ces trésors, nous découvrons à quel point ils sont déconcertants. L'objet de l'observation refuse de s'immobiliser, les mots glissent le long du vécu et à la fin il ne reste sur le papier que des contradictions. »

Pascal Mercier,
Train de nuit pour Lisbonne, 2006.

La combinaison de la nouvelle gestion publique et des nouvelles technologies d'information et de communication suscite des tensions fortes qui s'exacerbent dans des violences paradoxales. L'exemple présenté dans ce chapitre illustre la brutalité engendrée par le management lorsque, au lieu de produire de la médiation entre des logiques contradictoires, il impose une ligne de conduite, quelles qu'en soient les conséquences humaines. Face à ces violences, certains agents tentent de résister, d'autres s'adaptent. Les résistances sont le plus souvent individuelles et peuvent prendre des formes paradoxales, lorsque, par exemple, on tombe malade pour sauver sa santé.

« Il faut que vous soyez employable ! »

La scène se déroule dans un service social chargé d'aider des personnes en situation d'exclusion[1]. Trois personnages sont réunis autour d'une table. Le chef de service a convoqué Chantal et Jacqueline, qui viennent de suivre une formation d'informatique. Chantal ne se fait pas de souci. Non seulement elle a bien apprécié la formation, mais elle en redemande. Elle souhaite s'inscrire à un deuxième module pour se perfectionner. Jacqueline éprouve plus de difficultés. « J'ai de la peine, dit-elle, j'ai du mal à comprendre à quoi ça sert. Je suis à deux ans de la retraite. Comme téléphoniste, je ne vois pas très bien ce que ça peut apporter. » La chef de service lui oppose des arguments implacables. « Je suis étonnée de votre attitude, dit-elle, je pensais que vous aviez les compétences pour suivre cette formation. L'ordinateur, il faut s'y mettre pour ne pas être dépassée. Le téléphone, c'est dépassé, il faut maîtriser le mail et le Web. Chacun dans le service doit s'adapter au changement. Il faut que vous soyez employable ! »

Devant les résistances (la « mauvaise volonté ») manifestées par Jacqueline, « qui ne veut rien entendre », la chef de service va voir le directeur de l'institution. Celui-ci est tout aussi implacable. Jacqueline doit « suivre la ligne ». Il n'est pas question de faire une exception, ce qui ne serait pas juste vis-à-vis des autres. Les employés sont payés par l'État, il ne serait pas correct par rapport aux contribuables de ne pas produire un service de qualité, rationnel et performant. « On doit tous bosser de la même façon, de la même manière. On nous demande de faire des économies. J'ai pour politique d'être juste avec tout le monde. » Devant tant d'insistance, Jacqueline rétorque timidement :

1. L'exemple est issu d'un groupe d'implication et de recherche que j'ai animé sur le thème « Travail du sujet, sujet au travail ». Le groupe était constitué de quinze personnes, travailleurs sociaux, éducateurs, formateurs, intervenants, consultants, responsables d'institution dans les secteurs médico-social, éducatif, judiciaire et de l'insertion professionnelle. Les participants étaient invités à mettre en scène des conflits vécus dans leur institution selon la méthodologie de l'« organidrame ». L'organidrame est un analyseur des difficultés propres de la personne dont on joue la situation et des processus organisationnels qui les produisent. Le conflit est interprété comme le symptôme des contradictions entre les missions de l'institution et le fonctionnement opératoire de l'organisation. Pour une présentation théorique et méthodologique, voir www.sociologieclinique-iisc.com.

« Je vais essayer. » Ce qui lui vaut cette réponse cinglante du directeur : « Je ne vous demande pas d'essayer, mais de réussir ! » Il ajoute : « Vous étiez au chômage lorsqu'on vous a embauchée, on vous a donné une chance. Ne la gâchez pas. »

Jacqueline travaille depuis six ans dans le service comme téléphoniste. Ses évaluations sont bonnes. Elle est appréciée par tout le monde. Son seul tort est d'avoir des difficultés avec l'informatique. Malgré des formations et l'aide de ses collègues, « ça coince ». D'autant plus qu'elle ne voit pas l'intérêt de ce nouvel outil pour sa fonction de téléphoniste. La direction l'inscrit d'office à un deuxième stage de formation. La veille du stage, elle téléphone pour informer son chef de service qu'elle est malade. Deux mois plus tard, elle sera mise en congé de longue maladie, en attendant la retraite…

Son directeur estime avoir donné sa chance à Jacqueline. Il n'avait pas à la garder à partir du moment où elle ne s'adaptait pas à la nouvelle gestion publique. « On n'est pas un CAT[2] », dit-il pour conclure. Jacqueline s'est sentie harcelée. Elle ne comprend pas l'acharnement de la direction à lui faire suivre une formation dont elle ne voit pas le sens pour elle. Elle faisait très correctement son travail et n'a jamais eu de remarque négative. Elle ne voit pas pourquoi il lui faudrait utiliser un ordinateur alors qu'il est si simple de répondre au téléphone et d'aller voir les personnes directement quand on a quelque chose à leur dire. La chef de service voit que Jacqueline est en pleine dépression, qu'elle ne dort plus la nuit. Elle sait qu'à deux ans de la retraite, il ne lui reste plus qu'une issue, se mettre en congé maladie, ce qui ne pose pas de difficulté particulière puisqu'elle est effectivement déprimée.

La boucle est alors en place. D'un côté, un processus d'exclusion « objectif » qui conduit l'institution à mettre sur la touche une employée considérée comme inadaptée à la modernisation alors qu'elle est parfaitement adaptée à sa fonction de standardiste. De l'autre, un processus d'invalidation « subjectif » qui conduit à faire porter la responsabilité de cette exclusion sur l'employée elle-même, qui n'aurait pas voulu saisir sa chance. Jacqueline fait preuve de mauvaise volonté face aux propositions de formation afin de faciliter son adaptation. Elle résiste aux orientations définies par la direction pour améliorer le service

2. Centre d'aide par le travail. Ces centres accueillent des personnes handicapées ou en difficulté sociale.

rendu aux usagers. Elle fait peser sur ses collègues ses propres difficultés et son incompétence. Elle ne maîtrise pas les nouveaux outils de communication pourtant indispensables à la bonne marche du service. Par sa fragilité psychologique, ses absences répétées, elle désorganise la répartition des tâches et oblige les autres employés à la remplacer. La modernisation est considérée comme nécessaire pour améliorer la qualité du service et pour répondre à une demande du conseil d'administration, qui veille à la bonne utilisation des subventions reçues par l'institution. L'effort demandé à chaque agent doit être partagé par tous. Jacqueline ne doit pas devenir une charge pour les autres. Chacun doit appliquer la ligne parce qu'elle est équitable.

Le facteur « humain » a encore frappé !

Pour la direction, Jacqueline est manifestement inadaptée aux évolutions technologiques. Le changement est naturel, il est facteur de progrès, il est nécessaire. Sa remise en question est l'expression d'une « résistance », et les gestionnaires modernisateurs nous expliquent qu'elle est le lot, depuis toujours, de tous ceux qui sont réfractaires au progrès. C'est donc le comportement de Jacqueline qui fait problème. C'est elle qui est responsable des dysfonctionnements du service. Une telle explication évite de s'interroger sur la nature de ces évolutions et sur les méthodes de management qui les accompagnent.

Deux éléments seront mis en évidence dans la discussion qui suit l'*organidrame*. Personne n'a osé remettre en question la « ligne ». Comme si chacun se sentait impuissant à discuter du bien-fondé de cette nouvelle gestion publique, symbole de progrès et de modernisation. Pourtant bon nombre des participants se sont inscrits au séminaire parce qu'ils ont été confrontés à des situations similaires à celle de Jacqueline. Tout se passe comme s'ils s'identifiaient subjectivement à elle et à sa situation tout en se résignant aux conditions objectives de production de celle-ci. Comme si les capacités de résistance collective étaient émoussées. Sur le plan individuel, on se protège soit en s'adaptant, soit en se marginalisant. Lorsqu'on se met soi-même sur la touche, il devient difficile de dénoncer la violence institutionnelle qui, en amont, vous a conduit à faire ce choix. On est en effet doublement invalidé : en premier lieu, pour ne pas avoir été capable de s'adapter au changement ; en second lieu, pour ne pas avoir pu, ou avoir su, résister à l'exclusion.

L'exclusion du « maillon faible » est vécue comme la conséquence inéluctable d'une évolution incontestable. Le groupe analyse alors le paradoxe qui consiste, pour une institution sociale, à générer une exclusion qu'elle est censée combattre. En définitive, Jacqueline va passer du statut d'employée à celui d'usager. Si elle n'était pas à deux ans de la retraite, on lui proposerait sans doute une formation pour se reclasser. À moins qu'elle ne s'enferme dans son statut d'inemployable. En tombant malade, Jacqueline va « échapper » à cette logique. Elle ne deviendra pas assistée puisqu'elle sort du champ social de l'insertion pour entrer dans le champ médical de la santé. Le coût humain est sans doute désastreux. Le coût économique pour la collectivité est également très lourd. Sûrement plus élevé que le salaire qui lui était versé lorsqu'elle allait bien. Pour l'institution, le coût symbolique est minimisé par la direction, qui n'y voit qu'une conséquence mineure d'un changement nécessaire. Pourtant ce coût symbolique est important pour les collègues de Jacqueline, qui sont plus ou moins complices de cette violence « innocente ». Comment continuer à donner du sens au travail social que l'institution leur demande d'effectuer lorsqu'ils constatent que la gestion de celle-ci produit l'exclusion des plus vulnérables ? Chacun va garder pour soi les blessures de l'éviction de Jacqueline. La culpabilité et la honte accompagnent la peur face à une menace qui peut le toucher à tout moment.

Et pourtant, Jacqueline faisait bien son travail. Elle était appréciée par la hiérarchie et aimée de ses collègues…

Produire l'exclusion pour améliorer la productivité

Son histoire illustre quelques tendances lourdes que l'on voit s'affirmer dans le monde du travail. On les connaissait dans le privé, où elles paraissaient naturellement liées à la logique du profit. Les logiques de rentabilité financière n'ont jamais été aussi fortes, entraînant une pression accrue sur la productivité des travailleurs. Ce contexte n'empêche pas pour autant les travailleurs d'exister dans l'entreprise, parfois même avec plaisir dans la mesure où ils comprennent et acceptent les règles du jeu. Lorsque la rentabilité est considérée comme une donnée de base nécessaire à la survie de la société, il n'est pas anormal d'exiger une amélioration de la productivité, une adaptation aux exigences de l'entreprise, une flexibilité pour répondre à la demande d'un marché en évolution permanente. Quelles que soient nos opinions « politiques » vis-à-vis du capitalisme, que l'on soit en accord ou critique vis-à-vis de ce système, le sens du travail est clair. Il s'agit de produire, souvent au moindre coût, un bien ou un service parfaitement identifiés. La productivité se mesure par l'« amélioration » des cadences ou l'augmentation de la qualité du service rendu. Le travailleur sait parfaitement quand il fait du « bel ouvrage ». Il sait également résister aux contraintes et négocier avec le pouvoir lorsque celui-ci est trop exigeant ou malintentionné.

Dans l'exemple proposé plus haut, ce « sens » est mis en souffrance. Nous sommes dans un « service social » dont la mission est de favoriser la réinsertion des personnes en difficulté. Dans la mesure où il met ses propres agents dans un processus de désinsertion sociale, il y a une contradiction majeure entre les finalités de l'organisme et les moyens qu'il met en œuvre. L'exclusion est principalement engendrée par une combinaison de processus économiques, sociaux et symboliques qui se renforcent mutuellement, entraînant des individus dans une spirale de dégradation des liens familiaux et sociaux (Gaulejac, Taboada Léonetti, 1994). Il est pour le moins paradoxal de constater que des institutions chargées d'accompagner ces personnes produisent elles-mêmes l'exclusion. Comment un tel paradoxe peut-il se mettre en place sans susciter une opposition radicale de la part de personnes qui, le plus souvent, ont choisi de travailler dans le secteur social parce qu'elles n'acceptent pas l'idée qu'une partie de la population soit laissée de côté par le « progrès » social ?

« Il faut que ça marche », déclare le directeur, soumis aux exigences de ses commanditaires qui attendent des résultats. La fonctionnalité impose sa loi aux autres considérations, qu'elles soient sociales ou existentielles, jusqu'à remettre en question les finalités institutionnelles. En définitive, le registre de l'organisation prend le pas sur celui de l'institution. L'opératoire n'est plus un moyen de l'action mais sa finalité. La rationalité instrumentale est reine. L'agent existe pour que « *ça* » marche. Le « ça » ne renvoie pas ici à la conception freudienne de l'inconscient mais à une exigence organisationnelle. Illustration de l'idéologie des ressources humaines qui considère l'humain comme un moyen du développement de l'organisation alors que l'organisation devrait se mobiliser au service des missions institutionnelles, en l'occurrence favoriser l'insertion sociale.

L'idéologie managériale considère l'individu davantage comme une ressource que comme un sujet. L'individu est alors instrumentalisé au service d'objectifs financiers, opératoires, techniques, qui lui font perdre le sens de son action, jusqu'au sens de son existence. Puis un clivage interne s'installe entre l'*individu-ressource* qui accepte de se soumettre pour répondre aux exigences de son employeur et l'*individu-sujet* qui résiste à l'instrumentalisation. L'acceptation est psychiquement plus facile dans la mesure où elle évite une lutte permanente contre « le système » et favorise un minimum de reconnaissance dans un « travail » qui permet d'assurer sa subsistance.

Résistance au sujet, résistances du sujet

Jacqueline a pourtant décidé de résister. Elle n'attend pas la reconnaissance d'un comportement dynamique, motivé, flexible, comme sa collègue Chantal. Elle ne veut pas faire semblant, elle ne veut pas donner plus que sa tâche quotidienne. Elle estime faire correctement son boulot. Pour elle, l'entreprise n'a pas à exiger un investissement psychique et mental supplémentaire. Être sujet, c'est résister à ce qui ne fait pas sens pour soi. Être sujet, c'est exister sans se plier à des injonctions, à des formations et à des mutations qui sont imposées sans que l'agent y voie une raison logique. Jacqueline pourrait accepter la demande de ses chefs s'il n'y avait pas un décalage patent entre la prescription (se former à l'informatique) et son activité quotidienne (répondre au téléphone, favoriser la communication entre l'interne et l'externe, établir de bonnes relations, etc.). La prescription de formation est construite sur une vision abstraite du changement (il faut se moderniser) alors que le sens est bâti sur une expérience concrète de l'activité. Si la logique fonctionnelle n'est plus opératoire, si elle est soumise à des prescriptions idéales qui ne sont plus fondées sur le travail réel, alors l'exigence d'opérationnalité, parfaitement compréhensible par n'importe quel agent « sain d'esprit », est perçue comme irrationnelle.

Le discours gestionnaire qui s'appuie sur des paradigmes fonctionnalistes et utilitaristes débouche sur des exigences dysfonctionnelles et inutiles. Et pourtant celles-ci sont soutenues par la direction, les cadres et certains agents au nom de la modernité, du progrès, de la rationalité technique, d'une représentation dominante selon laquelle les résistances au changement sont des réflexes « naturels » qu'il faut dépasser. Jacqueline représente l'archétype du passé, du refus de l'adaptation, et de tels individus doivent être combattus parce qu'ils constituent un frein aux innovations nécessaires. La question n'est plus de savoir si le changement est judicieux ou opportun, mais comment faire pour éliminer ceux qui lui font obstacle. Le problème n'est pas de savoir si la maîtrise de l'outil informatique est indispensable pour effectuer la tâche. C'est la résistance de Jacqueline qui devient problématique, sa mauvaise volonté évidente, d'autant qu'autour d'elle chacun a fait le maximum pour l'accompagner face aux changements.

En définitive, le « vrai » problème, pour les gestionnaires de l'institution, vient de la revendication de Jacqueline d'être un sujet au travail qui a besoin, pour exister, de donner du sens à ce qu'on lui demande de faire. « Il faut suivre la ligne », exige le chef. Le pouvoir impose des normes, des prescriptions, des disciplines, pour rendre les corps productifs et les esprits dociles (Foucault, 1975). Si le sujet résiste, il doit être éliminé. Pour exister, Jacqueline va tomber malade. Prise dans l'alternative de se soumettre ou de se démettre, de s'adapter ou d'être exclue, d'être reconnue comme agent ou d'être annulée comme sujet, elle trouve une issue dans la maladie. Celle-ci lui permet à la fois de soigner sa dépression, conséquence de la pression subie pendant plusieurs mois, et d'acquérir un statut social intermédiaire entre celui de salarié et celui de retraité (Carreteiro, 1993). Elle peut ainsi continuer à exister comme sujet, objectivement et subjectivement.

Objectivement, Jacqueline a un statut qui lui permet de conserver les « supports » nécessaires pour avoir une existence sociale (des droits, des revenus, une place institutionnelle, une reconnaissance sociale). Elle évite ainsi le risque d'invalidation qui guette tous ceux qui sont définis par une identité négative (sans emploi, sans revenus, sans statut, sans activité…). Elle peut ainsi échapper à la spirale de la désinsertion sociale. Subjectivement, elle développe un symptôme, la dépression, qui paradoxalement la soulage : elle échappe ainsi à la pression de se former, à la difficulté de s'adapter, à la culpabilité de ne pas le faire et à la honte de son incompétence. Puisqu'on lui assène que le problème vient d'elle, elle va assumer cette affirmation par la dépression : « C'est bien moi qui ne vais pas. » En intériorisant l'image négative qui lui est renvoyée, elle se donne les moyens de sortir de l'obligation d'avoir à se conformer à un idéal normatif qu'elle ne peut ni ne veut satisfaire. Elle échappe ainsi au double processus d'instrumentalisation (face à l'organisation) et de stigmatisation (face à ses collègues).

On peut interpréter sa maladie comme une défaite du sujet qui s'identifie à l'agresseur en reprenant à son compte les attaques dont il est l'objet. La dépression correspond bien à un sentiment de dépréciation du moi face aux exigences de son idéal : pour Jacqueline, l'intériorisation du sentiment d'être nulle, incompétente, incapable. Mais le fait de se mettre en arrêt maladie est également un moyen de sortir d'une impasse. En assumant le fait que c'est bien elle qui ne va pas, que le problème est en elle, Jacqueline se donne un moyen de le résoudre : il lui suffit de se soigner. Elle se prend en charge, elle sort d'un système paradoxal vécu comme destructeur. Elle en sort vivante. Il y a là une résistance du sujet qui reprend la main en assumant son projet d'être. L'alternative est cruelle. Pour exister dans l'entreprise, il faut accepter de se soumettre à des exigences que la conscience morale réprouve. Pour exister comme sujet, elle prend le risque d'être exclue.

*

Fiction ou réalité ? L'histoire de Jacqueline est l'expression d'un monde dans lequel le discours gestionnaire légitime une forme de pouvoir fondée sur le paradoxe. Les institutions produisent l'exclusion contre laquelle elles sont censées lutter. Ce renversement est invisible, la violence qu'il induit est « innocente », ceux qui la mettent en œuvre sont parfaitement légitimes, ceux qui la subissent se sentent coupables.

Chacun tente de « bien faire son travail » dans un contexte où les uns sont empêchés de le faire à leur idée, d'autres sont exclus alors qu'ils croyaient bien faire, d'autres encore cherchent à « moderniser » en pensant améliorer les choses. Dans ce système, chacun agit au mieux alors que le « mieux » des uns conduit au « moins » des autres, jusqu'à leur élimination. La violence induite n'est pas facilement indexable. Personne n'est vraiment responsable alors même que tous contribuent à produire ce système. Il y a une abstraction des causes quand bien même les effets sont tangibles. Cela explique le sentiment insidieux de harcèlement, la difficulté à cibler les causes du malaise ressenti, l'impression d'impuissance face à ce processus : une violence sourde, imprécise dont on n'arrive pas à désigner les coupables, dont chacun sait confusément qu'il participe à sa mise en œuvre tout en s'en défendant. Ce retournement permanent des causes renvoyées aux personnes elles-mêmes est une des raisons de l'impuissance ressentie à lutter contre ce type de violence. Chacun se sent trop inhibé pour réagir, ce qui renforce la culpabilité, l'intériorisation et l'impuissance. Faute de comprendre les causes systémiques et organisationnelles du processus, le salarié se dit : « C'est en moi que ça ne va pas. »

Comment sortir de ces nœuds de paradoxes ? Les tenants de l'école de Palo Alto ont montré que la sortie d'un système de communication paradoxal passe par la *metacommunication*. En communiquant sur le système, en démontant ses mécanismes, en analysant pourquoi il est paradoxal, on « sort du système », ce qui permet de se dégager de ses effets paradoxaux. Les exemples cités jusqu'à présent montrent non seulement que la communication est paradoxale, mais aussi que l'organisation elle-même est paradoxante. La production de paradoxes est au cœur du fonctionnement de l'organisation et du management. Il ne suffit donc pas de démonter les logiques de communication. Il convient d'analyser comment des systèmes paradoxants se mettent en place, comment chacun contribue à les installer puis à les reproduire, afin de faciliter les processus de dégagement collectif. C'est en « démontant » leurs rouages, intellectuellement dans un premier temps, que l'on peut espérer les démanteler dans la pratique.

Conclusion de la deuxième partie

Le mal-être au travail est à l'œuvre dans les entreprises privées et dans les institutions publiques. Les causes de ce malaise sont plurielles, comme les symptômes qui le révèlent. La révolution managériale et l'idéologie des ressources humaines focalisent un aspect essentiel de la dégradation subjective des conditions de travail. Elles produisent une tension perceptible dans l'ensemble de la fonction publique entre l'institution et l'organisation, entre le registre des missions à accomplir et le registre des modalités opérationnelles, entre les valeurs de service public et l'introduction d'un modèle de gestion conçu pour améliorer la rentabilité financière et le renforcement des contrôles en termes d'efficacité productive.

Le personnel de l'ensemble des institutions publiques est confronté à un conflit de loyauté entre les valeurs qui, pour bon nombre d'entre eux, ont présidé à leur choix professionnel – un métier au service du public – et les modalités d'exercice de ce métier, de plus en plus soumis aux paradigmes de l'idéologie gestionnaire. L'objectivisme, l'utilitarisme, le positivisme et le fonctionnalisme, qui sous-tendent la nouvelle gestion publique, sont à l'opposé des valeurs d'humanisme, de solidarité, d'égalité et de fraternité défendues par les agents des services publics. Ces oppositions d'idéaux les soumettent à des tensions, les confrontent à des systèmes de valeurs contradictoires, jusqu'à pousser certains agents au suicide, d'autant que la prescriptophrénie et l'obsession évaluatrice produisent des injonctions paradoxales. La colère gronde. Mais faute d'expression collective, elle se manifeste sous d'autres formes. On peut penser qu'à la moindre occasion elle s'exprimera dans un refus massif d'une modernisation vécue comme destructrice.

Il nous reste à comprendre pourquoi le *new public management* est vécu comme aussi ravageur, pourquoi il génère tant de tensions, pour quelles raisons une conception de la gestion en arrive à produire des mutations aussi profondes. Il nous faut remonter aux sources du mal-être pour mieux en comprendre les effets.

III

Les sources du mal-être

« Nous avons l'ambition d'extraire la logique sous-jacente aux symptômes de cette souffrance sociale et de dégager la structure de ce malaise de société. Au moment où notre civilisation, formatée par les valeurs du capitalisme financier, manifeste de la haine et du mépris envers la pensée, le travail de la culture, le temps nécessaire pour comprendre les développements durables de toutes sortes, nous voulons remonter le courant de cette civilisation qui nous entraîne vers les chutes de l'humain. »

ROLAND GORI, *L'APPEL DES APPELS. POUR UNE INSURRECTION DES CONSCIENCES*, 2009.

Le mal-être au travail doit être étudié comme un phénomène social global qui touche l'ensemble des registres du travail : l'activité, l'organisation, les modes d'exercice du pouvoir, la condition salariale, les représentations, les identités professionnelles, les métiers, les valeurs, les motivations, les modalités d'investissement psychique... C'est un symptôme révélateur d'une crise profonde qui traverse aujourd'hui nos sociétés, son système économique, ses entreprises et ses institutions. Il convient donc de déchiffrer les raisons structurelles qui provoquent la pression sur le travail, pourquoi celle-ci s'est accentuée au point de pousser des personnes, au départ saines d'esprit, à se tuer. Le suicide est un symptôme, l'expression d'un refus de vivre « cette vie-là », une vie qui bascule parce que le sujet se trouve confronté à une impasse, à des conditions qu'il n'arrive plus à supporter. Ce sont ces conditions qu'il nous faut analyser pour comprendre ce qui les rend insupportables, tout en les mettant en perspective avec les conditions subjectives et les processus psychiques qui fragilisent l'individu.

L'organisation du système productif a été considérablement transformée depuis une trentaine d'années. Une nouvelle structure s'est substituée au modèle industriel et « patronal ». Le pouvoir managérial est d'une nature différente. Il s'appuie sur un ensemble de processus et de dispositifs qui forment un ensemble systémique complexe. Nous avons analysé différents aspects de ce système dans des ouvrages précédents (Pagès *et alii*, 1979 ; Aubert, Gaulejac, 1991) en mettant en évidence trois caractéristiques majeures :

1. comme système complexe, les organisations hypermodernes relient des éléments hétérogènes issus de registres

habituellement conçus comme séparés : économique, organisationnel, idéologique, technique et psychologique. Il convient donc d'analyser chacun de ces registres et la façon dont ils sont connectés ;
2. comme système socio-mental-psychique, l'organisation se présente telle une combinaison intégrée de dispositifs organisationnels (procédures, règles, normes, aménagements spatiaux, pratiques de management...), de processus mentaux (discours, représentations, schèmes d'appréciation et de perception) et de processus psychiques (projection, introjection, identification, idéalisation, incorporation...) ;
3. comme système de médiation, l'organisation invente des réponses face aux contradictions qui la traversent. Ces contradictions sont multiples et hétérogènes. Elles concernent différents registres : la contradiction capital-travail dans le registre de la production économique ; les contradictions fonctionnelles entre les différentes logiques de métiers dans le registre de la gestion (commercial, financier, juridique, production technique, maintenance, marketing, administration, contentieux...) ; les contradictions psychiques et intrapsychiques entre désir et inhibition, plaisir et angoisse, mobilisation psychique et désinvestissement, dans le registre psychologique.

Les sources du mal-être trouvent leur origine dans les modifications structurelles de ce système et dans l'analyse des différents registres qui interagissent pour constituer un ensemble complexe. Dans cette quête des sources du mal-être, on ne peut dissocier les dimensions économiques, organisationnelles, idéologiques, technologiques, imaginaires et psychologiques.

L'élément déterminant, dans le registre économique, a été la disjonction entre la logique productive et la logique financière, au début des années quatre-vingt-dix. La libre circulation des capitaux a produit une déterritorialisation de la finance alors que la production est toujours territorialisée, entraînant une pression considérable de la *shareholder value* (la valeur actionnariale) et des délocalisations massives. Le rapport capital-travail s'est modifié en profondeur. Les organisations productives ont dû s'adapter très rapidement à cette recherche permanente de gains de productivité. Au modèle « fordiste », qui mettait en synergie les intérêts des actionnaires, des salariés et des clients, se substitue le modèle « Walmart », qui conduit à une pression à la baisse des salaires et des produits pour la recherche d'un profit maximal.

Le capitalisme, dont la croissance était bâtie jusque-là sur un principe de destruction créatrice (Schumpeter), semble inverser son mode de développement pour susciter une création destructrice. Les grandes entreprises capitalistes sont entraînées dans une frénésie de réorganisations permanentes et chaotiques. Le management, obnubilé par la culture du résultat, n'arrive plus à produire les médiations nécessaires face aux contradictions multiples qui traversent les organisations. L'urgence, la pression du toujours plus, la culture de la haute performance, la prescription de normes idéales (comme la qualité totale et l'excellence durable), exacerbent les tensions et les injonctions paradoxales. C'est l'ensemble du système qui devient alors paradoxant. La « révolution managériale » qui devait réconcilier l'homme et l'entreprise et améliorer la gestion des « ressources humaines » montre alors un autre visage : une idéologie pour améliorer la productivité, quelles qu'en soient les conséquences humaines et sociales. L'objectif est avant tout la mobilisation psychique au service des objectifs de l'entreprise. Il s'agit de transformer le maximum d'énergie libidinale en force de travail.

Les nouvelles technologies d'information et de communication (NTIC) donnent à cette « révolution » un support technique efficace pour renforcer les contrôles, traduire l'activité en indicateurs mesurables, calculer la rentabilité de chaque élément du système, comparer les productivités des uns et des autres, systématiser des procédures d'évaluation précises et « objectives ». Un nouveau pouvoir émerge alors, combinant le pragmatisme de l'idéologie managériale et la rigueur implacable des outils informatiques. Il s'appuie sur un nouvel imaginaire social qui remplace l'imaginaire de progrès, de croissance et d'enrichissement, du capitalisme industriel. Fondé sur le désir de toute-puissance, sur l'idée que la compétition généralisée favorise la réussite des plus méritants, que la « main invisible » des marchés peut réguler toutes les crises et tous les désordres, que les problèmes humains se résolvent d'autant mieux que l'on peut les transfigurer en problèmes techniques, cet imaginaire est à la fois moteur et leurrant (Enriquez, 1998). Comme moteur, il produit un monde compétitif, une émulation globalisée qui accélère la croissance économique et les progrès technologiques. Il suscite une course en avant illimitée qui pousse les individus et les collectifs à se dépasser. Comme leurre, il produit une lutte des places généralisée, une logique d'obsolescence accélérée [1], une course folle qui risque de détruire la planète, un besoin de reconnaissance inassouvi de tous ceux qui adhèrent aux valeurs de la révolution managériale. Le triomphe de la rationalité instrumentale conduit à une instrumentalisation de la créativité, à une normalisation des comportements, à un sentiment de non-sens. Le besoin de croire en un monde meilleur se délite pour laisser place au désenchantement et à la désespérance.

La mobilisation psychique s'étiole faute de trouver de nouveaux objets d'investissement qui puissent combler l'angoisse du vide. Le « contrat narcissique » entre l'entreprise et les employés qui laissait croire aux seconds que la réussite de leur existence dépendait de l'expansion de la première n'est plus fiable. La croissance des entreprises hypermodernes produit de plus en plus d'abstraction, de déterritorialisation et d'exploitation. Non seulement les employés n'y trouvent plus leur compte, mais le développement de ces entreprises se fait contre la société elle-même. Elles exploitent les ressources naturelles sans les renouveler, elles exploitent leurs personnels jusqu'à les rendre malades, elles détruisent des pans entiers de la société au profit d'une globalisation économique qui fragilise le monde politique en le rendant impuissant.

L'ensemble de ces éléments, mis en perspective, permet de dégager la structure sous-jacente du mal-être au travail, d'en expliquer les causes profondes afin, comme le dit si bien Roland Gori, de « remonter le courant de cette civilisation qui nous entraîne vers les chutes de l'humain » (2009).

1. L'obsolescence conduit à détruire en permanence ce que l'on produit par nécessité de produire autre chose (Bron, Gaulejac, 1993).

Chapitre 12

De la destruction créatrice à la création destructrice

« Au lieu d'indexer l'économie sur les besoins des hommes, et la finance sur les besoins de l'économie, on indexe l'économie sur les exigences de la finance et on traite les hommes comme du "capital humain" au service de l'économie. »

ALAIN SUPIOT,
L'ESPRIT DE PHILADELPHIE, 2010.

Schumpeter évoquait la destruction créatrice comme étant l'un des moteurs du capitalisme. On peut en effet penser que la force de ce système tient dans son dynamisme, sa capacité de renouvellement permanent grâce à son adaptabilité aux marchés. Entre la liberté d'entreprendre, la compétition comme émulation et la production d'un imaginaire social de progrès, de croissance, d'enrichissement, beaucoup d'économistes, de politiques et d'intellectuels pensent qu'il est le « plus mauvais des systèmes à l'exception de tous les autres [1] ».

Il semble que nous assistions aujourd'hui à un renversement : la destruction paraît l'emporter sur la création. On observe ces forces destructrices à propos de l'environnement. L'exploitation sans limites des ressources naturelles met en péril la reproduction des espèces, la biodiversité, l'équilibre écologique, l'avenir même de notre planète. Le réchauffement climatique, la déforestation à outrance, l'exploitation industrialisée des océans, sont autant de symptômes de ces logiques destructives, dont la crise alimentaire est l'expression la plus

1. Pour paraphraser une expression célèbre de Winston Churchill à propos de la démocratie, dont il disait qu'elle était un mauvais système, mais le moins mauvais de tous les systèmes.

dramatique. Le dernier rapport de l'Organisation pour l'alimentation et l'agriculture (FAO) en 2009 montre qu'en moins de deux ans le nombre de personnes sous-alimentées est passé de 800 millions à 1 milliard. Les revenus des plus pauvres baissent alors que les prix des produits de première nécessité augmentent. La crise devient structurelle avec un renforcement systémique entre les registres économiques, écologiques, politiques et sociaux. Au cycle « vertueux » de la croissance du capitalisme industriel semblent se substituer une spirale infernale de dérégulation incontrôlée, un état de crise permanente, d'impuissance des élites à maîtriser un monde qui leur échappe. Le chaos et la désorganisation deviennent des éléments « normaux » d'une société de plus en plus « liquide » (Bauman, 2000).

Le déséquilibre du rapport capital-travail

Depuis trente ans, le rapport entre le capital et le travail s'est profondément déséquilibré au détriment du second. La part des salaires dans la valeur ajoutée a perdu dix points en France, neuf dans l'Union européenne (Généreux, 2010, p. 112). Les écarts mirobolants de revenus entre les patrons et les salariés sont significatifs de cette dégradation. Les dirigeants qui se soumettent sans regimber à la pression des actionnaires sont récompensés. L'évaluation de leur réussite ne prend en compte ni la pérennité de l'entreprise, ni l'amélioration des conditions de travail, ni la préservation de l'environnement, encore moins leur contribution au bien commun, mais uniquement le résultat financier et la rémunération du capital.

Dans les années quatre-vingt, l'équilibre capital-travail a été bouleversé par la déréglementation financière et la libre circulation des capitaux, avec la complicité plus ou moins active de la grande majorité des gouvernements, en particulier libéraux. L'ensemble des organisations internationales (FMI, OIC, Banque mondiale, OCDE) chargées de réguler l'économie mondiale n'a eu de cesse « d'empêcher l'augmentation des revenus du travail (qui serait inflationniste) et de promouvoir, en revanche, l'augmentation de ceux du capital (rebaptisée *création de valeur*) » (Supiot, 2010, p. 120). La financiarisation de l'économie a conduit les fonds de pension et les investisseurs à demander une rémunération du capital de plus en plus élevée. Alors que les taux de croissance tendaient à stagner et même à diminuer en Europe et en Amérique du Nord, on a vu des gestionnaires financiers proposer à leurs mandants des taux de 10, 15 voire 20 % de rentabilité. Les dirigeants des entreprises du CAC 40 ont désormais le regard fixé sur le cours de leur action, qui devient le seul critère de réussite. La rémunération du capital doit être assurée, quelles que soient par ailleurs les conséquences humaines, sociales et environnementales. Les « marchés » dictent leur loi. Toutes les formes de régulation ou de contrôle sont considérées comme des freins insupportables à la liberté, ou comme des accélérateurs de la fuite des capitaux, donc des menaces pour l'emploi. On saisit le paradoxe : pour défendre l'emploi, donc le travail, il faut accepter la toute-puissance du capital.

La culture de la haute performance va devenir la norme sous la pression des marchés et de la concurrence. « Les deux contraintes, celle de la finance qui exige la rentabilité actionnariale et celle de la concurrence qui veut la compétitivité des prix, ont écrasé les salaires et fait exploser les inégalités » (Lordon, 2009). Les gains de productivité exigés par les actionnaires sont obtenus essentiellement par une double pression exercée sur les salariés : réduction des effectifs, sous peine de délocalisation, accompagnée d'un discours selon lequel les charges sociales et les salaires représenteraient un coût exorbitant. Dans toutes les entreprises, le message dominant devient : travailler plus et plus vite pour améliorer la marge. On assiste alors à une course en avant qui installe une situation de crise permanente.

La crise, moteur du capitalisme

La crise est devenue un élément structurel de l'histoire du capitalisme : « L'histoire du capitalisme se confond avec l'histoire de ses crises. Sur la période 1970-2007, on ne compte pas moins de 124 crises bancaires, 208 crises de change et 63 crises de la dette souveraine ! Même si la plupart d'entre elles restent limitées à des pays périphériques, cela n'en demeure pas moins un constat très impressionnant » (André Orléan, *Le Monde*, 30 mars 2010). La crise devient un mode de régulation qui démontre l'incapacité d'une autorégulation par les marchés financiers. Ce constat illustre en outre le renversement du principe de Schumpeter : le processus de destruction créatrice, moteur du développement du capitalisme, trouve aujourd'hui sa limite pour produire une « création destructrice » dont les crises permanentes sont l'expression. La crise financière de 2008 a mis en évidence les effets d'une fuite en avant totalement chaotique et irrépressible des acteurs financiers, suscitant des déséquilibres systémiques que les institutions financières n'ont ni contrôlés ni résorbés.

La dérégulation financière a été instaurée lors de l'arrivée au pouvoir de Margaret Thatcher au Royaume-Uni (1979) et de Ronald Reagan aux États-Unis (1981), tous deux inspirés par les théories ultralibérales de Milton Friedman. On a assisté alors, écrit André Orléan, « au démantèlement progressif du cadre réglementaire qui, fait notable, avait conduit à l'élimination de toute crise bancaire durant la période fordienne, entre 1945 et 1970 » (Orléan, 2010). C'est le début d'une nouvelle période dans laquelle « la finance de marché se place au centre de la régulation » et impose ses « lois » à l'économie en prenant le contrôle des droits de propriété (*ibid.*, p. 21). Le capitalisme patrimonial se substitue alors au capitalisme industriel. Ce n'est plus la production qui est centrale mais la finance. Les investisseurs institutionnels prennent le pouvoir au détriment des actionnaires entrepreneuriaux ou des familles propriétaires de leur entreprise sur plusieurs générations. Les dirigeants des grandes entreprises ne sont plus nommés en fonction de leur capacité à développer l'outil de production, mais en fonction de leur diligence à satisfaire les attentes de la *shareholder value* (la valeur actionnariale). Mais si la course en avant financière est dans un premier temps facteur de croissance, elle va se faire au prix d'une augmentation sans précédent de la dette. L'endettement total, privé et public, qui représentait 110 % du produit mondial brut en 1980, a atteint 360 % en 2006.

Le capital n'est plus alors l'outil d'une croissance qui bénéficie à toute la société comme dans le modèle fordiste, mais un facteur d'enrichissement des actionnaires, qui exigent une rentabilité élevée à court terme dans un processus de plus en plus destructeur à long terme. « Avec la montée en puissance de la valeur actionnariale, s'est imposée une conception nouvelle de l'entreprise et de sa gestion, pensées comme étant au service exclusif de l'actionnaire. L'idée d'un intérêt commun propre aux différentes parties prenantes liées à l'entreprise a disparu. Les dirigeants des entreprises cotées en Bourse ont désormais pour mission première de satisfaire le désir d'enrichissement des actionnaires et lui seul. En conséquence, ils cessent eux-mêmes d'être des salariés, comme le montre l'envolée démesurée de leurs rémunérations[2]. » Dans ce contexte, les entreprises sont ponctionnées par les actionnaires, jusqu'à mettre en danger leur survie. On peut observer tous les jours les conséquences destructrices de ce renversement qui conduit à la situation suivante : le capital n'est plus le moyen pour développer l'outil de production, c'est l'outil de production qui devient le moyen de financer les actionnaires. La finance pompe la production au lieu de l'alimenter. La rentabilité exigée par les actionnaires conduit à une baisse importante des emplois manufacturiers, à une pression continue sur les salaires, à un délitement de la protection sociale. Dans ce contexte, la croissance, dont on attend la création d'emplois pour résorber le chômage, contribue à en supprimer et à transformer des emplois protégés en emplois précaires.

Il y a un lien étroit entre les effets économiques du renversement du rapport capital-travail et l'accroissement du mal-être dans les entreprises. Les logiques de production ne sont plus organisées, comme dans le modèle fordiste, en fonction d'un objectif d'amélioration des biens et des services pour le consommateur, des conditions de travail et de rémunération pour le travailleur. Seule compte l'amélioration de la rentabilité financière. La tension produite par une telle exigence, toujours plus élevée, est un élément central de l'augmentation de la pression. L'effet le plus évident de cette transformation est le changement de gouvernance. Alors que les dirigeants, dans le modèle fordiste et encore aujourd'hui dans la majorité des PME, sont avant tout préoccupés de trouver les bonnes médiations et les bonnes synergies entre les intérêts des actionnaires, ceux des salariés et ceux des consommateurs, les responsables des grandes sociétés sont dorénavant essentiellement préoccupés par la valeur boursière de l'entreprise et le taux de rentabilité du capital investi par l'actionnariat. « Ce sont les objectifs financiers qui dictent la conduite des entreprises, tandis que le coût des sacrifices humains qui en résultent est supporté par l'État. [...] On parle aujourd'hui de "création de valeur" pour désigner non pas le travail, mais les bénéfices versés aux actionnaires. Voir dans le travail, non pas la cause, mais un effet de la richesse, est proprement renversant » (Supiot, 2010, p. 57).

2. « Manifeste d'économistes atterrés », 1er septembre 2010. Sous-titré « Crise et dette en Europe : 10 fausses évidences, 22 mesures en débat pour sortir de l'impasse », ce manifeste a été rédigé par Philippe Askenasy, Thomas Coutrot et André Orléan (http ://economistes-atteres.blogspot.com).

La prédominance de la *shareholder value* (la valeur actionnariale)

Le pouvoir actionnarial a imposé aux entreprises une pression permanente pour améliorer la profitabilité. Le *business model* leur impose de maximiser leur valeur boursière de manière instantanée. « Les entreprises sont considérées comme des collections d'actifs dont seul compte la valeur liquidative. Cette prise de pouvoir par la finance a entraîné la révision des normes comptables. La prépondérance de la valeur de marché sur le coût historique du capital reflète celle des intérêts des actionnaires sur les autres parties prenantes » (Aglietta, 2009, p. 29). La logique du capitalisme financier est déterminée par des banques d'affaires et des *hedge funds* qui exigent des rendements à court terme très élevés. Ils fixent des objectifs sans tenir compte des conséquences sur le système productif. L'entreprise est conçue exclusivement comme un centre de profit auquel on demande une rentabilité maximale. Si elle ne satisfait pas cette exigence, les actionnaires peuvent retirer leurs capitaux à tout moment. Cette conception a trois conséquences, qui sont au fondement de la crise du travail et de la crise financière :

1) l'entreprise doit dégager des niveaux de rentabilité financière parfois incompatibles avec le rendement intrinsèque du capital ;
2) la pression sur les salaires et les effectifs devient considérable, quelles que soient les conséquences sur l'appareil productif ;
3) les entreprises exigent de l'État une diminution des charges et de la pression fiscale, entraînant une crise des finances publiques et des services publics. L'État n'arrivant plus à financer ses dépenses, une politique de désengagement et de privatisation devient alors justifiée.

On saisit ici le lien entre les transformations du capitalisme et la pression mise sur les États pour réduire leurs dépenses, ce qui conduit à une privatisation des services publics et/ou à une réduction drastique de l'engagement de l'État. La globalisation oblige l'ensemble des pays de la planète à accepter la libre circulation des capitaux, la libéralisation des prix, la privatisation des entreprises publiques, la rigueur budgétaire, la réduction des effectifs de la fonction publique.

Les exigences de rentabilité provoquent par ailleurs une pression sur les salaires qui a aussi des effets macroéconomiques. Elles entraînent une réduction du pouvoir d'achat, qui engendre une sous-consommation, donc une demande de crédit qui, relayée par des établissements financiers peu scrupuleux, est l'un des facteurs à l'origine de la crise financière de 2008. L'exigence de rentabilité à court terme a également des conséquences économiques sur les entreprises. Des projets industriels intéressants sur le plan du développement des firmes sont abandonnés parce que les actionnaires estiment qu'ils vont générer une marge insuffisante.

Ainsi assiste-t-on à une déconnexion croissante entre les logiques des marchés financiers et les logiques de production industrielle. L'économie financière semble tournée sur elle-même, sans se préoccuper de l'économie « réelle », celle qui effectivement produit de la richesse. Si l'on peut s'enrichir vite et sans risques grâce à la spéculation financière, il n'est plus besoin de se préoccuper de produire des biens et des services répondant à des besoins individuels et collectifs. L'activité spéculative sur les marchés financiers ne cesse de croître. « Aussi, leur déversement constant a-t-il pour effet, non pas de financer des projets industriels nouveaux, mais de nourrir la seule inflation des actifs financiers déjà en circulation. Les cours montent, la Bourse va très bien, mais le financement de l'économie réelle, lui, devient chose de plus en plus étrangère[3]. » La Bourse comme institution de financement des entreprises cède la place à la Bourse comme institution de spéculation.

3. Frédéric Lordon, « Et si on fermait la Bourse… », *Le Monde diplomatique*, février 2010. Les capitaux levés par les entreprises sont devenus inférieurs au volume financier prélevé par les actionnaires sur les sociétés. « Entre 2003 et 2005, écrit Lordon, la contribution nette des marchés d'action au financement des entreprises françaises est de l'ordre d'à peine quelques milliards d'euros. Aux États-Unis, elle passe de -40 milliards à -600 milliards d'euros sur la même période ! »

Deux exemples : le ROE (*return on equity*) et le LBO (*leveradge buy out*)

La logique du toujours plus pour les actionnaires est parfaitement illustrée par le ROE (*return on equity*)[4]. Au début des années quatre-vingt-dix, les rendements de 2 à 3 % étaient courants et considérés comme normaux. Dix ans après, les exigences de 15 % sont devenues la norme, avec une tendance à la hausse. Cette fuite en avant instaure une coupure du système capitaliste entre la logique de production territorialisée, inscrite dans des objectifs industriels concrets, et le capitalisme financier qui fixe des exigences de profitabilité « idéales ». Comme cette filiale de Danone au Mexique, récompensée par la direction pour ses performances en 2007 (+ 20 %) et à laquelle la direction impose un challenge en 2008 : + 70 %. Depuis, le staff de la filiale est en crise, les démissions et les dépressions se sont multipliées, la désorganisation est à son comble.

On peut penser que le ROE devrait s'aligner sur des taux calculés en fonction des gains de productivité effectifs réalisés dans l'entreprise. Une exigence de 3 à 4 % de la profitabilité chaque année engendre déjà une pression forte à moyen et à long terme. Une exigence de 15 à 20 % conduit immanquablement à une mise sous tension du système productif forcément destructrice à terme. Cela ne semble pas troubler outre mesure les investisseurs financiers. Dans la logique du capitalisme financier actuel, seul compte le profit à court terme. La survie du système productif dans la durée n'est pas prise en compte à partir du moment où l'actionnaire peut se dégager à tout moment sans aucune contrainte.

Cette logique destructrice est confortée par la complicité active des directions d'entreprise, dont la dépendance vis-à-vis des actionnaires s'est accrue. Dans le capitalisme industriel, le patron était évalué sur sa capacité à développer l'outil de production. Dans le système actuel, la rémunération des dirigeants (en particulier le système des stock-options et des bonus) est fonction des résultats financiers, ce qui conduit les

4. Le ROE désigne le ratio du projet net comptable des capitaux propres, c'est-à-dire l'indicateur du taux de profit réel des capitaux investis par les actionnaires. On peut apprécier le glissement sémantique du profit à l'équité…

directions à aligner leur politique d'entreprise sur les exigences des actionnaires. Les logiques financières font la loi et s'imposent aux logiques industrielles. L'exigence du profit immédiat pousse chaque manager à faire pression pour afficher des résultats à court terme (un à deux ans) sans se soucier des conséquences à moyen et à long terme.

Les deux pôles fondateurs du capitalisme, le capital et le travail, ne sont plus connectés que virtuellement. Les investisseurs financiers n'ont plus aucun rapport avec les travailleurs : ils ne les connaissent pas, ne les rencontrent pas ; ils ne connaissent même plus le nom des entreprises concernées. De l'autre côté, les employés ne connaissent plus le nom des propriétaires, ils n'ont plus de relations concrètes avec eux et ne peuvent en rien peser sur leurs décisions. Les premiers ne voient plus les conséquences économiques, sociales et humaines de leurs décisions. Les seconds n'ont plus aucune prise sur ceux qui possèdent leur outil de travail.

Inventé dans les années quatre-vingt-dix, le LBO (*leveradge buy out*) permet d'acheter une entreprise en empruntant l'essentiel de l'argent (jusqu'à 80 %) et en faisant payer les intérêts par l'entreprise rachetée. L'« effet de levier » (*leveradge*) permet à l'acheteur de faire prendre en charge par l'entreprise le remboursement de l'emprunt en réduisant les coûts et les effectifs pour améliorer la productivité à tout prix, et cela dans les délais les plus courts (trois à cinq ans). L'objectif est de revendre le plus rapidement possible en empochant une plus-value qui sera réinvestie dans une opération équivalente.

L'exemple de Fenwick exposé dans le film *La Mise à mort du travail*[5] illustre parfaitement les liens entre la logique financière de rentabilité et la logique organisationnelle de productivité mise en œuvre par les directions avec l'aide de cabinets de consultants spécialisés. Ce documentaire décrit comment la pression financière pousse à augmenter la productivité, à réduire les effectifs et à dégrader les conditions de travail. Les deux patrons mettent l'ensemble de l'entreprise sous pression pour améliorer la profitabilité exigée par Henry Kravis, patron du fonds d'investissement KKR (Kohlberg, Kravis, Roberts) et actionnaire principal de Fenwick. Ils font appel à deux cabinets de consultants. Le premier, spécialisé dans la vente, met en place un programme pour

5. Jean-Robert Viallet, *La Mise à mort du travail*, France Télévisions, octobre 2009. L'auteur a obtenu le prix Albert-Londres en mai 2010 pour cette série documentaire.

aligner l'ensemble de la force de vente sur la performance du meilleur vendeur. Comme à l'époque du stakhanovisme, lorsque l'ensemble de la chaîne devait s'aligner sur les normes de rendement de l'ouvrier le plus productif, qui ne manquait pas de faire du zèle compte tenu de la reconnaissance dont il était l'objet. Le second cabinet, spécialisé dans le *lean manufacturing*, la chasse aux gaspillages et aux coûts inutiles, réorganise la production pour éliminer tous les temps morts, tous les déplacements inutiles, tous les espaces de respiration qui permettaient aux employés de souffler un peu. Les dirigeants vont pouvoir afficher leur satisfaction. Ils obtiennent en quelques mois les résultats attendus par leur actionnaire. Ils toucheront leur prime en conséquence. Du côté des vendeurs et des producteurs, les résultats sont moins brillants. Une partie de la force de vente, qui faisait normalement son travail, n'arrive plus à remplir des objectifs alignés sur ceux des meilleurs vendeurs. Ils seront mis sur la touche, soit par licenciement, soit par arrêt de travail pour cause de dépression. Quant aux employés de la production, les gains de productivité induiront une compression des effectifs, une intensification de la charge de travail et une pression permanente qui vont multiplier les causes de mal-être.

On comprend pourquoi ce type de changements met sous pression l'ensemble des employés, impose une logique de harcèlement et entraîne l'émergence des symptômes habituels de la souffrance au travail : stress, épuisement professionnel, sentiment de ne plus y arriver, dépression, troubles psychosomatiques... À quand le premier suicide ? On perçoit aussi que la reconduction de ce type d'exigence sur plusieurs années peut détruire l'outil de production lui-même (Linhart *et alii*, 2005).

Du modèle fordiste au modèle Walmart

Pendant les Trente Glorieuses, le rapport capital-travail était régi par un équilibre plus ou moins stable : la richesse produite par les gains de productivité devait être partagée de façon équilibrée. Taylor lui-même défendait l'idée de les distribuer en parts égales entre les actionnaires, les travailleurs et l'entreprise. Cet équilibre a été l'un des fondements du modèle fordiste. L'idée est d'instituer un « cycle vertueux » consistant à développer une production de masse pour baisser le prix des automobiles tout en augmentant les salaires des ouvriers, qui en deviennent les premiers acheteurs pour le plus grand profit des actionnaires. L'augmentation de la productivité est obtenue par la combinaison entre les principes de l'organisation scientifique du travail (standardisation, travail à la chaîne, parcellisation des tâches), une augmentation significative du pouvoir d'achat des ouvriers conduisant à stimuler la demande de biens, en particulier de voitures et, en conséquence, une plus grande motivation à produire des automobiles de qualité. En termes économiques, « le compromis salarial fordiste favorise la croissance et la stabilité de la consommation, ce qui stimule l'investissement et permet le développement de la production et des profits correspondants sur le territoire national » (Boyer, 2009, p. 19). Ce modèle socio-économique a dominé l'économie mondiale dans la deuxième moitié du XXe siècle.

La globalisation de l'économie et la libre circulation des capitaux financiers ont changé la donne. La recherche de rendements croissants et la déterritorialisation du capital ont conduit les entrepreneurs à se désintéresser des « compromis domestiques » pour se concentrer essentiellement sur les débouchés extérieurs. Dans ce contexte, les effectifs sont considérés non comme une ressource, mais plutôt comme un coût, les salaires comme une charge qu'il convient de diminuer à tout prix pour améliorer le rendement du capital et la productivité du travail. Au modèle fordiste va alors se substituer le modèle Walmart.

Fondée en 1962, spécialisée dans la grande distribution, la firme Walmart s'est développée dans le monde entier très rapidement. Son chiffre d'affaires représente plus de 350 milliards de dollars. Avec 1,9 million de salariés travaillant dans plus de 6 100 supermarchés et hypermarchés (mais aussi dans les filiales), le groupe est la plus grosse entreprise du monde. C'est le premier employeur privé aux États-Unis, avec 1,2 million de salariés. Le modèle Walmart est construit sur une compression des coûts : *Always the low price*. À l'inverse du modèle fordiste, il s'agit de faire pression pour diminuer les salaires, diminuer les coûts des producteurs, offrir les prix les plus bas à des clients peu fortunés, dont, au premier chef, les salariés de Walmart. Plus les travailleurs pauvres sont nombreux, plus ils achètent chez Walmart les produits qu'ils ne peuvent plus se payer ailleurs. Pour comprimer les salaires, l'entreprise élimine toutes les formes de protection des travailleurs, détourne le droit du travail lorsqu'il est contraignant, interdit toute forme d'organisation syndicale, impose la flexibilité et des conditions de travail drastiques. Elle mise sur l'internationalisation pour faire baisser en permanence les coûts tout en développant des stratégies antisyndicales afin d'éviter toute augmentation des salaires. « Au plan macroéconomique, cela implique un tout autre régime de croissance, fondé sur la précarisation des salariés et la balkanisation des contrats de travail, au point que se développe une couche de *working poors* qui ne bénéficient plus d'une couverture sociale accordée par l'entreprise » (Boyer, 2009, p. 19). Alors que, dans le système fordiste, une part importante des gains de productivité allait aux salariés afin de nourrir la demande, dans le modèle Walmart l'essentiel va aux actionnaires.

Le film-reportage américain *Walmart, le géant de la distribution*, de Rick Young et Hedrick Smith (2004), montre les conséquences sociales et économiques de ce modèle aux États-Unis. La plupart des fournisseurs de Walmart ont dû délocaliser leur production en Chine afin de respecter le cahier des charges au niveau des prix. Le groupe a ainsi indirectement entraîné la ruine de nombre de petites villes américaines, privées de leurs industries traditionnelles, et donc une paupérisation croissante d'une bonne part de la population, qui fréquente dès lors, par nécessité, ses magasins.

Le modèle fordiste recherchait la croissance pour les salariés, les clients et les actionnaires. Mais il ne pouvait se développer que dans une économie territorialisée, dominée par une régulation nationale. À partir du moment où la globalisation se met en place, l'État perd son pouvoir de régulation, qui se déplace dans des institutions internationales dont la légitimité n'est pas évidente et qui n'ont pas de pouvoir de coercition pour imposer des règles. Si le FMI et la Banque mondiale ont les moyens d'imposer leur politique auprès de ceux qui en attendent des retombées financières, le Bureau international du travail, lui, n'a aucun moyen d'imposer ses directives sans l'accord des États (Stiglitz, 2002). Le décalage entre le traitement de la finance et celui du travail est patent : la liberté et la libre circulation pour le capital ; la rigidité et la dérégulation pour le travail. Le modèle Walmart peut alors se développer en toute impunité et rechercher un profit maximal par la diminution des salaires et une paupérisation des clients. Le profit de l'un se fait ici au détriment de tous les autres. La productivité augmente, mais elle ne bénéficie qu'aux actionnaires, alors que les salaires stagnent ou diminuent. Le travailleur est obligé d'emprunter pour survivre et d'accepter des conditions de travail qui se dégradent pour rembourser ses dettes. Il est piégé dans une spirale de vulnérabilité croissante fondée sur une double dépendance : comme travailleur, il n'a pas d'autre choix que d'accepter toutes les exigences pour accroître la productivité sans accroissement de son salaire ; comme consommateur, il ne peut plus fréquenter d'autres magasins que ceux qui proposent les prix les plus bas. Le modèle Walmart contribue à démanteler le droit social et le droit du travail, tous deux considérés comme des entraves insupportables à la liberté d'entreprendre. Les magasins dans lesquels les employés réussissent, en dépit des menaces, à constituer une section syndicale sont systématiquement fermés. Toutes les règles mises en place pour protéger les salariés sont considérées comme des rigidités et des coûts insupportables. D'autant que la remise en question du droit est relayée par un certain nombre d'organisations internationales.

Alain Supiot décrit comment la foi dans l'infaillibilité des marchés a remplacé l'« esprit de Philadelphie », conférence refondatrice de l'Organisation internationale du travail du 10 mai 1944. Ses promoteurs cherchaient à mettre un peu de justice dans la production et la répartition des richesses. Aujourd'hui, les organisations internationales semblent défendre le profit plutôt que la justice. Supiot cite en particulier la publication annuelle par la Banque mondiale d'un baromètre évaluant les droits nationaux à l'aune de l'efficacité économique. L'intitulé du programme veut tout dire : « *Doing business* ». Il propose des indicateurs chiffrés de la « rigidité » des droits du travail de chaque pays. Un chapitre est spécialement consacré à la mesure des entraves à l'investissement que représenterait dans les différents pays le droit du travail. Les indicateurs retenus sont éloquents : difficultés d'embauche, difficultés liées à la durée légale du travail, difficultés et coût du licenciement. Les termes « difficultés » ou « rigidités » désignent des règles et les « coûts » des droits qui protègent les salariés. « L'indice de *rigidité de l'emploi* inflige ainsi des points de pénalité aux États qui reconnaissent trop de droits aux travailleurs, tels qu'une protection sociale aux salariés à temps partiel ; des salaires minima jugés trop élevés par la banque (20 dollars par mois est ainsi jugé trop élevé pour les pays africains) ; une limitation à moins de soixante-six heures par semaine de la durée du travail ; un préavis de licenciement ou des programmes de lutte contre la discrimination raciale ou sexuelle » (Supiot, 2010, p. 67). La globalisation conduit à une course à la déréglementation sociale et fiscale dans laquelle le « moins-disant social » a toutes les chances de l'emporter.

*

Le passage du « compromis fordiste » à la violence du système Walmart illustre le développement actuel de l'économie au détriment du développement de la société (Perret, Roustang, 2001), d'où l'institution d'une tension croissante entre les riches, toujours plus riches, et les pauvres, toujours plus pauvres. Le démantèlement des sécurités attachées au travail annonce la naturalisation d'une exploitation illimitée des plus faibles. « Ce démantèlement est bien sûr conduit au nom de la "liberté" individuelle : liberté de se faire payer en dessous des tarifs conventionnels, de travailler quinze heures par jour, de ne jamais prendre sa retraite, de travailler le dimanche plutôt que de le passer avec ses enfants, de renoncer à faire valoir ses droits en justice » (Supiot, 2010, p. 134).

La guerre économique justifie la construction d'un monde dans lequel la survie de l'entreprise est conçue sur un mode guerrier, la conquête de nouveaux marchés devient une question de vie ou de mort. Le modèle managérial est porteur d'une conception de l'action source de violence. Il ne s'agit plus d'agir pour construire un monde meilleur, mais de réagir pour survivre dans un monde compétitif. Comme si l'on mettait trois condamnés à mort dans une pièce en leur disant qu'un seul d'entre eux sera vivant le lendemain. Dans ce contexte, comment éviter que chacun cherche à éliminer les deux autres ? Quand une entreprise en achète une autre, chaque manager sait qu'il y aura une réaction en chaîne : réduction des « doublons », suppression de différents services, « allègement » des effectifs… Qui sera encore « vivant » le lendemain ? (Boltanski, 2009). Une logique de destruction est à l'œuvre, coproduite par ceux-là mêmes qui vont en être les premières victimes.

Chapitre 13

Les désordres organisationnels et les systèmes paradoxants

« Devenez des fanatiques de l'échec. »

TOM PETERS,

LE CHAOS MANAGEMENT, 1988.

Le passage du capitalisme industriel au capitalisme patrimonial ou financier s'est accompagné d'une transformation des modes de gouvernance des entreprises. La nécessité d'améliorer la productivité pour satisfaire les taux de rentabilité exigés par les « marchés financiers » a poussé les entreprises dans une fuite en avant, à l'image de celle qu'on observe dans le monde de la finance. La réorganisation est devenue la norme. La culture de la haute performance a entraîné l'ensemble du système productif dans un mouvement constant de restructurations, de délocalisations, de regroupements, de modernisation, de fusions… La liste est longue des mots utilisés pour rendre compte et légitimer l'idée que l'organisation doit s'adapter au changement. Le chaos est alors présenté comme inévitable, le désordre comme un élément naturel, le paradoxe comme une donnée nécessaire. Le mal-être au travail est l'effet de systèmes complexes dans lesquels le sens se perd. Personne n'est plus en mesure de donner des orientations claires, des significations compréhensibles, des visions partagées. Un sentiment de sauve-qui-peut se généralise face au chaos.

Le chaos comme mode de management

La création destructrice a été « théorisée » par les chantres du management dès les années quatre-vingt. Quelques années après la publication de son best-seller *In Search of Excellence* (1981), coécrit avec Robert Waterman et paru en français sous le titre *Le Prix de l'excellence*, Tom Peters publie un ouvrage édifiant bien que moins connu, *Le Chaos management. Manuel pour une nouvelle prospérité de l'entreprise* (Peters, 1988). La quatrième de couverture indique clairement qu'il s'agit de prescriptions destinées à produire une révolution incontournable :

> Aujourd'hui, la concurrence est implacable. Fini le temps où il suffisait de réduire les effectifs de 10 % et d'augmenter la qualité de 20 %. [...] Ce livre parle d'une révolution, une révolution incontournable. Aujourd'hui, la flexibilité et la passion du changement doivent remplacer notre inclination pour la production de masse [...] fondée sur la possibilité depuis longtemps révolue de faire des prévisions relativement fiables. Les champions de demain iront au-devant du chaos. Ils le considéreront comme une source d'avantages concurrentiels. Le chaos et le climat d'incertitude vont ouvrir, s'ils ne le font déjà, de nouvelles perspectives aux entrepreneurs avisés. Le succès d'une entreprise dépendra de son aptitude à capitaliser sur les soubresauts du marché. C'est en gardant ce principe à l'esprit que nous devons aller de l'avant.

Dans l'introduction, l'auteur explique que sur les soixante-quatre entreprises qui avaient été analysées dans *Le Prix de l'excellence* pour définir les recettes de la performance, sept ans après, plus de la moitié d'entre elles sont en crise, ont été rachetées ou ont disparu. Peters tire la conclusion que « les champions de demain sont ceux qui iront au-devant du chaos ». La prescription est remarquable : pour réussir, il faut aller de l'avant, c'est-à-dire se précipiter dans le désordre des marchés, l'incertitude du contexte, la flexibilité totale. Les valeurs d'ordre, de maîtrise, de stabilité, sont obsolètes. Vive le risque, la volatilité, la mobilité ! Les valeurs de la finance se substituent aux valeurs de l'industrie.

L'éloge du désordre est un classique des livres de management ou des articles sur le sujet (Guillaume, 1978 ; Abrahamson, 2008 ; De Greef, 2006). Selon eux, il convient de combattre la rigidité, le conformisme et la routine qui limitent la flexibilité, l'innovation, la créativité et le mouvement. Selon Abrahamson, « les systèmes non ordonnés s'adaptent plus rapidement, dans un registre plus étendu et avec moins d'efforts que les autres ». Le désordre est donc rentable, parce que trop d'ordre fait perdre du temps et bride les changements nécessaires pour conquérir les marchés de demain. Le désordre est aussi nécessaire pour sortir des sentiers battus et découvrir de nouvelles façons de faire. Ainsi, la découverte de la pénicilline, par Alexander Fleming, serait due aux moisissures accumulées dans son atelier, qu'il ne nettoyait jamais. La légende raconte qu'Albert Einstein ne rangeait pas son bureau. Anecdotes sympathiques qui mettent en exergue des comportements individuels et singuliers pour légitimer une forme de désordre nécessaire dans la vie courante, mais paradoxale dans la vie organisationnelle.

Les organisations hypermodernes sont dominées par une logique d'obsolescence. Elles détruisent en permanence ce qu'elles produisent par nécessité de produire autre chose. Le chaos management est l'expression de cette logique. Il l'installe comme une donnée nécessaire et invite les managers soucieux de réussite à produire eux-mêmes une situation chaotique pour y parvenir. Les ingrédients de cette course en avant destructrice sont aujourd'hui connus : la concurrence exacerbée, les délocalisations, les restructurations permanentes, la course à la performance, la flexibilité, l'*acting out* permanent. Pour les psychanalystes, le « passage à l'acte » est un mécanisme de défense qui empêche le sujet d'entrer dans l'analyse, c'est-à-dire d'élaborer du sens par rapport à ses symptômes. L'action continuelle, sans répit, est un moyen de ne plus penser au sens de l'action, à ses conséquences. La rationalité instrumentale (comment faire ?) prend alors l'ascendant sur la question des finalités de l'action (pourquoi faire ?). Le changement est devenu une valeur comme s'il suffisait de changer pour que les choses aillent mieux. Le changement est utilisé comme un grigri pour conjurer les effets néfastes du chaos. Il sert de paravent au manque de réflexion qui semble dominer les élites dirigeantes sur les conséquences de cette fuite en avant.

La quête de toute-puissance et la volonté folle de vouloir être *number one* qui animent les top managers, sous l'œil vigilant de la *shareholder value* (la valeur actionnariale), produisent une course en avant à la dérégulation, au chacun pour soi, à la remise en question des règles nécessaires pour « faire société ». Le droit du travail, les protections sociales et le droit des affaires sont considérés comme des freins à la performance qu'il faut éliminer. Le chaos est célébré comme la clé du succès. La crise est la conséquence nécessaire d'une conception de l'entreprise et d'un système économique qui normalisent la culture de la haute performance fondée sur le « toujours plus ». La représentation d'un monde qui doit s'adapter en permanence à cette exigence productiviste et chaotique est au fondement de la logique d'obsolescence qui l'accompagne : s'adapter ou disparaître. Celui qui ne court pas, par opposition, par épuisement ou par incapacité, est considéré comme « dépassé », « archaïque », « has been », en tout cas inadapté aux exigences de la nécessaire modernisation. Il est non seulement inutile au monde, mais même nuisible dans la mesure où il freine la performance des autres.

Le désordre organisé ou l'organisation du désordre

Le désordre devient une valeur cardinale, un gage de succès, un modèle d'organisation innovante. Il y a là une inversion de la représentation initiale de l'organisation. Celle-ci ne renvoie plus à l'idée d'un ordre stable relativement maîtrisé, mais à une instabilité chronique impulsée pour produire du changement. On peut observer ce renversement dans différents secteurs. L'informatique a été précurseur en ce domaine. C'est celui où les performances accomplies sont parmi les plus spectaculaires. Chaque année, les constructeurs ont produit des systèmes informatiques de plus en plus puissants et de plus en plus petits, de plus en plus *design* et conviviaux, de plus en plus multifonctionnels et de moins en moins chers. Ces performances ont été obtenues au prix d'une restructuration permanente des entreprises qui les conçoivent et les produisent. Elles génèrent une destruction massive et rapide des savoir-faire, des outils de production, des techniques, et donc des hommes qui les ont fabriqués. Chaque produit nouveau est tellement performant qu'il élimine les anciens. Ces productions nouvelles conduisent à une disparition extrêmement rapide des structures de production précédentes.

La relation de récursivité [1] entre le produit et le producteur (Morin, 1990) implique qu'il ne s'agit plus seulement de renouveler des produits pour répondre à « la demande du marché », mais de changer de fond en comble l'univers de la production, qui s'emballe dans une course en avant impossible à arrêter. Ce n'est plus seulement un pro-

1. La causalité récursive met en évidence le processus selon lequel le produit devient producteur de ce qui l'a produit.

duit qui chasse l'autre, c'est un système de production qui chasse l'autre. Les organisations ne sont plus des systèmes relativement stables que l'on peut programmer en fonction de produits facilement identifiables. Elles deviennent des ensembles complexes qui mettent en mouvement une multiplicité de *process*, de projets, d'objectifs qui sont plus ou moins contradictoires. Le désordre devient la norme. Le multiple se substitue à la cohérence, la culture de l'urgence à la programmation dans le temps. Les instigateurs et les réorganisateurs s'empilent dans un mouvement permanent qui empêche toute stabilisation définitive.

Le management par projets est un bon exemple d'organisation du désordre comme mode de gestion. Pour mieux s'adapter à un marché volatil et à une concurrence mondiale acharnée, les entreprises développent une multiplicité de projets concomitants. Elles confient à des managers chevronnés le soin d'élaborer ces projets et de les mettre en œuvre. Chacun est mis en concurrence avec les autres pour mobiliser les ressources en interne et/ou en externe afin de réussir. Le succès dépend en particulier de la capacité du chef de projet à mobiliser les moyens nécessaires pour le rendre crédible et faisable. Il ne dispose pas de ces moyens *a priori*, c'est donc à lui de se les procurer. Chaque manager de projet se trouve donc en compétition avec les autres pour s'accaparer les ressources disponibles. Il est par ailleurs dans une incertitude puisque la réalisation définitive de « son » projet dépend de toute une série de facteurs qu'il ne maîtrise pas : l'état d'avancement des projets concurrents, l'évolution du marché, la découverte de nouvelles technologies, un changement qui conduit à d'autres orientations stratégiques, une crise financière qui remet en question les investissements nécessaires… Dans un marché incertain, le management par projets est l'expression d'un mouvement contradictoire à l'œuvre dans les organisations hypermodernes : la tentative de chacun de mettre de l'ordre dans « son » système produit du désordre dans tous les autres. Lorsqu'un manager réussit à mettre en synergie le maximum de ressources sur son projet, il provoque une démobilisation des ressources dans les autres secteurs de l'organisation. Le succès des uns contribue à l'échec des autres. La logique de projets contribue en définitive à déstabiliser les organisations réticulaires en produisant une désorganisation permanente.

La nouvelle gestion paradoxante

Dans ce contexte de réorganisation permanente, l'instabilité, l'incohérence et le désordre deviennent des données « normales » de l'organisation. Les salariés, comme le management, ne comprennent plus « où l'on va », quel est le sens de ces réorganisations constantes, pourquoi un monde qui se veut si rationnel produit du chaos. Ils sont désemparés, soumis à des tensions contradictoires qui se transforment en paradoxes. Les organisations classiques se caractérisaient par la mise en système d'éléments hétérogènes en vue de produire des biens et des services identifiables. Cette vision de l'organisation tend à disparaître. On voit émerger non plus un ensemble unifié, mais une multiplicité de processus aléatoires ; non plus un système, mais un ensemble de réseaux hétérogènes, ayant chacun une logique propre plus ou moins compatible avec celle des autres ; non plus une synergie entre des éléments, mais un rassemblement chaotique, chaque élément poursuivant ses objectifs propres.

« J'ai quatorze patrons », nous dit un manager aux prises avec une multiplicité d'interfaces qui le confrontent à des injonctions contradictoires. Il exprime bien la difficulté de remettre de la cohérence et de la rationalité dans un univers éclaté, au sein duquel aucun élément ne peut durablement se fixer une ligne de conduite stable. Il doit répondre aux exigences de chacun de ses « patrons », sachant que le fait de répondre à l'un le met dans l'impossibilité de répondre aux autres, alors même qu'il est dans l'obligation de le faire. Entre les ressources humaines, le contrôle de gestion, la production, le marketing, le juridique, le contentieux, le commercial, la maintenance, la comptabilité, la recherche, sans parler de la hiérarchie directe et du top management, chaque élément de l'organisation produit des règles, des procédures, des référentiels, des critères, des normes… Chacun produit de l'organisation pour tenter de remettre de la rationalité et des repères dans un ensemble qui est submergé de prescriptions de plus en plus décalées du travail réel. Sans parler des multiples outils conçus par des cabinets de consultants qui modélisent des « approches solutions », inapplicables sur le terrain.

On assiste dès lors à l'émergence d'un système paradoxant selon lequel les tentatives de chacun pour lutter contre l'incohérence, pour

« résoudre » les contradictions, pour réinsuffler du sens, pour rationaliser les conduites, se traduisent en fait par un renforcement de la complexité, dans laquelle les « logiques » antagonistes et contradictoires l'emportent sur les complémentarités et les synergies (Morin, 1990).

À partir du moment où les managers sont focalisés sur les résultats, ils se désintéressent de ce qui devrait être la fonction première du management : concevoir et mettre en œuvre des médiations face aux contradictions qui empêchent les uns et les autres d'accomplir correctement leur activité. Leur tâche primordiale devrait consister à aller au plus près du terrain, pour aider les managers de proximité à traiter les conflits rencontrés par les salariés, dans la mesure où ces conflits révèlent des contradictions que l'organisation n'arrive pas à médiatiser. L'une des causes essentielles du mal-être au travail vient de l'incapacité à trouver des médiations satisfaisantes pour pouvoir faire son travail correctement. Lorsque la médiation devient moins opérante, les employés sont confrontés à des injonctions paradoxales.

La double contrainte comme système d'organisation

Suite aux travaux de Gregory Bateson (1977), les psychologues de l'école de Palo Alto ont montré comment un système de communication paradoxal contribuait à faire « perdre la raison » (Watzlawick, Helmick Beavin, Jackson, 1972). La double contrainte (*double bind*) consiste à installer un processus de subordination-domination à partir d'injonctions paradoxales. Un exemple, souvent cité, concerne la relation entre une mère et son enfant. Pour son anniversaire, la mère offre à son fils une cravate verte et une cravate rouge. Le garçon, tout content de recevoir un cadeau, tout fier à l'idée que sa mère est heureuse de le voir grandir, va dans sa chambre, enfile la cravate verte et revient la voir. « Pourquoi tu mets la verte, tu n'aimes pas la rouge ? » lui dit-elle. Le garçon, un peu confus, retourne dans sa chambre, enfile la rouge, et vient se montrer à sa mère : « Pourquoi tu mets la rouge, tu n'aimes pas la verte ? » L'enfant ne sait plus très bien quelle attitude adopter. Il regagne sa chambre et enfile les deux cravates l'une sur l'autre. Sa mère le regarde d'un air désolé en lui disant : « Tu vas me rendre folle ! » Quoi qu'il fasse, l'enfant est en défaut. Et quand son comportement devient incohérent pour s'adapter aux demandes incohérentes de sa mère, c'est elle qui lui reproche d'être le producteur de ce qu'elle a produit. La mère le met dans une situation folle et, dans le même mouvement, elle l'accuse de la rendre folle. L'enfant est coincé dans un système de communication qui le condamne à être inadéquat, insatisfaisant et impuissant ; en outre, il est rendu responsable de cet état de fait. Il y a là un mécanisme d'emprise. Un tel système enferme les individus dans une soumission permanente. « La double contrainte engendre des séquences insolubles d'expériences vécues » (Wilden, 1980).

La situation de double contrainte s'installe à partir du moment où plusieurs personnes sont engagées dans une relation intense et de grande valeur pour elles sur les plans affectif, psychique ou matériel, de telle façon qu'elles ne peuvent ou ne veulent s'en dégager. Elle se caractérise par un système de communication dans lequel des messages sont émis sous la forme d'injonctions contradictoires assorties d'un troisième terme qui empêche toute échappatoire. Obligé d'obéir à deux demandes parfaitement incompatibles (puisqu'il lui faut désobéir pour obéir), le sujet est mis en échec tout en portant la responsabilité de son incapacité à répondre de façon satisfaisante à ces demandes. Il se trouve alors dans une situation sans issue et intenable, dans l'impossibilité de choisir entre des exigences à la fois obligatoires et antagonistes. Quoi qu'il fasse, il ne peut qu'être en défaut, ce qui détruit de l'intérieur toute possibilité de réaction pour sortir de l'emprise de son interlocuteur.

La complexité des organisations hypermodernes crée des situations propices à l'émergence d'injonctions paradoxales. Le manager qui décrit la multiplication de ses interfaces en désignant ses « quatorze patrons » montre qu'il est continuellement confronté à des demandes incompatibles. L'essentiel de son travail consiste à faire des choix, à opérer des arbitrages, à trouver des compromis et à inventer des réponses partielles, à tenter, malgré tout, de produire de la médiation dans un monde paradoxal. Les organisations ne fonctionnent que parce que des milliers d'agents, à chaque instant, inventent des médiations contre les « logiques » des systèmes qui les emploient. La caractéristique des organisations complexes réside dans ce déplacement : c'est le système lui-même qui devient paradoxal.

La question se pose alors de savoir si ce déplacement est intentionnel, voulu par les élites dirigeantes pour conforter un système d'emprise, ou s'il est l'effet mécanique de la multiplication des logiques d'action, des contraintes et des sources de pouvoir. Sans trancher définitivement une question aussi délicate, on peut penser que la complexité est une donnée du monde contemporain, qu'elle s'impose à tous, qu'elle est le produit d'une multiplicité de facteurs qui sont à la fois interdépendants et autonomes, complémentaires et antagonistes, nécessaires et relatifs. Dans ce contexte, le top management peut évoluer entre deux attitudes. L'une consiste à utiliser les paradoxes comme outil de gouvernance afin de désamorcer toutes les critiques, en se focalisant strictement sur les performances financières, quel qu'en soit le coût en termes d'organisation et quel qu'en soit le prix à payer pour les employés. Ceux qui ne suivent pas sont considérés comme n'étant pas à leur place, comme cédant à une faiblesse compassionnelle qui n'est pas de mise à l'heure de la guerre économique. L'autre consiste à travailler pour que les contradictions du système ne se transforment pas en paradoxes, à mobiliser l'ensemble du management sur cet objectif, à considérer que la réussite dans la durée dépend de la qualité des médiations mises en œuvre. On aimerait croire que les cours de leadership, si prisés dans les écoles de management, soient construits en ce sens : apprendre aux dirigeants à produire de la médiation. Cela permettrait d'éviter que le monde du travail ne devienne de plus en plus paradoxal.

Le terme « logique paradoxale » est un oxymore qui rend compte de la quintessence du pouvoir managérial. Un pouvoir qui se présente comme parfaitement rationnel, pragmatique, s'appuyant sur des outils de mesure objectifs. La « logique » est une position mentale qui nourrit l'imaginaire managérial et le rend difficilement contestable. Il s'agit d'optimiser l'organisation selon des principes positivistes fondés sur le progrès, la croissance, la promotion des meilleurs et l'enrichissement. Un pouvoir qui semble dépasser les contradictions du monde économique, entre le capital et le travail, du monde social, entre les riches et les pauvres, du monde intellectuel, entre l'action et la réflexion. Associée à la production et à la maîtrise des nouvelles technologies d'information et de communication, l'idéologie managériale entretient l'illusion d'un monde sans limites et sans contradictions.

Mais pourquoi un monde sans contradictions est-il un monde paradoxal ? Pourquoi la pensée managériale, caractérisée par l'effort permanent d'une approche rationnelle des problèmes, conduit-elle à exacerber les contradictions au point de les transformer en paradoxes ?

La réponse est en fait assez simple. En occultant les oppositions qui sont à la source même des processus organisationnels, le pouvoir managérial se met en position de subir ce qu'il croit maîtriser. Il crée un système qui lui échappe et le rend impuissant. La crise financière de 2008 a illustré de façon brillante et dramatique cette logique paradoxale. La rationalité instrumentale, la volonté prescriptive, le positivisme systématique, l'utilitarisme exacerbé, sont des modes d'appréhension de la réalité qui produisent un monde de compétition acharnée, une fuite en avant chaotique et une création destructrice.

Rien de moins « logique » qu'un paradoxe. Il confronte le sujet à des doubles contraintes qui s'imposent à lui sans qu'il puisse y échapper. Il produit une emprise sur ceux-là mêmes qui le produisent. Le manager est produit et producteur d'un pouvoir paradoxant dont il est le premier objet. Le pouvoir managérial produit des managers qui reproduisent ce pouvoir à leurs propres dépens. Ce processus est, en définitive, parfaitement « logique ».

« On l'accepte ou on part », disent les managers les plus lucides, ajoutant qu'ils n'ont pas vraiment le choix puisque ailleurs c'est pareil. Ils avouent ainsi qu'il n'y a pas de sortie face à un pouvoir qu'ils connaissent en profondeur pour l'avoir exercé. L'exercice de ce pouvoir les prend, les occupe et envahit une grande partie de leur existence. C'est un exercice comportementaliste qui leur demande d'incorporer un certain nombre d'exigences et de valeurs comme la résistance au stress, le culte de la performance, la capacité à résoudre des problèmes complexes, le goût du challenge et de la compétition, une réactivité de tous les instants. C'est également un exercice pratique, puisque l'activité quotidienne les conduit à un *acting out* permanent dans lequel ils se perdent pour oublier le non-sens de cet activisme effréné. Le passage à l'acte empêche la « perlaboration », c'est-à-dire la possibilité pour le sujet d'élaborer, psychiquement et mentalement, ses conflits. L'action sert de paravent pour ne plus penser, pour refouler l'angoisse de cette course sans fin qui ne mène nulle part. Elle sert de mécanisme de défense contre ce que cette fuite en avant peut contenir de forces destructrices pour leurs collaborateurs, pour l'environnement et pour eux-mêmes. Ils ne sont pas les derniers à pâtir de la folie organisationnelle qui les emporte dans l'urgence, la mobilité permanente, l'exigence du toujours plus, l'excellence durable... Dans ce contexte, le paradoxe devient une méthode de « gouvernance ».

Quelques exemples de paradoxes « normaux »

Les exemples abondent pour illustrer les mille et une facettes par lesquelles les paradoxes contaminent l'activité « normale » dans les organisations hypermodernes.

Le paradoxe de l'urgence : plus on gagne du temps, moins on en a

La course à l'urgence est une caractéristique commune à l'ensemble des entreprises hypermodernes. Elle concerne également toutes les organisations soumises à la révolution managériale. Le TTU (très, très urgent) envahit le quotidien de tous, chacun essayant d'imposer « sa » temporalité aux autres, d'imposer « ses » urgences à ses différentes interfaces (Harlé, 2010). En effet, chaque élément du système a « sa » conception du temps. Une conception inscrite dans une culture, dans l'expérience concrète d'une activité concrète. Chacun sait de combien de temps il a besoin pour produire, à quel rythme il doit se soumettre pour bien faire son travail. Chacun cherche l'harmonie qui est nécessaire pour concevoir et fabriquer le bel ouvrage. Mais l'harmonie de chacun dépend également de la façon de jouer des autres. Lorsque le chef d'orchestre ne sait plus tenir compte de la partition de chaque musicien, c'est la cacophonie. Et lorsqu'il impose un rythme venu d'ailleurs, qui lui est imposé non pas par les nécessités de sa partition mais par des prescriptions qui raccourcissent les délais, augmentent les cadences, soumettent l'ensemble du système à un seul critère d'évaluation, alors la cacophonie se transforme en « sauve-qui-peut ». Chacun essaye d'imposer « son tempo » et se sent impuissant à lutter contre une course en avant qu'il n'arrive plus à contrôler. Lorsqu'il le peut, il va « jouer dans son coin ». Quand il est obligé de « s'adapter », il se met à jouer mal, trop vite, il s'essouffle, il n'est plus dans le rythme, ni le sien, ni celui des autres.

L'urgence devient alors la norme qui empêche de travailler « normalement » c'est-à-dire de prendre le temps de faire correctement ce que l'on a à faire. On court après le temps, on n'arrive plus à boucler les affaires courantes, on met en place des stratégies pour gagner du temps, sachant que plus on en gagne, moins on en a.

Le paradoxe de l'excellence durable : la réussite mène immanquablement à l'échec

Le management par l'excellence consiste à proposer à chacun de se réaliser dans son travail le mieux possible, en dépassant ses limites. Dans les critères d'évaluation couramment utilisés dans les entreprises, on attend un dépassement des objectifs : *well above normal expectations* (bien au-delà des attentes normales) ; *clearly outstanding* (clairement hors du commun). Ces deux critères, pour être notés B ou A, indiquent bien les attentes. Il ne suffit plus d'être satisfaisant, de remplir ses objectifs à 100 %, de bien faire son travail, « normalement ». Il faut faire toujours plus, être au-delà des attentes, devenir excellent, c'est-à-dire « hors du commun ». Il y a deux façons d'être hors du commun, par rapport à soi-même et par rapport aux autres.

Par rapport à soi-même, être excellent consiste à se dépasser, à faire plus et mieux que les résultats précédents. Il est donc demandé à chacun de dépasser ses limites. On recherche l'exceptionnel, l'extraordinaire, donc l'anormal. Dans ces conditions, il n'est pas étonnant que la réussite mène immanquablement à l'échec. À vouloir se dépasser durablement, on rentre dans un cycle où la tyrannie de l'idéal met le moi devant son impuissance, voire son effondrement. L'*exigence du toujours plus* peut dans un premier temps provoquer l'émulation. Dans la durée, elle ne peut qu'engendrer l'impuissance et la dépression.

Par rapport aux autres, être excellent c'est être « hors du commun ». Le « prix d'excellence » est décerné à celui qui a les meilleurs résultats. Il est donc unique et exceptionnel. Proposer à tout le monde d'être *hors du commun* et, de plus, durablement, conduit à faire disparaître ce qui est commun, donc ce qui relie les individus les uns aux autres, ce qui les rassemble : une communauté régie par des normes acceptées comme nécessaires pour rendre la vie vivable, les différences acceptables. Tout groupe a besoin de règles pour permettre à chacun d'y trouver sa place, d'être reconnu à part entière, de se sentir relié aux autres par l'accomplissement d'une tâche commune. Dès lors, la valorisation de ce qui est « hors du commun » remet en question ce qui fonde le groupe, lui donne sa consistance, sa valeur. Elle encourage l'individualisme et la lutte des places. L'excellence durable détruit le monde commun[2], donc le lien social, les valeurs qui fondent l'« être ensemble ». On ne peut à la fois exiger de chacun qu'il soit excellent et lui demander d'accepter de n'être qu'un parmi d'autres, à égalité, en solidarité avec les autres.

Le paradoxe de l'autonomie contrôlée

Dans le contexte de l'hypermodernité, chaque individu se doit d'être autonome, d'exercer son libre arbitre, d'affirmer sa personnalité dans un contexte où cette liberté s'inscrit dans une acceptation totale des objectifs fixés par l'entreprise, une conformité à ses normes, une intériorisation de ses exigences. La flexibilité et la mobilité sont autant d'injonctions par lesquelles se manifeste cette liberté dirigée. Chacun doit être capable de prendre des initiatives, d'inventer des solutions nouvelles, à condition qu'elles entrent en conformité avec les attentes de l'entreprise, ses stratégies et ses objectifs. Dans cet univers d'incertitude, personne ne peut ériger des règles de conduite fixes et stables. Chacun doit faire preuve de réactivité, d'adaptabilité et de créativité, tout en respectant les prescriptions et les règles édictées par l'organisation. L'homme managérial est une personne qui affirme sa singularité en développant le conformisme.

Les centres d'appels illustrent cette double contrainte (*double bind*) permanente d'expression de la créativité dans un contexte de standardisation des tâches : « La maîtrise de soi, savoir parler correctement, être capable d'affronter des situations de face-à-face ou répondre au téléphone, font partie des qualités exigées et deviennent le cœur de leur activité. C'est leur personnalité qui est mise en scène autant que leurs savoirs pratiques et scolaires. Par ailleurs, ces salariés exercent des activités dans lesquelles le poids du travail prescrit laisse peu de place à l'autonomie. Ils sont soumis à des *scripts* très précis et subissent un contrôle constant. Leur activité symbolise la taylorisation du tertiaire où l'outil informatique permet de pousser très loin l'uniformisation des tâches » (Cousin, 2002, p. 501).

2. Selon l'expression d'Hannah Arendt, pour qui la finalité de la politique est justement de construire un monde commun. Pas étonnant dans ces conditions que le développement de l'économique se fasse au détriment du politique (Arendt, 1958).

L'injonction à affirmer son autonomie est clairement énoncée dans les valeurs qui célèbrent l'esprit d'entreprise, la valorisation de l'action, le défi, le challenge, la compétition… L'individu doit s'adapter au changement permanent, accepter la flexibilité comme une nécessité pour réussir, être mobile quelles qu'en soient les conséquences pour sa famille, sa santé physique et psychique. C'est bien le signe de l'affirmation de son autonomie que de vouloir progresser, faire carrière, améliorer ses performances, s'adapter au changement, relever des défis de plus en plus difficiles, accepter les sacrifices que l'entreprise lui demande pour faire la preuve de sa bonne volonté.

L'autonomie devient une exigence d'autant plus pressante que l'hétéronomie s'accroît. La réactivité exigée dans les organisations hypermodernes aboutit à une perte de maîtrise sur l'activité et l'organisation de « son » travail. D'un côté, les travailleurs sont dépossédés de la maîtrise effective sur ce qu'ils font, de l'autre, on les rend responsables de la mobilisation des moyens pour remplir leurs objectifs, de la qualité du travail effectué, des résultats obtenus, de la réussite et des échecs du collectif. La maîtrise sur leur travail décroît alors que l'appel à leur responsabilité s'accroît. La tension psychologique est intense entre une autonomie subjective de plus en plus exaltée et une dépendance objective enserrée dans un faisceau de contraintes qui s'accentue. « La souffrance partout sensible dans nos sociétés ultramodernes vient de ce que chacun est sommé de s'affirmer en souverain gouverneur de sa propre vie, alors que son statut n'est plus garanti par les lois mais dépend de la solidité des liens affectifs et économiques qu'il a pu tisser avec autrui. Terreau propice au narcissisme ou à la dépression » (Supiot, 2010, p. 109).

L'obligation d'adhérer librement

L'entreprise attend de chaque employé une adhésion spontanée à ses valeurs, à ses principes et à ses croyances. « On est condamné à être libre », confiait un manager pour exprimer cette double nécessité d'accepter l'emprise de l'organisation tout en se comportant en sujet conscient parfaitement maître de ses choix.

« Nous sommes tous d'accord pour dire que notre entreprise a besoin d'actes et non de mots. » Cette phrase est extraite d'une brochure d'une dizaine de pages décrivant le « projet d'entreprise » de

Philips[3], ses valeurs, son « idéal de management ». Il s'agit d'inciter les managers à participer à l'« esprit Philips », à adhérer librement à ses valeurs et à ses convictions. Nous l'avons extraite parce qu'elle est significative du type de discours régulièrement affirmé dans ce type d'entreprise. Elle est un bon exemple du caractère paradoxal de ces propos, paradoxe logique d'une part, paradoxe psychologique d'autre part.

Le premier paradoxe exprime, avec des mots, l'affirmation selon laquelle l'entreprise n'a pas besoin de mots. On parle ici de paradoxe logique dans la mesure où la logique est totalement prise en défaut, comme un signal qui indique « ne tenez pas compte de ce signal », ou encore deux panneaux à l'entrée d'une rue, l'un de « sens interdit », l'autre indiquant « passage obligé ». Ce sont des injonctions parfaitement antagonistes : l'obéissance à l'une oblige à désobéir à l'autre, et *vice versa*. L'exemple célèbre d'un Crétois qui déclare que « tous les Crétois sont des menteurs » illustre l'impossibilité de trouver une issue logique à une formulation paradoxale. Dire « on n'a pas besoin de mots » exprime la valorisation de l'action au détriment de la réflexion, ce qui est une réflexion qui se dénigre dans sa formulation même, puisqu'elle est dite avec des mots. Comme quoi, le paradoxe est, tel le retour du refoulé, un moyen d'annuler une affirmation par l'expression d'une chose et de son contraire dans la même phrase.

Le second paradoxe est moins évident. « Nous sommes tous d'accord… » Cette affirmation péremptoire met le lecteur devant une obligation d'adhérer au propos énoncé tout en restant libre de ne pas le faire. On ne lui demande pas une soumission aveugle, on lui demande d'exercer son libre arbitre, sa réflexion. Il ne peut alors qu'arriver aux mêmes conclusions que celles auxquelles les rédacteurs sont arrivés. Il y a une telle évidence dans le propos qu'aucune personne sensée ne peut être en désaccord avec la proposition. On considère le lecteur comme un être intelligent, capable d'exercer sa liberté de penser. Et c'est justement cette autonomie réflexive qui doit, immanquablement, le conduire à affirmer son accord, à se fondre dans un « nous » qui rassemble l'ensemble de ceux, tout aussi intelligents que lui, qui arrivent à la même conclusion. Par un raisonnement indiscutable. En s'intégrant dans ce « nous », chaque individu affirme son autonomie

3. « The Philips way », brochure éditée par Philips en 1993.

et sa liberté de pensée. Le fait qu'il n'ait pas d'autre choix n'est pas la conséquence de l'imposition d'un pouvoir totalitaire et répressif, mais celle d'une acceptation libre et raisonnée.

Le paradoxe du travail empêché

Dans un contexte de concurrence exacerbée, le changement en tant que tel devient « la » norme : adaptabilité, flexibilité, mobilité sont les maîtres mots de la performance. La production doit s'adapter aux marchés, le marketing concocter de nouveaux produits qu'il faut commercialiser dans l'urgence pour arriver avant les concurrents. Le discours récurrent du top management est que les problèmes viendraient principalement des agents qui résistent au changement, alors même que les travailleurs dans leur grande majorité s'investissent « corps et âme » pour que « ça marche malgré tout ». Ce « malgré tout » rassemble un ensemble hétérogène : malgré la complexité, malgré l'urgence, malgré la réduction des effectifs, malgré la compression des coûts, malgré la désorganisation permanente, malgré les plans de restructuration, malgré l'informatique dont la fiabilité est aléatoire, malgré les multiples instruments d'évaluation qui empêchent de travailler.

Un des éléments majeurs de la souffrance au travail vient de l'empêchement de travailler (Clot, 1995). La révolution managériale, en insistant sur l'autonomie, la créativité, l'initiative, l'innovation, l'adaptation à la complexité, sollicite plus de réflexion et de mobilisation psychique. L'intensification de l'implication subjective demandée aux salariés ne bénéficie pas pour autant d'une reconnaissance en rapport avec leurs attentes. La considération et la bienveillance attendues ne sont pas au rendez-vous. L'entreprise considère l'humain non pas dans une relation intersubjective, mais dans une relation économique. L'humain est une ressource qui doit être productive et rentable. Dans le même temps, l'activité est considérée comme un simple résidu de la modernisation (Hanique, 2004), comme une variable ajustable aux exigences managériales, commerciales et techniques. Il y a là un paradoxe puisque l'investissement subjectif est tout à la fois sollicité et récusé. La gestion des ressources humaines valorise l'humain pour mieux le transformer en force de travail au service de l'entreprise.

L'investissement réflexif et psychique est un élément primordial pour que « ça marche » malgré tout. Le collectif joue ici un rôle essentiel dans l'invention quotidienne de réponses à l'imprévu, à l'aléatoire, à l'incertain et au décalage entre les prescriptions et l'activité concrète. La confiance entre les acteurs et leur coopération sont une condition nécessaire pour produire ensemble, affronter des situations nouvelles, développer d'autres façons de faire, innover, faire face à l'urgence, prévenir les défaillances et/ou les absences des collègues, en un mot pour travailler bien en adaptant l'activité aux modifications de l'environnement. Depuis longtemps, les sociologues ont remarqué combien les prescriptions rigides et les procédures formalisées étaient un obstacle au travail de qualité. Les travailleurs le savent bien puisqu'il leur suffit de faire du zèle pour bloquer le système. *A contrario*, la souplesse de l'activité entretient une dynamique collective dans les services, qui se nourrit d'un idéal partagé : « que ça marche ». D'où l'importance de la coconstruction d'un cadre de référence commun à l'action. Le collectif est une ressource majeure afin de faire face aux aléas de l'action, aux imprévus, et de construire les innovations nécessaires pour améliorer le fonctionnement.

Pour « tenir » au travail, il faut mettre en correspondance une activité avec un idéal. Le « jugement de beauté » (Dejours) est fondamental. C'est le travail bien fait qui apporte les satisfactions les plus profondes, les « vraies » reconnaissances par opposition aux reconnaissances artificielles (*stroke positifs*) imaginées par la hiérarchie. Il est parfois pathétique de voir le management de proximité s'évertuer à « motiver les troupes » dans un contexte de démotivation structurelle généralisée. De même qu'il est décourageant d'entendre des managers déclarer que les problèmes viendraient de l'absence de motivation chez des salariés qui se donnent un mal fou pour que ça marche malgré les contrordres, malgré des consignes contradictoires, malgré toutes les prescriptions inadaptées. Travailler, c'est inventer jusqu'à détourner les règles, transgresser les consignes, contourner les prescriptions pour être plus productif. C'est inventer avec d'autres un monde commun de signification, un cadre de référence partagé, c'est s'inventer des mobiles pour l'action.

On comprend alors pourquoi les tentatives de produire expérimentalement de la motivation par l'extérieur sont toutes vouées à l'échec. Si les travailleurs résistent, ce n'est pas parce qu'ils ne veulent pas changer, c'est qu'ils doivent réduire l'écart entre le prescrit et le réel : ils doivent mettre en œuvre concrètement leur activité même si les injonctions sont incohérentes ; ils doivent lutter en permanence contre tout ce qui les empêche de travailler : l'application de règles inadaptées, le respect de consignes inutiles, l'application de normes contraignantes. Ils se mobilisent pour faire leur travail le mieux possible et ils sont accusés de résister au changement. En définitive, ils deviennent responsables des dysfonctionnements qui les empêchent de travailler !

Le paradoxe de la désubjectivation impliquée

Les organisations hypermodernes développent des tâches qui requièrent un investissement mental intense tout en étant standardisées. D'un côté, l'entreprise demande aux salariés de mettre en jeu leur capacité de réflexion, de l'autre, de ne pas interférer en donnant leur opinion personnelle. Un sentiment de dédoublement découle de la confrontation à ces deux exigences opposées. Une partie du moi répond à la demande d'implication mentale qui est demandée par une concentration intellectuelle importante, une autre partie du moi développe une désimplication subjective face à l'absence d'intérêt de la tâche prescrite.

Mathew Crawford illustre cette contradiction dans le récit de son travail de rédacteur pour un magazine chargé de résumer des articles scientifiques de haut niveau. Après une formation d'une semaine, son quota initial était de quinze articles à la journée. Au bout de onze mois, il était passé à vingt-huit articles selon les normes standardisées prescrites par la direction. « Je me sentais pris au piège. Un rythme aussi rapide impliquait une certaine forme de concentration mais, en même temps, il exerçait une véritable absorption dans mon travail et engendrait une sensation de dédoublement. Ou plutôt, *j'essayais* de me dédoubler et de m'absenter de ma tâche pour mieux remplir mon quota » (Crawford, 2010, p. 154). La concentration exigée pour rédiger autant de résumés par jour le conduit à mettre entre parenthèses son propre jugement, à renoncer à ses facultés de penser par lui-même, à mettre en veilleuse ses propres opinions, alors même qu'une mobilisation mentale intense est nécessaire. Son travail implique une activité intellectuelle fondamentalement inscrite dans la production de sens puisqu'il consiste à résumer des articles scientifiques pour un public qui attend que les propos initiaux des auteurs soient rendus explicites et compréhensibles. Mais, en même temps, le processus de taylorisation de la tâche conduit à appliquer un modèle standard élaboré pour assurer une productivité maximale. Il fait perdre tout le sens de l'activité pour le rédacteur, qui doit renoncer à s'exprimer comme sujet réflexif pour l'accomplir.

Ce double mouvement de mobilisation mentale accompagnée d'une désimplication subjective est une caractéristique de la modélisation croissante des processus de production, dans des activités intellectuelles qui, jusqu'à une période récente, échappaient à toutes formes de standardisation. Le développement de l'intelligence artificielle et de nouvelles technologies de l'information donnent au pouvoir managérial les moyens de contrôler une production qui était auparavant réservée aux cadres et préservait leur autonomie.

Le paradoxe de la coopération : l'organisation est un système de coopération qui empêche de travailler ensemble

Les organisations réticulaires ne peuvent fonctionner qu'avec la mise en œuvre de coopérations entre métiers, entre services, entre fonctions, entre filiales... Chaque manager évoque en permanence ses interfaces, dans des relations d'interdépendance réciproques intenses. C'est dire que la coopération est un enjeu majeur du fonctionnement de l'organisation, alors même que les dispositifs que cette dernière met en place peuvent contribuer à l'empêcher. Les exemples abondent : le développement d'une concurrence interne exacerbée, l'individualisation de l'évaluation des performances, la mobilité accélérée, les réorganisations successives, le « saucissonnage » des fonctions et des activités, la coupure entre top management et management de proximité... Jusqu'à la multiplication des réunions destinées à favoriser la coopération dans lesquelles on en parle sans la faire. Plus on s'approche du terrain, plus la coopération est effective « pour que ça marche ». Plus on s'en éloigne, plus le décalage entre le discours et la pratique est évident.

Le manque de coopération est un reproche qui est fait à l'autre, perçu comme non coopératif, comme si elle dépendait du comportement des autres alors qu'elle dépend d'abord des conditions organisationnelles qui la favorisent ou l'inhibent. C'est la raison pour laquelle, là où elle est effective, elle passe inaperçue, elle est normale, elle n'a pas besoin d'être décrétée pour être réelle. À l'inverse, on en parle lorsque le fonctionnement même de l'organisation structure les conditions d'une non-coopération qui empêche les salariés de travailler. Le paradoxe est total lorsqu'on leur en fait le reproche alors même qu'ils se donnent un mal fou pour coopérer, fût-ce au prix d'un détournement des prescriptions qui y font obstacle. Le top management devrait alors renverser sa perspective habituelle : se préoccuper d'analyser en quoi les dispositifs organisationnels favorisent ou empêchent la coopération, plutôt que de dénoncer l'absence de volonté de la part des collaborateurs.

Comment sortir d'un système paradoxant ?

La multiplication des paradoxes conduit à la mise en place d'un système d'emprise, qui se boucle sur lui-même au point que les réactions défensives mises en place pour s'en protéger contribuent à le renforcer. Ces mécanismes peuvent facilement susciter une paranoïa généralisée. Le sentiment de persécution est corrélatif des bouclages successifs entre les logiques organisationnelles et les processus psychiques mobilisés. C'est l'une des caractéristiques d'un système paradoxal : des injonctions incompatibles entre elles auxquelles il faut absolument se soumettre, sans parvenir ni à désobéir ni à faire autrement. Pour autant, la violence induite par le système et le risque de folie obligent les salariés à se mobiliser pour trouver une issue « malgré tout ». Chacun recherche le meilleur moyen pour ne pas sombrer dans la folie ou la dépression.

Il convient ici de distinguer les réactions défensives et les mécanismes de dégagement. Les réactions défensives désignent les mécanismes conscients et inconscients mis en œuvre par le sujet pour supporter la violence et vivre avec le système paradoxal. Nous en avons évoqué quelques-unes, comme le déni, le repli sur soi, l'identification à l'agresseur, l'acceptation passive de l'instrumentalisation. La plus courante est le clivage. Le sujet accepte apparemment de répondre aux injonctions de l'organisation, de se « couler dans le moule », d'adhérer au système. Une partie du moi est du côté de l'identification, mais une autre partie, cachée, résiste et refuse de se laisser prendre. Le sujet vit alors un clivage entre deux parties de son Moi. La césure peut, dans des cas extrêmes, déboucher sur un dédoublement de la personnalité. Le sentiment de schizophrénie couramment évoqué dans les organisations paradoxantes exprime cette tension interne entre deux composantes de la psyché, l'une qui se met au service du système, l'autre qui lui résiste, l'une qui se laisse instrumentaliser, l'autre qui tente de préserver l'intégrité psychique du sujet. Ces processus sont largement inconscients. Il faut comprendre que la résistance active et consciente est psychiquement très coûteuse, qu'elle mobilise une énergie de tous les instants, ce qui est particulièrement difficile dans un contexte de production où la pression du travail est énorme. Par ailleurs, la caractéristique essentielle de ces réactions défensives est qu'elles facilitent le fait de « vivre avec et dans » l'organisation jusqu'à alimenter ses composantes paradoxales, alors même que le sujet souhaite s'en dégager. Ces mécanismes d'emprise et de servitude volontaire, dans lesquels le sujet semble participer à son propre assujettissement, ont été souvent analysés depuis La Boétie (Enriquez, 2007).

Les mécanismes de dégagement désignent les processus par lesquels le sujet va se sortir du système paradoxal, soit en s'échappant, soit en le transformant de l'intérieur, soit en cherchant à le détruire. Dans l'exemple de Jacqueline (chapitre 11), la dominante est du côté de l'échappatoire. Elle refuse d'entrer dans un processus dont elle sent qu'il va la mettre en porte-à-faux vis-à-vis d'elle-même. Elle refuse l'identification aux exigences de « modernisation » dont elle ressent qu'elles ne sont pas faites pour améliorer son sort et dont elle conteste le caractère rationnel. Lorsqu'elle comprend que la hiérarchie ne reviendra pas sur ses positions, elle se laisse « tomber malade » pour pouvoir sortir du système. Réaction défensive et mécanisme de dégagement se mêlent dans son comportement. La pression exercée sur elle contribue à ce qu'elle tombe effectivement malade et, en même temps, elle prend les devants pour échapper à la dépression. Elle entre dans une maladie transitionnelle en attendant la retraite. Nous rencontrons beaucoup de cas similaires. Certains ont plus de facilité que d'autres pour mettre en œuvre des stratégies d'échappement en fonction des conditions objectives qui permettent de partir sans renoncer à ses revenus, à ses sécurités matérielles et sociales, et des conditions subjectives qui permettent de partir « en bonne santé », à tout le moins de vivre ce départ moins sur le mode de l'échec que sur celui de la délivrance.

L'existence dans un système paradoxant est une épreuve, tant sur le plan mental que sur le plan psychique. Parce que le sens de l'activité, la relation aux autres, les processus de communication sont altérés au point que l'individu se sent désorienté, déstabilisé, fragilisé. Il perd confiance en lui, il pense que c'est lui qui « déraille ». Lorsqu'il vit dans un univers où la raison est mise à mal, le sujet a le sentiment de la perdre. Surtout si la communication avec les autres ne permet pas d'exprimer ses doutes, ses difficultés, son désarroi. Surtout si l'exigence d'une pensée « positive » interdit toute remise en question et toute pensée critique. Chacun s'enferme alors en lui-même, dans un huis clos intérieur qui mine sa capacité réflexive pour sortir de ce système et son ressort psychique pour recouvrer la raison. La révolution managériale a ceci de particulier que ce ne sont pas les travailleurs qui la portent, elle se fait à leur insu, malgré eux. Il ne s'agit donc pas d'un mouvement social qui mobilise des sujets en lutte, mais d'une transformation insidieuse, quasi clandestine, qui s'immisce en catimini dans le fonctionnement des organisations.

*

La question la plus difficile concerne les possibilités de transformer un système paradoxal de l'intérieur. C'est le défi auquel sont confrontés aujourd'hui les chercheurs, les intervenants, les syndicats, les directions de ressources humaines et, au premier chef, l'ensemble des acteurs « pris » dans des systèmes paradoxants. L'urgence est de mettre en place des espaces collectifs de réflexion dans toutes les organisations pour développer une *métacommunication*. Il convient de remettre de la raison là où elle risque de défaillir, de développer une intelligence pour redonner du sens face à l'insensé. Seule l'analyse en profondeur de la genèse des paradoxes permet de les dépasser. « L'éloge de la fuite » (Laborit, 1976) est un piège. La fuite est nécessaire lorsque la santé mentale est menacée. Elle préconise le salut individuel et le sauve-qui-peut. Mais elle ne résout pas le problème. C'est la transformation des logiques destructrices au cœur des organisations qui est nécessaire. En particulier, le travail pour éviter que les contradictions se transforment en paradoxes.

Pour ce qui nous concerne, l'écriture et la description du système sont des moyens de passer au niveau de la *métacommunication*, c'est-à-dire de communiquer sur le système pour démonter ses effets paradoxaux par l'analyse. Ici, la réflexion est action. C'est la compréhension des contradictions organisationnelles et des conflits qu'elles engendrent qui permet de se dégager d'un contexte qui rend les uns impuissants et les autres malades. À condition que cette analyse puisse être reprise par ceux qui sont aux prises avec ces paradoxes, et tout particulièrement les managers et les dirigeants. C'est donc à l'intérieur même des organisations qu'il convient de développer une réflexion continue en partant des conflits vécus par les salariés pour remonter aux causes organisationnelles et aux contradictions qui les génèrent. Au lieu de traiter les conflits au niveau de leurs manifestations somatiques, psychosomatiques et psychologiques, il s'agit de les traiter comme des symptômes de contradictions organisationnelles qui ne trouvent pas de médiations. On ne guérit pas une organisation, quand bien même elle rend malades ceux qui y travaillent. À tout le moins pouvons-nous proposer à ces salariés frappés par le mal-être, sinon les moyens de s'en sortir, du moins d'intervenir sur ce qui les rend malades. L'approche socioclinique propose de construire des espaces de réflexion collective pour tous ceux qui ne savent plus à quel sens se vouer[4].

4. C'est ce qui est proposé dans les groupes d'implication et de recherche que nous animons sur différents thèmes, comme « sujet au travail, travail du sujet », « violences de la réussite, violences de l'échec », « la lutte des places », « que faire face à la souffrance au travail » (Gaulejac, Legrand, 2008).

Chapitre 14

La « révolution managériale »

> « La génération actuelle de révolutionnaires du management considère l'ethos artisanal comme un obstacle à éliminer. On lui préfère de loin l'exemple de consultants en gestion, vibrionnant d'une tâche à l'autre et fiers de ne posséder aucune expertise spécifique. Tout comme le consommateur idéal, le consultant en gestion projette une image de liberté triomphante au regard de laquelle les métiers manuels passent volontiers pour misérables et étriqués. Imaginez à côté le plombier accroupi sous l'évier, la raie des fesses à l'air. »
>
> MATTHEW B. CRAWFORD,
> *ÉLOGE DU CARBURATEUR*, 2010.

Le creuset de l'innovation managériale se trouve d'abord dans les multinationales anglo-saxonnes. Celles-ci ont élaboré une doctrine et de nouvelles pratiques qui se sont répandues à mesure que ces entreprises se sont globalisées. Dans la filiation de l'éthique protestante et de l'esprit du capitalisme (Weber, 1905), les concepteurs du *new management* veulent réconcilier l'homme et l'entreprise, abolir l'antagonisme entre l'intérêt du salarié et la logique du profit, remettre en question les lignes hiérarchiques, obtenir l'adhésion des employés par une politique de promotion fondée sur le mérite, favoriser l'autonomie individuelle. Ils proposent de jouer « gagnant-gagnant » pour que la réussite de l'entreprise et celle des salariés entrent en synergie dans une spirale indéfiniment ascendante. L'entreprise hypermoderne prétend offrir à ses employés la possibilité de réaliser leurs désirs d'excellence, de dépassement de soi et de toute-puissance. Il s'agit de partir à la conquête de nouveaux marchés, de nouvelles technologies, mais aussi d'une nouvelle conception du travail, innovante, soucieuse de la considération de la personne, porteuse d'une responsabilité à l'égard du monde, contribuant au bonheur des individus [1]. Ce modèle s'est développé dans la majorité des grandes firmes impliquées dans la mondialisation. Le management par l'excellence est devenu une norme dans les années quatre-vingt, et la culture de la haute performance, un modèle pour les entreprises engagées dans la guerre économique.

Du travailleur obéissant au travailleur entreprenant

La « révolution managériale » mettra du temps pour s'imposer en France. Le patronat traditionnel cherchera à maintenir ses positions face au pouvoir managérial, qu'il perçoit comme une menace. Les ingénieurs polytechniciens voient avec ambivalence l'arrivée en masse de jeunes, issus des écoles de commerce, habités par un désir de renouvellement et des ambitions florissantes. Ce n'est qu'en 1998, lorsque le MEDEF se substitue au CNPF, que le mouvement patronal propose d'instituer une « révolution managériale lors de ses journées internationales de Deauville » (Lallement, 2007, p. 139). Cette révolution consiste à mettre les compétences au service de la compétition économique, ce qui change profondément le rapport des salariés au travail quant aux connaissances mobilisées, aux résultats escomptés et aux responsabilités attendues [2].

– Les compétences attendues ne sont plus seulement des compétences techniques liées au métier ; elles combinent des savoirs (en termes de disciplines scientifiques et de techniques spécialisées), des savoir-faire (en termes d'intégration et de coordination des activités) et des « savoir-être »

1. Nous avons analysé les caractéristiques de ces organisations hypermodernes à partir d'une recherche effectuée chez IBM de 1974 à 1979. Nous décrivons en particulier le système de valeurs qui était enseigné à tous les managers de l'entreprise, contenu dans ce qu'ils appelaient eux-mêmes « *The good book* », manuel de management que chacun devait avoir sur son bureau (Pagès *et alii*, 1979). Nous avons poursuivi cette investigation dans d'autres multinationales anglo-saxonnes et européennes dans *Le Coût de l'excellence* (Aubert, Gaulejac, 1991).

2. L'analyse qui suit s'appuie sur le chapitre « Des qualifications aux compétences » (Lallement, 2007, p. 140 et suivantes).

(en termes de motivation, d'esprit d'équipe et de relations humaines). La maîtrise technique ne suffit plus pour être reconnu comme compétent. D'autres qualités « comportementales » sont attendues, sans que l'on puisse les définir aussi clairement, tant elles laissent place à des considérations subjectives et incertaines.
– Les salariés deviennent responsables des résultats. L'employé ne doit plus seulement se conformer aux règles du métier, mais aller au-delà de la simple mise en œuvre de moyens, pour remplir les objectifs qui lui sont fixés. À la soumission à l'autorité et au respect des normes qui caractérisaient l'ordre taylorien se substitue une double exigence d'autonomie et de responsabilité. Le salarié est invité à prendre des initiatives, à exercer sa réflexion, en contrepartie d'une exigence en termes de résultats.
– Enfin, le salarié est invité à gérer sa carrière comme un entrepreneur, à prendre des risques : mobilité, adaptabilité et employabilité deviennent les maîtres mots de la révolution managériale. Il doit gérer son portefeuille de compétences, acquérir les nouvelles techniques nécessaires à son activité, être partie prenante de sa formation, apprendre à gérer son capital humain, à devenir l'entrepreneur de son existence. Il se doit de développer son potentiel pour optimiser l'adéquation entre son profil et les différents postes qu'il pourrait occuper. Il ne s'agit plus seulement de « bien faire son métier » mais de s'adapter aux nouvelles exigences de polyfonctionnalité, de mobilité, de flexibilité.

La mobilisation subjective

Les conséquences de ces transformations sont aujourd'hui bien connues. Les salariés sont incités à s'impliquer de façon plus intense, à mobiliser leur subjectivité pour répondre aux nouvelles exigences d'autonomie et de responsabilité, à s'investir dans le travail, moins pour effectuer une tâche précise prédéfinie, mais pour affronter la complexité, faire face aux imprévus, s'adapter à des situations inédites. Aux apprentissages scolaires et professionnels classiques doivent s'ajouter de nouvelles qualités qui ne s'apprennent pas dans les manuels techniques mais ressortissent plus au développement personnel et à la psychologie comportementaliste. Les « managers de l'âme » font leur apparition. L'efficacité professionnelle s'évalue désormais à l'aune de la gestion de la relation à soi et à autrui. Il faut « communiquer avec conviction », « s'affirmer », « développer son estime de soi », « progresser en autonomie » ou encore « gérer ses émotions » pour être plus performant (Brunel, 2004, p. 194).

Ces nouveaux *savoir être* ont des effets paradoxaux. Dans une première approche, ils apparaissent comme un formidable progrès si on les compare à l'univers disciplinaire et rigide de l'organisation taylorienne ou de l'univers bureaucratique. Il s'agit bien là d'une révolution puisque l'épanouissement de la personne semble au cœur des préoccupations de l'entreprise. Il est difficile de ne pas soutenir un management qui préfère l'adhésion spontanée à l'obéissance imposée, la mobilisation psychique au contrôle hiérarchique, la motivation personnelle à la surveillance disciplinaire. Un travailleur est plus efficace et épanoui s'il se passionne pour son travail, s'il est plus autonome dans la réalisation de sa tâche, s'il échappe à la répétition par une innovation permanente. La mobilité vaut mieux que l'enfermement dans un cadre rigide, la flexibilité permet d'échapper à la routine qui ankylose, l'adaptabilité favorise le dynamisme et la créativité. Mais il y a une autre face à ces mutations managériales. La mobilité met le travailleur dans une insécurité croissante. La flexibilité déstructure ses points de repère. L'autonomie est en partie un leurre puisqu'elle ne vaut que si les objectifs sont atteints, si le salarié se conforme aux attentes de l'entreprise et se coule dans ses prescriptions. L'épanouissement de l'individu et son développement personnel ne sont recevables que s'ils contribuent à rendre le salarié plus performant et plus productif.

Le travail, dans l'univers industriel, était organisé par des ingénieurs imprégnés par la culture de l'organisation scientifique du travail. Cette culture programmatique balisait l'activité des salariés dans des cadres précis, des prescriptions repérables, des grilles qui attribuaient à chacun des places bien définies et des tâches clairement énoncées. Dans l'univers managérial, l'organisation est plus floue et incertaine. Elle génère de l'incertitude et de la contradiction. La mobilité singularise les parcours et fragilise le lien salarié-entreprise. Pour les cadres, les stratégies de carrière changent. Il n'est pas bien vu de rester trop longtemps sur le même poste ou dans la même entreprise. Ce qui était perçu comme un gage de fidélité et de stabilité est interprété comme une non-prise de risque. L'individualisation de la mesure des performances débouche sur une compétition interne qui va à l'encontre de la coopération nécessaire pour développer une réussite collective. Les compétences reconnues comme relevant de qualités et de savoir-faire individuels mettent en question les apprentissages organisationnels et les dynamiques collectives. La montée des pratiques d'individualisation des salaires change le rapport entre employeurs et salariés. La négociation collective qui régule les rapports salariaux coexiste avec une négociation individualisée, faite à partir d'*entretiens d'évaluation-conseil* au cours desquels sont discutés les objectifs et l'évaluation. Cette dualité provoque une dissociation entre le temps de l'évaluation des performances et le temps de l'augmentation des salaires. L'attribution de primes et de bonus suscite des divisions et du ressentiment au sein du personnel. Elle fait éclater les régulations collectives et suscite envie, incompréhension et sentiment d'injustice. Les écarts de rémunération entre les salariés qui peuvent imposer un rapport de force en leur faveur et les autres ne cessent de croître.

L'organisation managériale

Dans les secteurs de la production, la révolution managériale va entraîner une mutation profonde des modes d'organisation du travail. Le *lean manufacturing* est introduit dans toutes les entreprises importantes. Inspiré du toyotisme, il s'agit d'un système de production à haute performance cherchant à éradiquer toute forme de gaspillage (délais inutiles, coûts inutiles, stocks inutiles, etc.). L'objectif est d'améliorer la productivité avec le concours actif des travailleurs. L'inspirateur de cette méthode, Taiichi Ohno, ingénieur en chef chez Toyota, imagine une organisation *just in time* (juste à temps) fondée sur la recherche systématique d'une économie des coûts de production. L'idée de base est d'adapter l'organisation aux commandes effectivement enregistrées avec une exigence de qualité totale. « À cette fin, il ne doit plus être question ni de rebuts, ni de rectification des produits (logique du zéro défaut), ni de stock à la fois coûteux et paravent des sureffectifs (zéro stock), ni d'arrêt de machine (zéro panne), ni de coordinations inutilement lourdes et centralisées (zéro papier), ni de trop longues distances entre les unités de production (zéro transport), ni, enfin, de production excédant la demande (zéro surproduction) » (Lallement, 2007, p. 197). Ces objectifs sont atteints par une amélioration continue et quotidienne incitant chaque employé à proposer des économies, d'autres façons de faire, des innovations pour améliorer l'organisation. Le *kaisen*, qui en japonais signifie « bon changement », assigne aux opérateurs de s'investir au-delà de l'exécution, dans de nouvelles tâches de conception, de dépannage, de contrôle qualité, de programmation. Il leur donne le sentiment d'une maîtrise plus grande du processus de production, mais exige, en contrepartie, une mobilisation réflexive et psychique intense.

Dans le même esprit apparaît, dans les années quatre-vingt, la TPM (*total productive maintenance*), qui s'inspire de principes équivalents. Il s'agit de produire plus et mieux, sans investissement supplémentaire, en faisant la chasse au gaspillage, en réduisant le temps non productif, en limitant les pannes et en augmentant la qualité. Disponibilité, performance et qualité sont les maîtres mots de la TPM. Les opérateurs sont invités à s'investir dans la maintenance, à garder l'outil de production en bon état, à l'améliorer, tout en pénalisant le moins possible la production des tâches. On évoque l'enrichissement du travail, la transversalité croissante des fonctions, le décloisonnement des services, autant d'éléments qui exigent un renforcement des compétences, une implication forte du personnel et une plus grande autonomie dans la prise en charge de l'activité. Les meilleurs opérateurs y trouvent leur compte, du moins dans un premier temps. Les plus faibles et ceux qui ne sont plus au niveau des performances attendues vont être exclus du processus. Faute de pouvoir ou de savoir relever leur niveau, ils sont alors accusés de manquer de motivation. Les premiers sont invités à rentrer dans une logique d'excellence, les autres menacés par une logique d'exclusion. « Dans tous les cas de figure, les conditions de travail subissent le contrecoup de la politique de rénovation post-taylorienne. Les salariés bénéficient certes de plus d'autonomie mais, dans le même temps, le travail s'intensifie, les contrôles s'accroissent et l'exigence de disponibilité gagne du terrain » (Lallement, 2007, p. 202). Face à ces mutations, il n'est plus possible de faire seulement son travail normalement. Il faut se mobiliser, s'améliorer, devenir performant.

L'idéal est devenu la norme (Dujarier, 2006). Les conséquences sont aujourd'hui connues. Les uns s'investissent corps et âme dans le travail jusqu'au sacrifice de leur vie personnelle et familiale, les autres craquent parce qu'ils n'arrivent pas à suivre.

La novlangue managériale

La révolution managériale s'accompagne d'un langage qui se veut moderniste, dynamique, positif et pragmatique. C'est ainsi que la notion de gestion des *ressources humaines* se substitue aux notions de « service du personnel » ou de « direction des relations sociales ». Les termes « service », « relation » et « social » ne sont plus au goût du jour. On présente ces changements de nomination comme un progrès puisque l'humain reprend une place centrale. « L'humain est notre principale richesse », proclament les chantres du management. Peu de critiques ont accompagné cette inversion entre les finalités et les moyens. L'homme devient une ressource au service du développement de l'entreprise, au même titre que les matières premières, les techniques ou l'argent. Dès lors, c'est un capital qu'il faut rentabiliser. Pourtant, on pourrait penser que c'est l'entreprise qui devrait être au service du développement des hommes et de la société.

L'éducation va devenir un enjeu majeur pour inculquer aux enfants les postulats de la révolution managériale et faciliter dès le plus jeune âge l'assimilation de son langage. On multiplie les audits, on parle de « plus-value » et de « moins-value », on développe le pilotage par les résultats avec des feuilles de route et des tableaux de bord. On introduit la culture du résultat en classant les établissements à partir de leurs performances. On mesure le niveau des élèves avec des tests, des questionnaires à choix multiples et des grilles comparatives qui mesurent les résultats scolaires à partir d'indicateurs de niveaux qui deviennent des objectifs. Dans ce contexte, les manifestations du mal-être des enseignants, des élèves et des parents d'élèves ne cessent de croître. L'obsession du programme annihile toute autonomie et toute créativité pédagogique. Le bachotage et l'assimilation formelle sont privilégiés au détriment de l'intelligence et de la sensibilité. On ingurgite des connaissances au lieu d'apprendre à les construire. On produit un moule auquel les enfants doivent s'adapter à partir de critères

« objectifs », plutôt que de susciter l'imagination créative, la socialisation et le goût de la découverte. Les mathématiques et les sciences dures sont privilégiées par rapport à l'histoire, aux lettres, à la philosophie, à la poésie et aux sciences sociales, considérées comme secondaires ou inutiles. L'école devient une entreprise de sélection qui est chargée de faire le tri entre les bons et les mauvais élèves à partir de critères de niveaux qui privilégient ce qui est mesurable. Il faut produire des élèves employables en adaptant les cours aux exigences des employeurs, plutôt que des citoyens capables de construire une société du bien vivre.

On retrouve le même processus de détournement de sens à propos de la notion de *valeur* : la création de valeur ne désigne pas le travail productif qui améliore les conditions de vie en société, mais les revenus financiers générés par le profit des entreprises et la spéculation. « Ce renversement est particulièrement en usage dans les institutions communautaires : on n'y parle plus d'êtres humains, de capacités professionnelles, ou de libertés, mais de capital humain, d'employabilité ou de flexibilité. Ces déplacements terminologiques appréhendent les personnes comme des choses et substituent aux catégories juridiques des manières de penser importées de la physique ou de la biologie » (Supiot, 2010, p. 142). L'employabilité consiste à adapter les formations et les carrières professionnelles aux besoins du marché de l'emploi. Le destin de chaque personne n'est plus de satisfaire ses aspirations en faisant de sa vie une œuvre, mais de répondre aux exigences de l'économie et aux ajustements du marché du travail. Le devoir de flexibilité oblige les travailleurs à adapter leur existence aux lieux et aux temps de travail définis par les employeurs en fonction des restructurations et des délocalisations décidées en haut lieu sur des considérations de rentabilité. Là encore, on présente comme un signe de dynamisme, de manifestation d'autonomie et de progrès ce qui est en définitive un signe de soumission, d'hétéronomie et d'exploitation.

La pratique de l'oxymore comme moyen de survie

Les métamorphoses de la notion de *responsabilité* illustrent les effets pervers de la novlangue managériale. Chaque travailleur est invité à affirmer sa responsabilité, signe de dynamisme, de liberté, et révélateur de ses capacités d'initiative. Est responsable celui qui peut assumer ses décisions et répondre de ses actes à l'égard d'autrui. La responsabilité est l'expression de la possibilité pour chaque individu de s'affirmer comme un sujet qui a la maîtrise de ses actions. Cet appel à la responsabilité se veut une rupture par rapport à la bureaucratie et à l'univers hiérarchique et disciplinaire de l'entreprise patronale fondée sur l'obéissance aux ordres du chef, la soumission à l'autorité et le respect des consignes. Le travailleur est invité à exercer son libre arbitre, sa réflexion et sa créativité pour remplir les objectifs qui lui sont fixés. Mais cette apparente liberté a une contrepartie. Il devient responsable de ses échecs. S'il n'arrive pas à répondre aux exigences de l'entreprise, il ne peut s'en prendre qu'à lui-même. Le paradoxe est à son comble lorsque l'appel à la responsabilité individuelle est inversement proportionnel à la responsabilité de l'entreprise. Plus cette dernière devient floue et diluée, plus les salariés sont sollicités pour prendre leurs responsabilités.

La pratique de l'oxymore est alors un moyen d'apprendre à survivre dans un univers flottant, aléatoire et paradoxal sans devenir fou. Il faut pouvoir dire une chose et son contraire pour ne pas risquer d'être pris en défaut, tout en donnant le sentiment, aux autres et à soi-même, d'un minimum de cohérence. Dans l'univers fluctuant et abstrait des organisations hypermodernes, les critères d'évaluation sont ambigus. Ils dépendent essentiellement de l'image que les autres se font de chacun. Chaque manager est soumis à l'exigence de « faire ses preuves », sans que cette appréciation soit appuyée sur des éléments objectifs irréfutables. Il vit dans une anxiété et une vulnérabilité permanentes tout en devant donner une image d'assurance et de confiance en soi. Il doit donc interpréter et réinterpréter la réalité pour pouvoir se garantir une issue favorable en toute circonstance. « Une telle situation stimule l'art de parler pour ne rien dire. Des propositions parfaitement contradictoires sont rendues compatibles par de purs tours de passe-passe théoriques » (Crawford, 2010, p. 160). Il y a là une duplicité discursive qui consiste moins à tromper l'interlocuteur qu'à produire un discours assez vague pour autoriser une marge d'interprétation. Dans un contexte aléatoire et flottant, il convient de développer des argumentations imprécises pour protéger « l'immunité discursive des dirigeants en ayant recours à un langage suffisamment vide ou abstrait pour masquer la substance des problèmes et laisser le champ des interprétations aussi ouvert que possible » (*ibid.*, p. 161). L'attrait pour les chiffres est une autre facette de cette abstraction. Ils permettent toutes les interprétations possibles et fonctionnent au deuxième degré, puisqu'ils travestissent la réalité par un langage codé en se donnant l'apparence de l'objectivité.

La carrière d'un manager dépend de la maîtrise de cette novlangue qui manipule les mots en leur faisant perdre leur sens initial et en se déconnectant de la réalité concrète, ce qui leur permet de ne jamais se trouver pris au dépourvu. Puisque les notions de réussite et d'échec n'ont plus grand-chose à voir avec les résultats effectivement atteints, puisque les notions de blâme et de récompense n'ont plus de liens évidents avec les efforts réalisés en toute bonne foi, la question de la responsabilité se dilue. Tout devient justifiable. Des considérations morales peuvent justifier des incivilités notoires, alors que des comportements louables sont stigmatisés pour défaut d'efficience. De grands discours sur l'éthique et la responsabilité sociale de l'entreprise peuvent entrer en complète contradiction avec les pratiques sans que personne s'en offusque. Les références morales deviennent tout aussi flottantes, flexibles, ajustables, l'essentiel étant de se plier aux exigences du marché, qui est, en définitive, la référence ultime. Les points de vue moraux ne doivent pas devenir des obstacles aux nécessités de l'adaptabilité, aux rapports de force internes à l'entreprise et aux stratégies définies à un moment donné. L'abstraction et la vacuité de la novlangue managériale permettent ainsi de faire face à des fluctuations permanentes tout en donnant l'apparence d'une cohérence et d'une continuité. Mais le procédé a des limites. Si l'abstraction flottante protège les cadres dirigeants et le top management, elle met les cadres de proximité en difficulté. On ne peut se contenter de formules interprétatives vagues pour répondre aux difficultés concrètes du terrain.

Les inversions et les déplacements propres à la novlangue managériale illustrent la « politique de l'oxymore » qui caractérise la société hypermoderne : « Le propre de l'oxymore est de rapprocher, d'associer, d'hybrider et/ou de faire fusionner deux réalités contradictoires » (Méheust, 2009, p. 117). Les exemples abondent, de la « croissance négative » à la « qualité totale », du « marché civilisationnel » à la « flexisécurité », de l'« agriculture raisonnée » à l'« excellence durable ». On entend un ministre de l'Économie défendre une politique de « rilance », condensation entre rigueur et relance, qui consiste à réduire les dépenses publiques pour favoriser la relance économique. Gilbert Durand évoquait à ce propos la quête de « cohérence antagoniste » par laquelle une société cherche à atteindre un état d'équilibre plus ou moins stable entre des pôles imaginaires opposés. Cette cohérence s'effondre dans la mesure où « dès qu'un pôle imaginaire s'impose, s'installe un monde unidimensionnel propice au développement de formes pathologiques individuelles et collectives » (Durand, 1980, p. 43). Lorsque la tension dynamique entre les deux pôles fait défaut, en particulier lorsque l'un des deux prend durablement l'ascendant sur l'autre au point que ce dernier ne trouve plus de modalité d'expression, la tension devient destructrice. C'est la raison pour laquelle la domination de la novlangue managériale produit des injonctions paradoxales. Le jeu poétique de l'oxymore ne produit plus ses effets[3]. Les mots ne font plus sens. La montée de l'insignifiance ne permet plus de trouver les termes pour exprimer les tensions vécues et les contradictions qui les génèrent.

« Les mots peuvent être comme de minuscules doses d'arsenic : on les avale sans y prendre garde, ils semblent ne faire aucun effet, et voilà qu'après quelque temps, l'effet toxique se fait sentir[4] » (Klemperer, 2003, p. 40). L'auteur évoque ici la nocivité des mots du régime nazi, ou comment le totalitarisme, en s'inscrivant dans le langage courant, envahit la vie sociale, dans les têtes, dans les corps, dans le quotidien, par l'intériorisation de formules et de pensées qui sont naturalisées, comme si elles étaient innées alors qu'elles sont acquises. Les mots véhiculés par les expressions courantes et les formes syntaxiques produisent « une maladie de la langue », qui engendre une soumission au pouvoir. On ne peut sûrement pas assimiler le régime totalitaire national-socialiste à la globalisation de l'idéologie managériale. Si certains processus sont similaires, les conséquences et le contexte sont différents. La révolution managériale ne produit pas un monde totalitaire, et l'entreprise n'est pas un camp d'internement, encore moins de concentration. La doctrine libérale qui l'inspire n'est pas d'inspiration fasciste. Pour autant, il convient de montrer, derrière l'apparence libérale et progressiste, que le management est bien une idéologie

3. Comme dans l'« obscure clarté » qui illustre la définition courante de l'oxymore.

4. Un grand merci à Agnès Vandevelde Rougale, qui m'a permis de découvrir la formule de Klemperer dans un mémoire de recherche, « Les mots de la souffrance au travail » (master de sociologie clinique, Laboratoire de changement social, UFR de sciences sociales, université Paris-Diderot, 2010).

au service d'un pouvoir qui, s'il n'est pas totalitaire, est mondial et cherche à s'imposer comme modèle de gouvernance dans toutes les institutions.

L'idéologie managériale envahit non seulement l'entreprise mais aussi la politique, la famille, la vie associative. Reste l'espoir d'une inversion toujours possible. Si les mots peuvent être toxiques, ils peuvent être tout autant, pour renverser la formule de Klemperer, « des doses d'élixir dont l'effet bénéfique se fait sentir au bout de quelque temps ». Il importe donc d'analyser en quoi la novlangue managériale peut être nocive et destructrice pour retrouver le sens des mots, celui qui permet de comprendre ce que l'on éprouve et de communiquer son expérience à autrui.

La perversion du politique par l'idéologie managériale

Dans les pays qui appliquent les préceptes de la nouvelle gouvernance, la politique est contaminée par l'idéologie managériale. C'est une des raisons du désenchantement qu'elle suscite, la politique se préoccupant plus de gérer les choses que de gouverner les hommes. Les indices de son infiltration par la « révolution managériale » sont multiples : la frénésie d'action au détriment de la réflexion sur le long terme, l'évaluation des résultats par des indicateurs quantitatifs plutôt qu'une évaluation démocratique, la politique du chiffre plutôt que la recherche du sens de l'action collective, la soumission à l'expertise économique, l'activité essentiellement déterminée par les effets d'annonce façonnés par les « communicants ».

Le fonctionnement actuel des cabinets ministériels illustre cette soumission du politique. Aude Harlé a pu observer ce monde caché et ces mutations du monde politique. À partir d'entretiens avec quatre-vingts membres de divers cabinets, de droite comme de gauche, elle décrit un univers fasciné par l'exercice du pouvoir au point de perdre de vue totalement les finalités pour lesquelles ils souhaitaient l'exercer. La politique, comme vision de l'organisation de la cité, comme mise en œuvre d'un projet pour favoriser le bien-être et le vivre ensemble, se perd dans un monde pathétique et dérisoire (Harlé, 2010). Car, au nom de la « modernité », les membres des cabinets ministériels valorisent un système qui délégitime leur fonction par une soumission volontaire aux « impératifs » de l'économie mondialisée. La finalité de l'action politique est désormais la gestion. Le modèle de gouvernance est emprunté à l'entreprise, la comptabilité devient le principal moteur de la décision publique, l'évaluation chiffrée et la culture du résultat supplantent l'évaluation démocratique et la culture politique.

Ces hommes sont à la fois emportés par une action frénétique et assaillis par un sentiment d'impuissance. Entre ces deux pôles, ils oscillent entre des moments de toute-puissance mégalomaniaque et des moments, plus courants, de frustration, de solitude, de concurrence acharnée entre membres d'une même équipe, de surtravail et de dépendance extrême envers la personne du ministre. Toujours débordés, pris dans la logique du TTU (très, très urgent) sans avoir le sentiment de peser vraiment sur les choses, ils renoncent progressivement à construire une meilleure société. Le désenchantement domine, renforcé par l'intériorisation de l'idéologie gestionnaire positiviste, utilitariste et objectiviste, qui se substitue à une vision véritablement « politique » du monde.

Quant aux hommes politiques, il ne s'agit plus pour eux de gouverner, mais de gérer. Ils ne cherchent plus à penser la société, mais à la panser. Leur activité première est d'aller exprimer leur compassion auprès de tous ceux qui souffrent sans s'attaquer vraiment aux causes de ces souffrances. L'homme politique, naguère viril, audacieux et tout-puissant, se transforme désormais en manager contraint par de multiples procédures, obligé sans cesse de justifier ses actes et de réagir dans l'urgence en fonction des événements médiatiques.

Qu'ils soient de droite ou de gauche, les membres des cabinets pensent, eux, leur action en termes de management : la « vérité » comptable prend le pas sur le débat politique, le culte de l'expertise sur la souveraineté du peuple, la compétition sur la solidarité, la modernisation sur la recherche de progrès social et la défense des services publics. La fonction du politique n'est plus de construire une société plus harmonieuse, mais, comme le dit l'un d'eux, de « faire gagner la France ». Le culte de la performance domine la pensée politique, à l'image de ce conseiller qui rêve d'une France « de soixante millions de Laure Manaudou[5] ». La fonction politique, contaminée par

5. Championne du monde en natation au début des années deux mille.

les valeurs de l'idéologie gestionnaire, se transforme, au point de faire perdre aux acteurs eux-mêmes le sens de leur action.

*

La révolution managériale est largement passée inaperçue. Elle ne se présente pas comme un nouveau modèle de société. Elle ne prétend pas à des lendemains qui chantent. Elle ne cherche pas à combler le déclin des « grands récits », ces systèmes de pensée, religieux, scientifiques et politiques, qui donnaient du sens à la vie en société et proposaient des visions du monde (Lyotard, 1979). Elle ne s'annonce pas comme une nouvelle doctrine politique. Elle se veut pragmatique, opératoire, fonctionnelle, uniquement préoccupée d'efficience. Elle cherche à optimiser le fonctionnement des organisations pour les mettre au service des missions qu'elle se donne, quelles que soient ces missions. Elle apparaît tout à fait neutre puisqu'elle ne prend pas parti pour telle ou telle doctrine politique. Elle se mesure à l'aune de son efficacité, et non à celle des idéaux poursuivis. Il n'y a pas une gestion de gauche contre une gestion de droite, simplement des modèles plus performants que d'autres et qu'il convient d'appliquer.

Les liens entre l'idéologie managériale et les théories capitalistes sont oubliés avec la globalisation parce que la première a su se diffuser dans des contextes extrêmement différents, dans des organisations qui poursuivent des buts divers. Elle a débordé le secteur privé et marchand pour devenir une référence dans tous les domaines de la société jusqu'à se développer au cœur de la politique. Le modèle managérial est devenu le modèle de gestion de la société tout entière, sans qu'il apparaisse comme un nouveau système de domination, mais comme une « nouvelle gouvernance », plus efficace que les précédentes, plus dynamique, plus moderne, conçue dans l'intérêt de tous. Comment être contre plus d'efficience, plus d'excellence, plus de performance, plus de qualité ? Comment s'opposer à une meilleure organisation, à l'évaluation de la production et du service rendu, au principe de l'avancement au mérite ? La révolution managériale a su gagner une bataille idéologique, sans la mener. Elle s'est imposée comme une évidence sans que soit discutée sa pertinence, sans que d'autres solutions lui soient opposées. En l'absence de débat public, d'opposition, ses effets se sont déplacés du registre sociopolitique au registre psychosomatique.

Le mal-être au travail est l'expression de ces déplacements. Faute de pouvoir s'exprimer dans le registre public, les résistances à cette domination s'expriment dans les registres de l'intime et du personnel. C'est la raison pour laquelle, s'il convient d'entendre le registre de la souffrance, puisque c'est là que le mal-être s'exprime, à condition de réintroduire les enjeux du travail dans le champ politique, parce que c'est là que se trouvent les réponses. Il convient surtout de quitter le registre de la souffrance pour retrouver celui de la colère.

Chapitre 15

Les NTIC et le pouvoir de la norme

> « Nous sommes rentrés dans un type de société où le pouvoir de la loi est non pas en train de régresser, mais de s'intégrer à un pouvoir beaucoup plus général : celui de la norme. Ce qui implique un système de surveillance, de contrôle tout autre, une visibilité incessante, une classification permanente des individus, une hiérarchisation, une qualification, l'établissement de limites, une mise en diagnostic. La norme devient le partage des individus. »
>
> MICHEL FOUCAULT,
> *DITS ET ÉCRITS*, 1994.

La révolution managériale n'aurait peut-être pas eu un tel impact si elle n'avait été relayée activement par le développement de l'informatique. Les nouvelles technologies d'information et de communication (NTIC) accélèrent la mise en œuvre de nouveaux outils de gestion sous couvert de rationalisation, tout en démultipliant les effets de cette « révolution » : exacerbation des contradictions du travail, recomposition des compétences, accroissement des contrôles, modification des rapports de pouvoir, renforcement de l'immédiateté, développement du conformisme et de la rigidité des procédures. Un nouveau système de pouvoir se met en place, dont la visibilité n'est pas apparente dans la mesure où chacun contribue à le mettre en œuvre. Même les plus « résistants » doivent apporter leur contribution, pour ne pas être marginalisés ou exclus.

L'exacerbation des contradictions

Nous avons évoqué les transformations des contradictions en paradoxes. Nous avons observé ce processus dans de multiples organisations. Il a été favorisé et amplifié par l'introduction massive et rapide des NTIC, qui ont modifié en profondeur les conditions et l'organisation du travail. La conséquence la plus notable est l'exacerbation des contradictions dans la mesure où ces nouvelles technologies engendrent à la fois plus d'autonomie et plus de dépendance, plus de liberté et plus de contrainte, plus de facilité et plus de complexité, plus d'opportunités et plus de difficultés, plus de transparence et plus d'opacité, des gains et des pertes de temps, des facilités et une intensification de l'activité.

« Grâce aux NTIC, nous sommes libres de travailler 24 heures sur 24 », nous disait un cadre d'une multinationale, résumant de façon lapidaire ce double mouvement d'autonomie et d'exigence. La frontière entre le travail et le « hors-travail » s'estompe. La présence physique sur le lieu de travail n'est plus une nécessité pour pouvoir exercer son activité. Il suffit de transporter avec soi son bureau pour travailler où l'on veut, quand on veut. Une prise de courant pour brancher l'ordinateur, un téléphone portable à portée de main, suffisent pour installer son univers de travail, communiquer avec le reste de l'entreprise, régler les affaires courantes, quels que soient l'heure et le lieu. On a pu voir, dans certains cabinets de consultants, l'émergence de bureaux virtuels dans des bâtiments considérés comme des bureaux hôtels, qui fournissaient, à la demande, et pendant quelques heures, une place pour s'installer, pour travailler le temps nécessaire.

Mais cette « liberté » a son revers puisque plus aucun obstacle ne peut justifier un retard, un oubli, un rendez-vous manqué, un contretemps... La facilité d'utilisation des technologies de communication désamorce la possibilité de mentionner des difficultés ou des obstacles dans la tâche à accomplir. Bien au contraire, puisqu'il est si facile de se brancher, les insomnies du milieu de la nuit, les heures creuses en déplacement et chez soi, les moments de désœuvrement sont autant d'opportunités pour régler les problèmes non traités, répondre aux mails en retard, mettre à jour ses dossiers. Transformer les temps morts en temps utiles, réduire les moments d'inactivité, autant de bonnes raisons pour intensifier et densifier l'investissement dans le travail.

La recomposition des compétences

« Dans l'univers cybernétique [...], les êtres humains n'agissent pas : ils rétroagissent aux signaux qu'ils reçoivent des systèmes d'information dans lesquels ils sont insérés. Et ils ne se parlent pas, mais ils communiquent au moyen de ces systèmes » (Supiot, 2010, p. 131). Ce constat ne concerne pas seulement les travailleurs de base, mais également le management. C'est l'ensemble du système productif qui s'installe dans la rétroaction immédiate, instantanée, favorisant le court terme au détriment du long terme, l'adaptation au moment présent plutôt que l'attention à la durée. La culture de l'urgence devient la norme (Aubert, 2003). Elle s'impose comme une nécessité d'adaptation excluant les uns, entraînant les autres dans une course en avant irrépressible.

Certains évoquent à ce propos une fracture numérique – sur le modèle de l'expression « fracture sociale », – entre ceux qui maîtrisent ces outils et ceux qui ne les maîtrisent pas. Cette fracture prend parfois une connotation générationnelle, les plus jeunes ayant davantage de facilité pour acquérir la dextérité et la « culture » nécessaires afin de vivre avec ces nouvelles technologies. La tension vient d'abord de l'absence de compétences pour tous ceux qui n'ont pas pu ou pas su se former ; celui qui ne maîtrise pas la « bécane » est rapidement mis sur la touche. Elle vient ensuite du renouvellement permanent des machines et des logiciels, qui rend très rapidement obsolètes les apprentissages précédents. Il faut se recycler constamment, renouveler le matériel, acquérir de nouveaux langages, mettre en place de nouvelles procédures, de nouvelles formes de traitement de l'information. D'autant que, dans la plupart des cas, aucun temps supplémentaire n'est prévu pour ces acquisitions. Elles doivent se faire dans la foulée, occasionnant une surcharge censée passer inaperçue. L'exigence d'adaptabilité et de flexibilité conduit donc à intérioriser l'idée que ces évolutions rapides sont normales et nécessaires, et que l'effort attendu pour les maîtriser fait partie du métier. C'est à l'agent lui-même de trouver le temps et les ressources nécessaires pour se former. D'autant que la compétition (stimulation ?) interne est forte. Certains salariés, habiles dans le maniement de ces nouveautés, y trouvent un moyen de recevoir une reconnaissance forte. La maîtrise de ces zones d'incertitude leur donne un pouvoir d'autant plus durable que le renouvellement est permanent. Par ailleurs, la crainte d'être dépassé alimente le stress et le sentiment d'une course infinie. Un manager nous disait qu'il avait l'impression d'avoir à monter un « escalator descendant ». Comme dans le film *On achève bien les chevaux*, celui qui s'arrête est éliminé.

Le décalage s'accroît entre les compétences nécessaires pour s'adapter à des outils de gestion informatisés construits à partir de modèles abstraits et celles qui permettent de s'adapter à des organisations fluctuantes, pour traiter des problèmes complexes, en relation avec des personnes concrètes. Entre instrumentalisation et autonomie, entre conformisme et responsabilisation, les tensions ne cessent de s'accroître. « Lorsque le salarié est confronté à des situations d'isolement (par exemple en ne communiquant que *via* les écrans d'ordinateurs), d'absence d'autonomie, d'omniprésence des procédures de rationalisation financière, d'indifférence aux personnes, alors tous les discours managériaux de mobilisation deviennent inopérants car vides de sens. Quand à l'isolement vient s'ajouter la pratique de l'invective et de l'humiliation comme ersatz du management, on cumule alors les défauts du taylorisme prescriptif à l'ancienne et les risques des conditions modernes du travail. Les cadres, et en premier lieu les cadres de proximité, sont directement exposés à cette tension entre responsabilisation et défaut des ressources permettant d'exercer la responsabilité qui leur est confiée » (ASTREES, 2010, p. 8).

Le renforcement des contrôles

L'usage des NTIC a modifié les relations entre les personnes, entre les services, ainsi que les rapports hiérarchiques. Il favorise la transversalité au détriment de la ligne hiérarchique puisque rien ne s'oppose à la communication directe, à la transmission des informations. Il induit une plus grande autonomie, une délégation de certaines tâches, des relations plus directes grâce aux e-mails. Les informations circulent « en temps réel » dans des réseaux qui s'entrecroisent. Dans les structures pyramidales et hiérarchiques, la rétention de l'information était un enjeu de pouvoir essentiel. Plus on se rapprochait du sommet, plus on avait accès à l'information, plus on détenait du pouvoir. Dans les organisations réticulaires, l'information se diffuse transversalement, rapidement, en continu. Ce n'est plus la détention et la rétention de l'information qui comptent, mais son traitement, son assimilation et sa hiérarchisation. Il convient de décrypter les informations essentielles dans la masse qui circule. La contrepartie de cette circulation permanente de l'information est un piège : on ne peut plus dire que l'on n'était pas informé pour justifier un silence, une absence de réponse, la lenteur d'une réaction. Chacun est censé disposer de l'information, tenu de la traiter et de réagir comme il se doit. La réactivité devient une valeur essentielle, l'absence de réactivité une faute grave. Les yeux rivés sur son ordinateur, chaque salarié se doit d'être disponible pour traiter l'information qui s'écoule en un flot continu. C'est moins la possession de l'information qui compte – quelques informations demeurent certes hautement stratégiques – que la capacité à l'utiliser pour soi, à savoir la valoriser au bon moment. Un « savoir-faire » qui s'acquiert par l'expérience plus que dans les livres. Ceux qui le maîtrisent sont vite repérés pour occuper des postes stratégiques ; ceux qui ne le maîtrisent pas sont facilement marginalisés, mis de côté, considérés comme obsolètes.

L'outil informatique permet un suivi continu de l'activité, ouvre la possibilité d'évaluer en temps réel la productivité de certaines fonctions. Ainsi, les caissières de McDonald's ont accès, à la fin de leur service, à des tableaux qui calculent leur chiffre d'affaires, le nombre de clients servis, la fréquence et le nombre de produits vendus par catégorie, la comparaison avec les chiffres de la veille. À France Télécom, « l'informatisation des process a été au cœur de la taylorisation de la production. Cette informatisation des process a permis d'accroître la visibilité sur le travail de chacun et donc le contrôle central sur l'activité des équipes, de réduire l'autonomie des acteurs et en particulier de la hiérarchie intermédiaire, de laisser peu de place à l'amélioration en continu des processus avec, en conséquence, un sentiment de fatalisme qui a rendu difficile, pour ne pas dire impossible, la prise en compte des situations particulières [1] ».

Cet instrument de contrôle est à la disposition du management, mais surtout de l'agent lui-même, qui est invité à autoévaluer ses

1. Voir le rapport rendu par Technologia, « État des lieux sur le stress et les conditions de travail, introduction et synthèses », p. 8 (http ://www.intelligence-rh.com/actualites/sante-securite/france-telecom-rapport-final-cabinet-technologia-accable-politique-de-gestion-personnel).

performances et à en tirer les conséquences. Chacun intériorise la nécessité d'améliorer ses résultats à partir de la mesure quotidienne de son activité « réelle », la réalité étant ici traduite en termes financiers. Car au contrôle objectif effectué par les outils informatiques se mêle le contrôle subjectif assuré par les agents eux-mêmes qui se sentent coupables lorsque leur productivité baisse, et satisfaits lorsqu'elle augmente. Il ne convient plus de faire tout simplement son travail, il s'agit de prendre en compte ce qu'il rapporte à l'entreprise. En intériorisant cette exigence nouvelle, par le biais des tableaux de bord et des « machines intelligentes », chaque salarié est confronté à lui-même, puisque la comparaison de ses résultats est peut-être moins signifiante par rapport aux autres que par rapport à ses propres performances. Certains se prennent au jeu et en arrivent à « se défoncer », à se dépasser, à vouloir améliorer leurs scores, jusqu'à amorcer une spirale du « toujours plus » qui les conduit à devenir les seuls responsables de leurs réussites et de leurs échecs (Weber, 2005 ; Philonenko, Guienne, 1997). Si la majorité des salariés n'en arrive pas à ces extrémités, tous sont pourtant pris dans un système qui les conduit à suivre les résultats de leurs collègues, à les mesurer, à se comparer. Entre le désir de faire mieux que les autres et/ou la crainte d'être dépassé, ce système conçu pour les motiver et les responsabiliser les met en compétition les uns avec les autres. Il individualise les comportements, renforce la pression psychique, banalise la lutte des places. C'est un des facteurs essentiels du mal-être exprimé par tous ceux qui, après avoir parfois adhéré passionnément à cette compétition stimulante, en sont sortis désenchantés, déprimés sinon dégoûtés.

Une nouvelle répartition du pouvoir se met en place entre ceux qui sont branchés et ceux qui ne le sont pas, entre ceux qui contrôlent et ceux qui sont contrôlés. La liberté de se « débrancher » devient une liberté précieuse (Jaureguiberry, 2003). Pour ceux qui n'ont pas ce pouvoir, le contrôle devient omniprésent, lancinant. Au contrôle disciplinaire du petit chef disant ce qu'il faut faire, donnant des ordres, appliquant un règlement plus ou moins sévère, distribuant les sanctions et les bons points, se substituent une objectivation normative, une évaluation continuelle, un contrôle plus ou moins virtuel, fondé sur des données enregistrées dans la machine qui peuvent être exploitées ou laissées en attente. Au système disciplinaire décrit par Michel Foucault à propos du système carcéral se substitue un système électronicocognitiviste dans lequel les NTIC remplacent les grilles de la prison par des logiciels de traitement de l'information. La vieille pointeuse semble bien obsolète face à la sophistication des outils informatiques qui balisent l'espace et le temps.

La « transparence » que ces outils apportent n'a pas les mêmes effets selon les secteurs d'activité et les positions de pouvoir. Pour le top management et le contrôle de gestion, cette transparence est un outil précieux pour calculer la rentabilité du système dans ses moindres détails. Pour les employés, l'enregistrement individualisé de la productivité apporte la reconnaissance lorsqu'elle est positive et la menace de sanction lorsqu'elle est négative. Mais c'est surtout un système de surveillance permanent qui les met sous pression, à l'image du bracelet électronique conçu pour les prisonniers en liberté surveillée. Le contrôle n'est plus incarné dans des murs, des cellules, des pointeuses, mais dans des tableaux statistiques, des badges électroniques, des caméras de surveillance. « Vivre, c'est désormais être surveillé globalement sans rupture par les rets de plus en plus affinés d'un maillage électronique invisible et omniprésent » (Quessada, 2010).

La contraction du temps, le développement du conformisme et la rigidité des procédures

La culture de l'urgence (Aubert, 2003) est la conséquence de l'introduction de ces nouvelles technologies dans tous les secteurs de l'organisation. Leur intégration n'impose plus seulement une réactivité dans l'urgence, mais également dans l'immédiateté. L'ensemble de l'organisation du travail est modifié. Les progrès induits au départ conduisent à une exacerbation des processus. Par exemple, le moment de la réception du courrier ponctuait l'activité dans une projection journalière. Le courrier reçu le matin permettait de programmer la journée et de hiérarchiser les réponses. Le téléphone venait compléter l'organisation du temps et pouvait facilement être filtré. L'arrivée à flots continus des mails change radicalement la donne et perturbe la maîtrise de l'organisation du temps.

Ce n'est pas la technologie en elle-même qui engendre le mal-être, mais son utilisation au service d'un contrôle renforcé, relayé par les modifications de l'organisation qu'elle engendre. La culture des flux tendus envahit l'ensemble du monde du travail. La tension est d'autant plus accentuée que la perte de maîtrise sur l'organisation de son activité quotidienne est forte, à cause de procédures standardisées sur lesquelles les travailleurs, individuellement et collectivement, n'ont plus de prise. Les NTIC servent de support technique à la normalisation, à l'accélération et à la standardisation du travail.

Il y a là un paradoxe, un de plus. Institués au départ pour innover, moderniser, s'adapter à la complexité, ces systèmes figent désormais les possibilités d'adaptation, de réflexion collective et de transformation des modalités de fonctionnement de l'organisation. Les systèmes d'information et de communication des entreprises encodent, standardisent et formatent les procédures et les prescriptions. Le cas de France Télécom est, une fois encore, exemplaire. Selon le rapport de Technologia, « le système d'information cristallise de nombreuses critiques : applications pléthoriques, ergonomie insatisfaisante, dysfonctionnements multiples et variés concourent à l'alourdissement de la charge de travail des salariés. 62 % d'entre eux disent que, souvent, ils ne peuvent pas effectuer correctement leur travail car les applicatifs sont devenus trop nombreux et/ou trop complexes. 55 % des salariés déclarent souvent ne pas pouvoir effectuer correctement leur travail parce que les moyens matériels ou informatiques sont insuffisants, inadaptés ou tombent en panne[2] ».

Une fois en place, les applications perdent leur capacité adaptative pour imposer des normes formelles. Toute l'organisation doit alors s'adapter aux « logiciels », ceux-ci entraînant un redéploiement des compétences, l'élaboration de procédures inédites, la mise en œuvre de nouveaux systèmes de contrôle et d'évaluation. Lorsqu'un incident ou une situation imprévue surviennent, les possibilités d'initiative des agents sont de plus en plus limitées, pour deux raisons. Une raison objective liée au fait que le cadre de l'activité est plus contraignant, qu'il s'impose à eux et qu'ils n'ont plus la possibilité de l'ajuster en fonction des circonstances. Une raison subjective, dans la mesure où ils prennent l'habitude de « se reposer » sur les procédures, de renoncer à exercer leur réflexion. Une bonne partie de leur intelligence ayant été captée dans la machine, les agents sont obligés d'appliquer des

2. Technologia, « État des lieux sur le stress et les conditions de travail, introduction et synthèses », art. cité, p. 10.

procédures normatives. Ils ont été privés de leur apprentissage et ne peuvent plus exercer leur capacité d'adaptation, faite de tentatives plus ou moins réussies d'essais et d'erreurs face à des situations nouvelles. « C'est un savoir-faire qui ne se conserve et ne s'affine qu'à condition d'être mis à l'épreuve et renouvelé en permanence. [...] Les systèmes procéduriers induisent des comportements conformistes, ou bien génèrent de la frustration car ils ne peuvent pas déployer toute l'ingéniosité dont ils sont capables, ce qui alimente une certaine amertume, voire de l'aigreur » (Bonetti, 2007, p. 11). Les capacités d'initiative diminuent au profit de l'adaptation à des procédures normalisées et normalisantes.

Le pouvoir de la norme

Le champ du travail est envahi par un faisceau de normes qui, au nom de la qualité, de la transparence, de l'évaluation et de l'objectivité, impose aux travailleurs des contraintes supplémentaires. Les réorganisations permanentes et les nouveaux outils qui les accompagnent sont présentés comme des moyens censés améliorer le fonctionnement de l'ensemble. Mais loin de favoriser le travail bien fait, de susciter la cohérence, d'apporter une meilleure compréhension, de développer une coopération constructive, ils produisent une standardisation des façons de procéder, une normalisation des procédures et une modification des critères d'évaluation qui dévaluent l'appréciation par les pairs, au profit d'une mesure quantitative des résultats et de la rentabilité.

Les organisations et le monde du travail sont des lieux privilégiés dans l'élaboration et la mise en œuvre de ce pouvoir de la norme, faites sous la pression d'une multiplicité de consultants. Il s'agit de concevoir des cahiers des charges, des référentiels, des matrices de mesure de la qualité, des tableaux de bord synthétiques de l'activité, des grilles d'évaluation individualisées... Dans sa recherche sur la normalisation de l'idéal, Marie-Anne Dujarier décrit comment les directions fonctionnelles mettent en œuvre des systèmes pour contrôler l'activité quotidienne des soignants dans un hôpital ou des personnels de cuisine et de salle dans une chaîne de restaurants : « Le contrôle hiérarchique sur les exploitations s'exerce surtout au moyen de grands indicateurs, de notes et classements généraux auxquels sont attachées des sanctions. Il s'exerce *via* les dispositifs de contrôle et de traçabilité institués par les différents spécialistes fonctionnels – de la qualité, du contrôle de gestion, de la formation, de l'hygiène, de la sécurité, etc. Ces experts mesurent ou font auto-mesurer de multiples aspects de l'activité. Ils passent dans les services pour relever et annoter ce qui s'y fait ou ce qui ne s'y fait pas, visiblement. Ils en font des rapports aux dirigeants. Ces informations sont consolidées et permettent de disposer de tableaux de bord synthétiques sur l'activité, la qualité, la conformité, la satisfaction, la performance, etc. À ce contrôle très macro s'ajoute une appréciation plus discrète mais puissante des comportements des salariés au travail, pour s'assurer qu'ils "respectent" les prescriptions » (Dujarier, 2006, p. 171).

La surveillance et le contrôle procèdent d'une gestion intégrée entre les différents éléments suivants :

– un travail d'expertise, pour élaborer des indicateurs, des grilles de mesure et les logiciels pour en assurer le traitement ;
– une activité d'encadrement et de surveillance, pour prélever au plus près du terrain les informations nécessaires ;
– un traitement informatique des données, ce qui leur confère une objectivité incontestable ;
– une analyse de ces données par le contrôle de gestion pour les « interpréter » en termes financiers afin de calculer le rapport entre le coût et la rentabilité de chaque élément du système ;
– une analyse complémentaire de ces données par la direction des ressources humaines pour évaluer la productivité et la « soumission » du personnel.

Ces différents éléments forment un système sociotechnique d'un nouveau genre. Si le système taylorien rivait l'homme à la machine dans un dispositif de surveillance et de contrôle disciplinaires, le système de contrôle managérial produit un hybride homme-organisation-informatique, dans lequel l'homme, les procédures et l'ordinateur constituent un ensemble récursif d'interdépendances. Dans un premier temps, l'homme peut penser avoir l'initiative et la maîtrise du système, puisque c'est lui qui le conçoit, alors même que la dynamique de construction de celui-ci va produire des outils et des logiciels qui imposent leur propre logique de façon insidieuse. Le produit devient alors producteur de ceux qui l'ont produit (Morin, 1990). Une fois en place, il s'impose comme norme incontournable, un « ordre établi » qui dicte ses lois. L'imposition est évidente pour ceux qui sont contrôlés, puisqu'ils sont les premiers à en subir les effets, mais elle s'exerce également sur les concepteurs et les contrôleurs, qui sont petit à petit intégrés dans le système qu'ils pensent maîtriser.

Apparemment, l'ordinateur et les NTIC permettent à celui qui les met en œuvre d'élargir son champ d'action, alors qu'il participe surtout à le formater à partir de directives insérées dans le système d'information et qui deviennent des guides de l'action. Il y a là un déplacement du pouvoir. L'intelligence des systèmes experts qui devrait n'être qu'un prolongement de l'intelligence humaine devient en définitive un encadrement de celle-ci. Pour s'approprier le système, il faut accepter de se soumettre à ses lois, s'adapter à ses préceptes, à son langage, à ses procédures. La machine « nous fait perdre l'habitude de nous diriger nous-mêmes et nous accoutume toujours davantage à consentir, dans les marges d'un pouvoir véritablement disciplinaire, à notre propre aliénation, à notre propre mutilation (Gori, Del Volgo, 2009, p. 123).

La mise en place du pouvoir de la norme ne peut se faire qu'avec la participation active de ceux sur lesquels il va s'exercer. Le film *La Mise à mort du travail* décrit comment les ouvriers de Fenwick, avec la collaboration de consultants spécialistes du *kaisen*, s'impliquent dans la réorganisation de leur atelier pour établir de nouvelles normes d'aménagement de l'espace, d'organisation de la production, de mesure de l'activité. Ces modifications vont améliorer la productivité de 20 % et, à terme, conduire à réduire les effectifs dans la même proportion, ce qu'ils ne savaient pas au départ, bien que cette réduction découle logiquement du dispositif mis en œuvre. Le pouvoir de la norme est parfaitement rationnel, à l'image de l'*homo economicus*. Il consiste à normaliser les conduites à partir d'un appareillage de mesure permettant de gérer et d'évaluer le potentiel humain dont la firme dispose pour transformer le travailleur en « sujet économique » capable de gérer lui-même toutes ses conduites au mieux des intérêts économiques de « son » entreprise. Associés comme sujets réflexifs à l'organisation du travail, les salariés renforcent leur assujettissement à un système de normes auquel ils se soumettent à leur insu, croyant, en le produisant, défendre leurs propres intérêts.

Apparemment, le pouvoir de la norme ne s'appuie pas sur une autorité qui impose son point de vue sous la menace d'une sanction ou d'une répression, mais sur l'expertise conjointe de consultants et des travailleurs eux-mêmes qui élaborent des « modèles » d'organisation traduits dans des logiciels et des pratiques qui servent de guides à l'action. Dans le film cité précédemment, on peut voir comment deux consultants vont suivre pendant plusieurs semaines le meilleur des vendeurs de Fenwick, pour prélever son savoir-faire et le traduire dans un référentiel sur lequel les autres vendeurs devront s'aligner. La norme n'apparaît pas comme imposée de l'extérieur. Elle est le produit d'une expertise rationnelle, objective, neutre, fondée sur une observation effectuée sur le terrain avec les travailleurs eux-mêmes. Dans ce contexte, elle devient incontestable. On n'est plus dans un système disciplinaire imposé qui cherche à redresser les corps pour les rendre utiles, dociles et productifs (Foucault, 1975), mais dans un système managérial qui tend à canaliser la subjectivité pour la mettre au service des intérêts de l'entreprise, intérêts mesurés en termes de productivité et de rentabilité.

Cette canalisation de la subjectivité des travailleurs peut prendre différentes formes. Les outils de gestion appuyés sur les systèmes d'information et de communication d'entreprise en sont des vecteurs essentiels. « J'appelle dispositif tout ce qui a d'une manière ou d'une autre la capacité de capturer, d'orienter, de déterminer, d'intercepter, de modeler, de contrôler et d'assurer les gestes, les conduites, les opinions et les discours des êtres vivants » (Agamben, 2007). Le dispositif assure la médiation entre d'un côté les désirs, les affects, les représentations, les schèmes cognitifs d'appréciation et de perception des travailleurs, et, de l'autre, des procédures, des règles, des aménagements, des emplois du temps, tout ce qui encadre l'activité. Il est donc l'élément central du processus de normalisation des conduites et des comportements pour les adapter aux exigences de la production. Dans de nombreux secteurs, la santé, la recherche, l'éducation, la culture, l'enseignement…, les contrôles de gestion ont imposé leurs normes au détriment des finalités professionnelles et des valeurs qui les fondaient. « Partout, au nom de l'expertise objective et de la logique comptable, le formatage des conduites a devancé l'esprit et la substance des actes.

Partout le profit à court terme ouvre la guerre de tous contre tous, dans une société de la dissociation où l'individu est d'autant plus sacralisé et déclaré autonome qu'il est abandonné à sa solitude totale et à la dépendance de dispositifs de contrôle social qui enserrent son existence » (Gori, Del Volgo, 2009, p. 123).

*

Lors d'une rencontre sur « l'évaluation dans les pratiques d'accompagnement des personnes handicapées », Patick Viveret[3] raconte comment il a participé à la mise en œuvre de la loi organique des lois de finances (LOLF). « Au départ, on partait de quelque chose qui était éminemment positif : sortir d'une nomenclature budgétaire qui était une pure sédimentation d'actions qui ne conduisaient pas à formuler les politiques publiques. On disait : "*Nous avons besoin de véritables politiques publiques, de mieux les évaluer pour mieux en rendre compte et notamment pour donner au Parlement un rôle essentiel.*" C'était formidablement de l'ordre du positif. Après, que se passe-t-il ? On voyait le budgétaire de service qui passait dans les bureaux et qui nous disait : "*J'ai besoin de mes indicateurs pour la fin de la semaine.*" On demandait : "*Comment ça ? Quels indicateurs ? Et en plus pour la fin de la semaine ! C'est complètement absurde, normalement on est là pour mieux comprendre ce qui se passe pour avoir des indicateurs au sens d'indices qui nous permettent de mieux travailler sur le fond même de notre projet. Donc évidemment cela ne peut pas être à la fin de la semaine.*" Et avant de se poser la question des indicateurs, il faut d'abord se poser la question de l'objet, des critères selon lesquels les indicateurs, au lieu d'être des outils au service des missions, deviennent au contraire complètement contre-productifs. Alors, il nous regardait d'un air désolé en nous disant ceci : "*Vous avez certainement raison, mais je suis quand même obligé de vous demander cela.*" "*Pourquoi ?*" "*Parce que, sinon, le système informatique se bloque*" » (Viveret, 2010, p. 124).

3. Patrick Viveret a été conseiller à la Cour des comptes. Il a travaillé sur l'évaluation des politiques publiques et les articulations avec les lois de finances dans les années quatre-vingt-dix.

L'anecdote illustre la logique implacable des serviteurs zélés qui entretiennent la folie prescriptive au service du pouvoir de la norme. Elle montre comment cette « logique » contribue à détériorer l'intelligence collective. Faute de faire confiance aux personnes, on alimente un système normatif autonome, qui instrumentalise les procédures et fait perdre le sens de la mesure.

Chapitre 16

Un imaginaire organisationnel leurrant

« Infliger au sujet d'être pour lui-même le Tiers, c'est non pas le libérer, mais l'écraser, transformer politiquement les relations sociales en foire d'empoigne, sous le masque d'un discours de séduction généralisé. L'implicite des nouvelles légalités de facture gestionnaire peut être mis à découvert et je le résumerai ainsi : survivre qui pourra. »

PIERRE LEGENDRE,
LES ENFANTS DU TEXTE, 1993.

Mélange de plaisir et de souffrance, d'aspiration et de déception, d'espoir et de désenchantement, de protection et de menace, l'univers du travail est riche en contradictions et suscite des sentiments contrastés. Le travail constitue un élément central de l'imaginaire social, ensemble de représentations du futur, de fantasmes collectifs, de symbolisations unifiantes, de croyances idéologiques et de pratiques sociales qui déterminent la façon dont les individus, individuellement et collectivement, se projettent un devenir et contribuent à produire la société. L'imaginaire managérial suscite l'adhésion par un ensemble de promesses, de préceptes, de valeurs, de présupposés, de croyances et d'illusions. Cet ensemble paraît éclaté alors qu'il est au fondement de l'être ensemble qui fait société. Il existe des liens étroits entre les éléments constitutifs de l'imaginaire social managérial : l'avancement au mérite, le besoin de reconnaissance, le désir de toute-puissance, l'apparente rationalité du capitalisme, l'idéologie techniciste et objectiviste, le gouvernement par les normes et le processus d'instrumentalisation.

Imaginaire moteur, imaginaire leurrant

L'action ne trouve pas son sens en elle-même mais dans les projections imaginaires qui la fondent. La signification imaginaire est l'élément premier qui détermine les orientations de l'action. Les organisations sont d'abord des projections de sens qui prennent forme dans des normes, des procédures, des dispositifs, des outils de gestion, des formes spatiales, des aménagements de toutes sortes, des processus de décision. Les organisations sont « des scènes sociales où des scénarios individuels viennent se conjuguer aux significations sociales pour instruire l'acte individuel et collectif » (Giust-Desprairies, 2003, p. 10). Une foi instituée, construite, installée, l'organisation devient productrice de ce qui l'a produite. Elle devient une instance normative et normalisante. Elle produit ses propres règles, des « façons de procéder », des cultures, des valeurs, des codes de conduite, qui s'imposent à ses membres. Les individus qui « appartiennent » à une organisation contribuent à produire tous les jours ces modes de fonctionnement en intériorisant ces façons de faire et de penser. Pierre Bourdieu parle à ce propos d'*habitus*. Ceux-ci désignent les correspondances entre structures sociales et structures mentales, les ajustements entre les organisations, comme structures « objectives », et « les schémas de perception, d'appréciation et d'action que les individus mettent en œuvre dans leur jugement et dans leur pratique » (Bourdieu, 1989, p. 11). En ce sens, les organisations sont des structures socio-mentales dans lesquelles existe une intrication entre ce qui vient de l'organisation et ce qui vient des individus qui la composent. La notion d'imaginaire organisationnel rend compte de cette intrication entre l'objectif et le subjectif, le concret et l'abstrait, le matériel et le symbolique, l'extériorité et l'intériorité, le monde des images et ce que l'on nomme le « monde réel ».

« Nous avons à penser le monde des significations sociales non pas comme un double réel d'un monde réel [...]. Nous avons à le penser comme position première, inaugurale, irréductible du social-historique et de l'imaginaire social tels qu'ils se manifestent chaque fois dans une société donnée ; position qui se présentifie et se figure dans et par l'institution du monde et de la société elle-même » (Castoriadis, 1975). L'institution imaginaire de la société détermine des positions, des orientations communes, qui induisent ce que l'on considère dans un contexte social donné comme envisageable, comme réalisable, comme possible. Le changement procède d'un double mouvement entre l'imaginaire et le réel, entre ce qui se passe dans les têtes et les transformations dans les organisations concrètes. C'est dire l'attention qu'il convient de porter à la dimension de l'imaginaire pour comprendre comment les organisations entraînent les individus, parfois malgré eux, dans un sens (orientations et significations) qui les dépasse. C'est dire que les organisations ne sont pas des données indépendantes des individus qui les composent, mais la projection d'un imaginaire collectif instituant qui s'appuie sur des représentations mentales enracinées à la fois dans le psychisme individuel, les idéologies, les mythes et les croyances. Mélange d'images, de fantasmes, de légendes, de narrations (entre fiction et réalité), l'imaginaire organisationnel constitue un élément central du fonctionnement des organisations et de l'adhésion en profondeur qu'elles suscitent.

« L'imaginaire est du côté du projet, de la construction lentement édifiée. C'est lui qui est à la racine des utopies, des phantasmes qui sous-tendent les programmes, les théories, les volontés de faire et d'agir » (Enriquez, 1998, p. 84). L'imaginaire a donc une double face, comme moteur de l'action et comme porteur d'illusions, comme ouverture au temps et à l'action et comme mystificateur qui masque la réalité, comme facteur d'innovation, de créations, et comme vecteur de fausseté. « L'imaginaire c'est alors le tissu où se nouent les contraires, [...] il se présente comme l'expression de la spontanéité créatrice, de l'invention technique et sociale, de la prise des désirs pour la réalité » (*ibid.*, p. 85).

L'imaginaire organisationnel se construit à partir de discours, d'images, de valeurs, ce que certains appellent une « culture », qui sont autant de représentations instituantes. Il cultive un champ des possibles offrant à chacun l'opportunité de développer ses projets, de réaliser ses aspirations, de satisfaire ses désirs de reconnaissance et d'estime. Nous avons évoqué à ce propos un « contrat narcissique », en complément du contrat de travail, contrat par lequel l'organisation propose de projeter l'idéal individuel de chacun dans un idéal collectif, de renoncer à ses désirs personnels pour les réaliser dans l'organisation, de satisfaire ses désirs de conquêtes et de toute-puissance en incorporant les stratégies de conquête et de toute-puissance de l'organisation. « Ce que ne dit jamais l'entreprise c'est que ce discours est un leurre et que comme Freud l'avait bien pointé en ce qui concerne la civilisation, la satisfaction obtenue n'est jamais à la hauteur du renoncement exigé » (*ibid.*, p. 75). L'entreprise propose donc un imaginaire double, à la fois *leurrant* et *moteur*. Leurrant, parce qu'il fait croire qu'elle peut satisfaire les désirs de reconnaissance, de perfection et de toute-puissance ; moteur, parce qu'elle permet d'entreprendre, de s'investir dans des projets, des créations collectives, de réaliser des œuvres.

Cette dualité du leurre qui donne de bonnes raisons d'agir s'exprime dans différentes figures, tels la mise en avant du mérite comme vecteur d'égalité et de justice, l'objectivité des résultats chiffrés comme mesure des performances, la réussite de la carrière comme facteur de « réalisation de soi-même », le projet d'une expansion illimitée comme aspiration permanente.

Le piège de l'avancement au mérite

A priori, le mérite est une valeur « juste ». L'idée que chacun doit recevoir en fonction de ses contributions, de ses efforts, de ses talents, est un progrès considérable par rapport à l'injustice des inégalités de naissance, de rang, de classe. Mais cette valeur, au fondement du pacte républicain, est aujourd'hui pétrie de contradictions. « Notre conception des actions méritoires non seulement n'a plus d'horizon éthique (et encore moins religieux), mais elle est strictement individualiste. Chaque individu a ses capacités et entend en recueillir les bénéfices. Un slogan publicitaire résume tout cela très bien : "Parce que je le vaux bien." Notre idée du mérite a été, pour ainsi dire, filtrée et appauvrie : de capacités récompensées par l'estime (des autres et de soi), on est passé à des mérites individuels dont on attend le salaire. Ce salaire a un nom : argent, reconnaissance, renommée » (Michaud, 2009, p. 6).

Pourtant, l'avancement au mérite s'impose à tous comme une évidence. Du côté du pouvoir parce qu'il permet de distinguer « les meilleurs » selon les critères qu'il a définis ; du côté des travailleurs parce que chacun est persuadé qu'il en retirera des bénéfices. L'idée qu'on ne peut être que parmi les meilleurs est chevillée au corps, ou plutôt dans les profondeurs narcissiques de la psyché. Il est difficile, dans ce contexte, de remettre en question l'avancement au mérite, quand bien même il produit une compétition intense entre les travailleurs, qui auraient tout intérêt à collaborer et à affirmer une solidarité. Il favorise une individualisation de plus en plus mortifère, il engendre une soif inassouvie de reconnaissance, il suscite une lutte des places épuisante et permanente. « Un gagnant, ça produit immanquablement des perdants », rappelle avec force Albert Jaquard. Pour un qui voit ses « mérites » reconnus, combien sont des laissés-pour-compte, alors même qu'ils pensent ne pas avoir démérité ? La distinction de l'un ne peut produire que déception et désappointement chez les autres. Pour une once de reconnaissance attribuée chichement à quelques-uns, combien de frustrations sont suscitées chez les autres ?

Le leurre, dans le champ scolaire, consiste par exemple à laisser penser que l'accès de quelques jeunes aux grandes écoles, Sciences-Po par exemple, va régler la question des inégalités sociales. Il y a là une illusion complète. « Les élèves défavorisés et méritant d'être aidés par des dispositifs spéciaux se comptent, au mieux, par centaines, alors que les autres se comptent par centaines de milliers. Ce n'est pas critiquer ces dispositifs d'accès aux classes préparatoires que de rappeler qu'ils touchent quelques centaines d'individus pendant que 150000 élèves quittent l'école sans aucune qualification » (François Dubet, *Le Monde*, 1er décembre 2009). Il y a une violence sournoise derrière la volonté de célébrer les mérites des plus performants, ce qui est juste, alors qu'on ne fait rien pour tous les autres. Lorsqu'on renvoie aux jeunes des quartiers nord de Marseille : « Vous pouvez vous en sortir, regardez Zidane, il s'en est bien sorti ! », on feint d'ignorer que si le football est un espoir de salut pour tous, seules quelques dizaines de jeunes pourront effectivement y trouver des perspectives d'avenir. « Les vaincus seront d'autant plus amers et révoltés qu'ils seront blâmés de ne pas avoir saisi leur chance » (*ibid.*). Alors que la condition d'une petite minorité s'améliore, celle des autres se détériore. La reconnaissance de l'excellence de quelques-uns renforce et même justifie l'exclusion de tous les autres. L'introduction de la logique du marché dans la famille, à l'école ou dans l'entreprise, soumet l'ensemble de la société à une vaste compétition, dans laquelle la lutte des places devient l'horizon de chaque individu au détriment de l'être ensemble. On distingue alors des vainqueurs et des vaincus, comme si la réussite et l'échec étaient exclusivement dus aux talents personnels, sans tenir compte des conditions socio-économiques qui favorisent ou inhibent les possibilités de chacun.

Un besoin de reconnaissance inassouvi

La quête de satisfactions narcissiques est un puissant facteur d'adhésion à l'imaginaire managérial. L'investissement libidinal dans l'organisation conduit chacun à attendre de l'entreprise des sentiments en retour de ceux qu'il éprouve pour elle. Nous avons montré auparavant que ceux qui adhèrent passionnément aux objectifs de l'entreprise attendent, en retour, la reconnaissance de leur amour. Ils ne peuvent qu'être désappointés puisque l'organisation n'a pas de sentiment, pas de volonté, pas d'émotion. Elle obéit à des logiques qui n'ont rien à voir avec l'affectivité et la subjectivité. Le leurre consiste à laisser penser qu'il y a une équivalence et une réciprocité entre l'entreprise et l'individu. On sait, grâce à Freud, que la passion amoureuse entretient toujours l'illusion, même entre deux personnes humaines. Chacun projette sur l'autre les qualités idéales qu'il voudrait avoir pour son propre moi et introjecte les qualités attribuées à l'autre. Ces processus sont à l'œuvre dans les entreprises qui proposent à leurs employés de s'investir corps et âme dans leur travail, en leur faisant croire qu'ils vont y trouver la satisfaction de leurs désirs les plus chers. Nous avons rencontré des employés qui tombent littéralement « amoureux » de leur société [1].

De même que l'on attend de l'objet aimé la reconnaissance de son amour, de même on attend de l'entreprise la réciprocité, qu'elle réponde à cet amour par un amour équivalent. C'est la raison pour laquelle ceux qui adhèrent ne peuvent être que déçus. Le désenchantement et la dépression surviennent alors, à l'occasion d'une promotion attendue et non honorée, d'une mise à l'écart, d'une prime non accordée. C'est le cas, par exemple, d'Hélène Weber, employée chez McDonald's. Pendant deux années, elle va se dévouer totalement à son travail, dépasser tous les objectifs qui lui sont fixés et obtenir une série de promotions. Elle pense qu'elle est la meilleure, elle répond parfaitement à toutes les attentes de son employeur, elle vit sur un nuage, dans une illusion de bonheur, exactement comme dans les pre-

1. Nous avions d'ailleurs pensé, à l'époque, intituler notre ouvrage *L'Emprise de l'organisation* « TLTX, mon amour », pour rendre compte de l'intensité passionnelle des liens qui unissaient certains salariés à leur entreprise.

miers temps d'une relation amoureuse partagée. Jusqu'au jour où elle n'obtient pas la reconnaissance de son investissement passionnel. Et là, tout s'effondre, le rideau se déchire. Il lui faudra plusieurs années pour se remettre de ce choc, pour se rendre compte qu'on ne peut vivre impunément une histoire amoureuse avec une entreprise qui n'a pas d'états d'âme et qui prend ses décisions non pas sur des considérations affectives, mais sur des considérations de gestion (Weber, 2005). D'un côté, la reconnaissance attendue est fondamentalement inscrite dans le registre des sentiments ; de l'autre, elle est liée à des considérations de management et obéit à des critères chiffrés, rationnels, organisationnels. Entre les deux, les malentendus sont inévitables.

Les illusions de la toute-puissance

Dans les entreprises qui pratiquent le management par l'excellence, les employés sont invités à se dépasser, à accomplir des exploits qui démontrent leurs qualités exceptionnelles, qu'ils sont bien « hors du commun ». À l'image du *soi grandiose* (Kohut, 1974), ceux qui adhèrent à ce modèle ont souvent un ego démesuré et un attrait pour dépasser les limites, aller au-delà de leurs performances précédentes : toujours plus fort, toujours plus loin, toujours plus haut, toujours plus vite. Ils trouvent dans l'exigence du *toujours plus* une stimulation permanente qui leur permet de lutter contre l'angoisse de l'échec et l'angoisse de la perte d'objet. Ces personnalités « hors limites » sont l'archétype de l'individu hypermoderne (Aubert, 2004). Passionnés par l'extrême, ils ne trouvent de satisfaction que dans une course en avant perpétuelle, un dépassement de soi, une recherche de nouveaux territoires à conquérir. L'immobilisme, la répétition, la stabilité, sont pour eux insupportables. Le changement et la nouveauté leur sont nécessaires. Ils célèbrent les potentialités plutôt que les réalisations concrètes (Crawford, 2010, p. 27). Ils ne rêvent que de conquêtes et sont persuadés qu'ils seront toujours du côté des vainqueurs. Ce sont des *risquophiles*, des amoureux du risque qui ne trouvent de satisfaction que dans la compétition, la haute performance et la mobilité. Les entreprises hypermodernes, qu'ils ont contribué à produire et dont ils sont le produit, sont à leur image. Il y a une concordance entre leur fonctionnement psychique et les attentes de l'entreprise capitaliste hypermoderne. Celle-ci est en quelque sorte le prolongement de leur moi, qui trouve dans l'identification à l'organisation la réalisation de ses fantasmes de toute-puissance. Tant que l'identification est possible, l'illusion est entretenue. Jusqu'au jour où l'entreprise marque une distance, procède à une mise à l'écart, brise le contrat narcissique[2]. La désillusion est alors inévitable. Privé de l'organisation qui sert d'étai à ses désirs de toute-puissance, il n'est plus rien, en tout cas plus grand-chose. Il se rend compte que son pouvoir n'était que celui qu'elle voulait bien lui donner et il risque alors de sombrer dans la dépression. En perdant la stimulation qui donnait du sens à son existence, il se perd lui-même.

On perçoit ici la dissociation entre les fondements psychologiques du désir de toute-puissance qui s'appuie sur des fantasmes profondément ancrés dans l'inconscient individuel et les fondements économiques des stratégies organisationnelles qui reposent sur une logique inhérente au système capitaliste. Entre l'aspiration à la toute-puissance et la logique d'expansion illimitée, il existe une concordance évidente qui se conjugue tant que les travailleurs participent activement à produire la croissance, et se dissocie lorsque l'organisation estime que tel ou tel n'est plus suffisamment productif, que tel service n'est plus rentable, que les coûts de production sont trop élevés... Autant de situations dans lesquelles le travailleur se rend compte qu'il y a un gouffre entre l'intérêt de l'entreprise et son intérêt individuel, et que la toute-puissance dont il bénéficiait dépendait uniquement de la place qu'il occupait dans l'organisation, au prix d'une dépendance totale qu'il avait tendance à occulter. Malgré les licenciements, les placardisations, les multiples marques de non-reconnaissance, beaucoup de travailleurs n'ont de cesse de vouloir retrouver la fusion avec l'entreprise, préférant entretenir les illusions de l'identification plutôt que d'assumer la douleur de la séparation.

2. Le contrat narcissique exige que chaque employé prenne une certaine place, se conforme au discours de l'organisation, réponde à ses attentes, en échange de quoi il reçoit une gratification, une reconnaissance. L'organisation assure ainsi une place et une identité, moyennant quoi l'individu s'engage à se mettre à son service et à perpétuer ses valeurs (Aubert, Gaulejac, 1991).

La « rationalité » capitaliste

L'imaginaire organisationnel managérial est en osmose avec l'imaginaire social qui légitime le système économique capitaliste. Les économistes positivistes présentent l'économie comme une discipline scientifique qui aurait ses lois propres, comme si elle était indépendante des autres sphères de la société, comme si on pouvait la penser indépendamment des autres sciences humaines et sociales. L'économie est toujours une économie politique. Cette question fait débat chez les économistes. Mais ce débat semble avoir peu de prise sur la façon dont l'économie est majoritairement enseignée et pratiquée. Elle est présentée comme rationnelle parce qu'elle s'appuie sur des paradigmes mathématiques, alors même que les faits contredisent les modèles théoriques ainsi construits. L'incapacité de beaucoup d'économistes à prévoir et à expliquer les crises financières est un exemple des limites de l'économisme triomphant. Seuls ceux qui ont une approche pluridisciplinaire, intégrant l'histoire, l'anthropologie, la sociologie et la psychologie, apportent des explications convaincantes. La pure économie, celle qui se présente comme une science parfaitement objective, est un vernis scientiste qui a une fonction idéologique : justifier un système économique en le présentant comme la conséquence de lois indiscutables, et non comme la conséquence de décisions politiques, de rapports de force et d'enjeux de pouvoir.

« Le capitalisme est le premier régime social qui produit une idéologie d'après laquelle il serait “rationnel”. La légitimation des autres types d'institutions de la société était mythique, religieuse ou traditionnelle » (Castoradis, 1997, p. 31). Le capitalisme propose une autre forme de légitimation, ancrée pour une part dans la modernité, associée aux idéaux de progrès, de raison, de liberté d'entreprendre. Le caractère « rationnel » du système capitaliste est *institué* par le capitalisme lui-même. Il ne procède pas d'une entité supérieure ou transcendante, mais d'une nécessité qui lui serait propre et qui s'impose d'elle-même comme une évidence pratique et pragmatique. Jusqu'à l'effondrement des pays communistes, le capitalisme avait besoin d'arguments pour démontrer sa pertinence et sa légitimité face au communisme. Max Weber avait montré ses liens avec l'éthique protestante : la finalité de l'entrepreneur capitaliste n'est pas de s'enrichir mais de faire son salut.

Sa réussite est le signe qu'il fait bien partie des « élus » et, pour s'en persuader, il doit utiliser sa richesse, non pour lui-même, mais pour le bien commun. Cette belle morale semble aujourd'hui totalement mise aux oubliettes. Le capitalisme a perdu son éthique. La discussion sur sa légitimité semble se réduire à la loi du plus fort. Il s'installe comme une donnée, une évidence indiscutable.

La discussion serait pourtant nécessaire dans la mesure où le capitalisme est fondé sur un certain nombre de présupposés qui ne vont pas de soi alors qu'ils s'imposent à l'ensemble de la société. « Toutes les activités humaines et tous leurs effets arrivent, peu ou prou, à être considérés comme des activités et des produits économiques [...] valorisés uniquement en termes monétaires. Sa "rationalité" vient de là : sa finalité est le *bien-être*, mais il traduit cette notion idéaliste et subjective en *optimum économique*. Ainsi, directement ou indirectement, la rationalité est réduite à la rationalité "économique", et celle-ci est définie de manière purement quantitative comme maximisation d'un produit et minimisation des coûts » (Castoriadis, 1997, p. 32). Le calcul économique devient l'aune à partir de laquelle on va mesurer non seulement les performances du système productif de biens et de services, mais aussi toutes les activités de la vie sociale comme l'éducation, la culture, la santé, la sécurité, la protection de l'environnement, l'aménagement urbain. Le processus de production va, désormais, être dominé par une recherche permanente de produits nouveaux et une obsession de réduction des coûts. Mais cette logique productiviste et mercantile se dissimule derrière un discours scientifique : « L'économie politique met les habits mathématiques, ce qui lui permet de prétendre à la "scientificité". Mais le caractère idéologique de la nouvelle science est trahi par son effort persistant de présenter le régime (capitaliste) comme à la fois inévitable et optimal » (*ibid.*, p. 38).

Ainsi, une certaine « science économique » en arrive à justifier des inégalités croissantes au nom d'une vérité qui se pare de scientificité. « L'économie que le discours néolibéral constitue en modèle doit un certain nombre de ses caractéristiques, prétendument universelles, au fait qu'elle est immergée dans une société particulière, c'est-à-dire enracinée dans un système de croyances et de valeurs, bref un *sens commun économique*, lié aux structures sociales et aux structures cognitives d'un ordre social particulier » (Bourdieu, 2001, p. 26). Cet ordre nous vient des États-Unis, relayé par les pays anglo-saxons et adopté comme modèle en Europe, avec le soutien de toutes les grandes organisations internationales, en particulier le FMI, la Banque mondiale, l'OMC, l'OCDE et les institutions européennes. Il repose sur un certain nombre de postulats présentés comme indiscutables : l'économie est une science qui doit guider l'action politique ; les marchés sont le mode de régulation optimal des flux financiers et de la production ; l'intervention de l'État est coûteuse et inefficace, aussi les services publics doivent-ils être réduits au minimum ; les droits sociaux et le droit du travail sont des entraves qui freinent le développement économique ; la baisse des coûts de production est une nécessité pour affronter la concurrence ; elle implique de réduire les salaires pour accroître la productivité.

On oppose souvent imaginaire et rationalité. Le premier serait du côté du fantasme, de la fantaisie, de la fiction, le second du côté du concret, du sérieux, de la réalité. L'imaginaire managérial dépasse cette opposition. Il se présente comme parfaitement rationnel tout en proposant de répondre aux aspirations les plus archaïques. Il s'appuie sur des technologies ultra-sophistiquées qui lui donnent une assise matérielle, tout en mobilisant la psyché dans ses profondeurs. Il normalise les comportements tout en entretenant le leurre d'un monde sans limites.

L'idéologie techniciste et la gouvernance par les chiffres

Le mode de production capitaliste propose une mutation en profondeur des rapports entre l'être de l'homme et l'être de la société. L'être humain devient un *homo economicus*, individu rationnel dont les préoccupations sont dominées par l'optimisation de ses intérêts financiers dans une société de marché, et un *homo computans* dont les préoccupations sont dominées par le calcul. La calculocratie, ou dictature du chiffre, se développe dans toutes les sphères de la société. Sous une apparente objectivité, elle impose une vision du monde à partir de la définition de critères qui servent à évaluer les performances et la rentabilité.

La pensée techniciste se présente quant à elle comme parfaitement rationnelle, objective et neutre. « Le progrès technique fonde sa légitimité en se présentant comme une transcendance des idéologies, ce qui lui vaut d'être reconnu comme une valeur universelle incontestable. Apparaissant comme une objectivation du réel, comme la vérité vraie, il sape par avance toute contestation de sa légitimité puisqu'il ne serait que le déploiement du réel » (Bonetti, 2007, p. 19). Appliqué aux organisations du travail, à la gestion des ressources humaines, aux relations sociales dans l'entreprise, l'objectivisme positiviste conduit à traduire les valeurs affectives, symboliques et culturelles en paramètres mesurables qui semblent désidéologiser les rapports sociaux. La neutralité et le pragmatisme mis en avant occultent les conflits de valeurs. En fait, ce sont les affrontements traditionnels en termes d'opposition d'intérêts, de visions différentes, de conceptions théoriques et idéologiques qui sont neutralisés. Mais loin d'être éliminés, ils sont occultés et ne trouvent plus de possibilité d'expression dans l'espace public.

Les débats à propos des valeurs se déplacent sur les dispositifs, les critères, les indicateurs techniques de gestion (qualité, évaluation, bilans sociaux, tableaux de bord, ratios financiers, objectifs chiffrés...). « Dans un tel monde, le gouvernement par les lois cède la place à la gouvernance par les nombres. Le gouvernement par les lois vise au règne des règles générales et abstraites qui garantissent l'identité, les libertés et les devoirs de chacun. Il repose sur l'exercice de la faculté de *jugement*, c'est-à-dire sur des opérations de *qualification* juridique (distinguer des situations différentes pour les soumettre à des règles différentes) et d'*interprétation* des textes (dont le sens ne peut jamais être définitivement fixé). Le gouvernement par les nombres vise à l'autorégulation des sociétés humaines. Elle repose sur la faculté de calcul, c'est-à-dire des opérations de *quantification* (ramener des êtres et des situations différentes à une même unité de compte) et de *programmation* des comportements (par des techniques d'étalonnage des performances : *benchmarking*, *ranking*, etc.). Sous l'empire de la gouvernance, la normativité perd sa dimension verticale : il ne s'agit plus de se référer à une loi qui transcende les faits, mais d'inférer la norme de la mesure des faits » (Supiot, 2010, p. 78). La gestion scientifique de l'humain réduit la diversité des individus à une ressource, à une variable d'ajustement, à un facteur mesurable, à un capital. Elle conduit à gérer les hommes comme on gère les choses. Elle impose une représentation productiviste des organisations et de la société, qui doivent s'adapter au Marché, grand régulateur des rapports sociaux.

Les organisations, publiques et privées, se présentent comme des univers déconnectés de la société, obéissant à des logiques fonctionnelles, à des objectifs parfaitement rationnels d'efficience et de performances à partir de critères de rentabilité financière. Ce monde rationnel et pragmatique exclut les débats idéologiques « d'un autre temps ». Dépossédé de la possibilité d'exprimer ses croyances, ses valeurs et ses doutes, le salarié se coule dans cet univers rationnel sur le mode du clivage entre un « moi organisationnel », parfaitement adapté, et un moi sensible, affectif, subjectif, qui dissimule ses émotions. D'un côté, une « réalité objective » traduite en permanence dans un langage chiffré, de l'autre, un vécu subjectif qui n'ose s'exprimer autrement que dans des formalisations recevables par l'organisation.

« Le postulat de la mathématisation est évidemment consubstantiel avec la "rationalisation" conçue comme exclusivement quantitative. Les manuels d'économie sont remplis d'équations et de graphiques, qui sont presque toujours vides de sens, sinon comme exercices élémentaires de calcul différentiel et d'algèbre linéaire » (Castoriadis, 1997, p. 41). La démonstration est faite depuis longtemps que les hypothèses traduisant la réalité en critères mesurables sont éminemment discutables, que les comparaisons qu'elles induisent doivent être maniées avec précaution, que les chiffres n'ont pas de signification, ou ne devraient pas en avoir, en dehors du système d'interprétation qui leur donne un sens. Mais rien n'y fait. Une fois mis en place, les critères d'évaluation chiffrés font loi. Ils deviennent la référence à partir de laquelle les acteurs et les décideurs vont modeler leurs actions. Les travailleurs vont devenir eux-mêmes des calculateurs en prenant en compte les paramètres à partir desquels ils pensent être évalués, quand bien même ces paramètres ne rendent pas vraiment compte de la qualité de leur travail réel.

La rationalisation des organisations, sous couvert de modernisation, trouve une légitimité dans la croyance, toujours vivace, en particulier chez les ingénieurs devenus gestionnaires, que l'objectivité se fonde sur le calcul chiffré, que les référentiels techniques sont des modèles pour l'action, que la science peut régler les problèmes les plus complexes à partir du moment où on peut les traduire en équations. Il convient donc de développer une superstructure technique et rationnelle pour maîtriser une infrastructure économique et sociale imprévisible et chaotique. L'humain doit être géré comme la matière afin de le soumettre aux exigences de l'organisation. Le savoir scientifique ayant permis de mettre la nature au service de l'homme, il suffirait d'appliquer des recettes similaires pour maîtriser la complexité et le développement des sociétés contemporaines. Pour cela, il faut élaborer des « référentiels et des dispositifs de reporting, de traçabilité des activités réalisées et d'évaluation de leur efficacité à travers des systèmes de mesure et toute une batterie d'indicateurs qui se veulent objectifs, la mise en place d'une planification des actions et d'outils de formalisation. En outre ce processus s'appuie sur des logiciels informatiques de traitement des informations et des protocoles de diffusion des données sécurisant les échanges. Ils mobilisent une technicité et un outillage rigoureux et complexe qui leur confère une valeur d'efficacité. Qui pourrait douter de la valeur de dispositifs aussi organisés, structurés, s'appuyant sur des instruments de mesure ? » (Bonetti, 2007, p. 17).

Comme pour l'organisation scientifique du travail en son temps, la rigueur apparemment scientifique de la démarche semble incontestable. Pourtant, les scientifiques eux-mêmes ont beau alerter sur les effets pervers consistant à appliquer une démarche construite pour gérer des choses à d'autres champs, en l'occurrence les organisations humaines, rien n'y fait. La valeur apparente de la méthode lui donne une légitimité imparable, quand bien même la démonstration peut être apportée chaque jour de son inadéquation. Les organisations ne relèvent ni des sciences de la matière ni des sciences du vivant. Ce sont des constructions humaines, des systèmes sociopsychiques, traversés par des conflits d'intérêts, des oppositions de valeurs, des logiques d'actions hétérogènes et contradictoires. Elles suscitent des représentations, des investissements économiques, mais aussi affectifs et symboliques. Et pourtant, on continue à aborder les organisations comme les scientifiques abordent la matière, comme si l'on pouvait appliquer la démarche des ingénieurs, des physiciens ou des biologistes à des systèmes qui relèvent des sciences sociales et humaines, comme si l'on pouvait traiter des hommes comme des choses, comme des objets.

Ce faisant, on oublie ce qui représente la spécificité de l'humain, sa subjectivité, son besoin de donner du sens à ce qu'il fait, de prendre en compte son affectivité. On occulte le fait que les individus appartiennent à des groupes sociaux qui ont des systèmes de valeurs différents, des croyances auxquelles ils adhèrent en profondeur et qui fondent leur culture, leur point de vue. On oublie que les organisations sont des instances de pouvoir qui essayent de mettre en œuvre des médiations entre des logiques d'action contradictoires, des forces qui sont tout à la fois complémentaires et opposées, des éléments hétérogènes qui doivent être assemblés pour constituer des systèmes cohérents. On oublie que dans ces ensembles complexes, la rationalité des uns n'est pas la rationalité des autres. Lorsqu'une vision s'impose à l'ensemble, elle n'est que l'expression de la domination d'un groupe sur un autre et de la capacité à imposer son point de vue à l'ensemble.

*

L'imaginaire managérial à l'œuvre dans les entreprises hypermodernes se veut l'élément moteur du projet de globalisation économique. Sous couvert de rationalité économique, d'objectivité scientifique et de pragmatisme gestionnaire, cet imaginaire légitime la logique exclusive du profit comme moteur du système économique, l'enrichissement individuel comme moteur d'un projet de vie et l'utilitarisme comme moteur du lien social.

Sous couvert de rationalité, le management est en définitive une idéologie qui tend à occulter la conception du pouvoir qui le fonde. Cette idéologie légitime une vision marchande de l'humain comme ressource pour naturaliser sa mise à disposition de l'entreprise comme facteur de production. Elle applique au travail les principes de gestion conçus pour gérer la production de biens. Elle développe une approche objectivante des organisations humaines qui est l'une des principales sources du mal-être au travail. Elle transforme l'individu en capital qu'il doit rentabiliser sur le marché de l'emploi, elle réduit le travail à sa valeur productive selon les étalons de mesure imposés par la logique financière, elle objective le « facteur humain », ce qui entraîne un processus de désubjectivation systématique sur les plans affectif, émotionnel et réflexif.

Chapitre 17

La psyché mobilisée au service de l'entreprise

« Ce qu'on leur demande maintenant, c'est d'avoir de la personnalité. Même dans les centres d'appel, on réclame aux candidats le sens de la répartie, de l'humour… Tout en les contraignant à réciter des scripts bien définis à leurs clients. Il ne suffit plus d'avoir des compétences techniques ou intellectuelles, mais du « savoir être », des capacités d'adaptation qui font appel à l'intime. C'est l'entièreté de la personne qui est aujourd'hui mobilisée dans le travail. »

DANIÈLE LINHART,
TRAVAILLER SANS LES AUTRES ?, 2009.

La révolution managériale bouleverse les conditions objectives et subjectives de travail. Elle contribue à produire un salarié de type nouveau, l'*homme managérial*, qui investit son entreprise « corps et âme » en projetant sur elle ses désirs de toute-puissance et d'accomplissement de soi et en introjectant les valeurs de performance et d'excellence qu'elle propose (Aubert, Gaulejac, 1991, p. 160). Le travail, comme activité, comme métier et comme valeur, change de nature. L'*homme managérial* est polyvalent, multifonctionnel, mobile et flexible. Il absorbe les compétences dont il a besoin en fonction des places qu'il occupe. Condamné à une mobilité permanente, il ne se fixe jamais définitivement dans une fonction, une spécialité, un métier. Il navigue dans l'organisation au gré des places qui lui sont attribuées, sachant que ces places sont elles-mêmes mouvantes. Ce sont les objectifs qui le guident plus que les « règles de l'art ». Il intériorise les valeurs de l'organisation et l'idéologie managériale, qui « transcendent » les valeurs liées à l'activité. Son « œuvre » ne se réalise pas dans des objets concrets qu'il fabrique, mais dans les résultats qu'il obtient. Il ne cherche plus la reconnaissance dans le « bel ouvrage » mais dans le dépassement des objectifs que l'organisation lui fixe. La relation à l'organisation devient l'élément déterminant de la relation au travail.

Dans *L'Emprise de l'organisation* (Pagès *et alii*, 1979), nous avions analysé l'organisation sur deux registres articulés l'un sur l'autre. Comme système de médiation, l'organisation conçoit et met en œuvre des dispositifs pour permettre la coexistence d'éléments nécessaires à la production et plus ou moins incompatibles ou antagonistes. Elle est traversée par des contradictions économiques (en particulier entre le capital et le travail), fonctionnelles (entre logiques financières, commerciales, juridiques, techniques) et psychologiques (entre le désir de réussir et la peur d'échouer, entre l'identification narcissique à la toute-puissance de l'organisation et l'angoisse de perte d'objet).

Comme système sociopsychique, l'organisation favorise l'interpénétration et l'articulation entre, d'une part, des procédures, des normes, des dispositifs fonctionnels, des règlements, des outils de gestion, et, d'autre part, des processus psychiques comme la projection, l'introjection, l'idéalisation, la sublimation. L'organisation canalise ainsi l'énergie libidinale pour la transformer en énergie productive par l'établissement d'un contrat narcissique entre l'employé et l'entreprise.

L'ensemble de ces personnes constitue un système sociopsychique. Il y a donc une continuité entre l'organisation et la psyché de ceux qui en sont les membres. L'individu est à la fois produit et producteur de l'organisations dans laquelle il s'investit (Morin, 1990). Ces processus récursifs d'autoproduction et de production croisées sont essentiels pour comprendre que les organisations sont certes des produits « externes », mais aussi qu'elles sont agissantes au cœur de la subjectivité, jusque dans les profondeurs de la psyché.

Le déplacement du conflit : de la colère au mal-être

Dans le capitalisme industriel, le malaise des travailleurs s'exprimait autour de la question des rémunérations et des conditions (objectives) de travail. Le conflit se traduisait par un affrontement entre les patrons et les salariés, et se réglait par la négociation avec les organisations syndicales. En cas d'échec, la grève était le moyen privilégié pour exprimer son mécontentement et son opposition à des conditions de travail difficiles. La colère des travailleurs traduisait leur refus de l'exploitation et dénonçait le déséquilibre des rapports entre le capital et le travail dans la répartition de la plus-value produite. Aujourd'hui, ces conflits sont toujours présents, mais ils s'expriment de moins en moins dans des affrontements « sociaux ». Ils le font plutôt dans des manifestations individualisées de souffrance, dont le suicide est l'expression la plus tragique. Les stratégies managériales ont encouragé le traitement individualisé des mécontentements et le désamorçage systématique des revendications collectives. La mobilité permanente, la compétition fondée sur la poursuite d'objectifs personnalisés, l'opacité des promotions et des augmentations de salaire, l'évitement et le contrôle des collectifs de travail, la marginalisation et le dénigrement des organisations syndicales, autant de pratiques qui conduisent à déplacer les conflits du travail des registres socio-organisationnel et politique aux registres relationnel, comportementaliste et psychosomatique.

À ce déplacement de la conflictualité du collectif vers l'individuel correspond un autre déplacement du travail physique à la mobilisation psychique. Dans le capitalisme industriel, c'est le corps qui retenait l'attention des ingénieurs. Il s'agissait alors de « rendre les corps utiles, dociles et productifs » (Foucault, 1975), de canaliser l'énergie physique pour la transformer en force de travail. La pénibilité dans le cadre de l'activité professionnelle était essentiellement physique. Les discussions sur la santé au travail portaient surtout sur les maladies et les accidents professionnels. Aujourd'hui, on évoque les risques psychosociaux pour rendre compte des nouveaux symptômes qui apparaissent massivement depuis une vingtaine d'années dans toutes les grosses organisations acquises à la culture de la haute performance. Ce modèle de management se veut en rupture par rapport au modèle hiérarchique, pyramidal et disciplinaire de l'entreprise taylorienne, considéré comme dépassé et inefficace. Il s'agit dorénavant de mobiliser les énergies, de motiver les personnes, de favoriser l'adhésion pour améliorer l'efficacité et la rentabilité. Ce n'est plus principalement le corps qui est l'objet de l'attention, mais le mental et le psychique. Il s'agit d'utiliser l'intelligence du travailleur au service des objectifs de l'entreprise et de canaliser l'énergie psychique sur des objectifs de production. Par exemple, le processus de l'« autonomie contrôlée » invite les travailleurs à exercer leur créativité et leur capacité d'initiative en les mettant au service de la rentabilité de « leur entreprise ».

Par ailleurs, le rapport individu-entreprise n'est plus seulement régi par un *contrat de travail* qui définit les droits et les obligations de l'employeur et du salarié, mais par un *contrat narcissique* qui conduit l'individu à investir psychologiquement l'entreprise, dans la mesure où le travail va lui permettre de se réaliser, de satisfaire ses aspirations et ses désirs de reconnaissance, de toute-puissance et de perfection. Si le taylorisme procédait des principes et des modalités d'un pouvoir disciplinaire, qui exigeait soumission et obéissance, le pouvoir managérial relève plutôt d'un système « managinaire » qui exige performance et dépassement de soi-même (Aubert, Gaulejac, 1991).

Les correspondances psycho-organisationnelles

Les liens entre les structures d'organisation et les modèles de personnalité ne sont pas des liens de production mécaniques. Il serait abusif de dire que les organisations produisent un certain type de personnalité, et plus juste d'affirmer qu'elles sollicitent un certain type de fonctionnement psychique ; pour cela, elles valorisent certains comportements et elles en inhibent ou répriment d'autres. Hélène Weber évoque à ce propos des correspondances psycho-organisationnelles entre ce que l'organisation propose au sujet comme jouissance et ce à quoi il aspire inconsciemment. L'analyse de la production de l'adhésion chez McDonald's est très éclairante pour illustrer comment l'organisation influence le développement psychique, « ses manifestations et ses modalités d'émergence » (Weber, 2005, p. 159). Le processus d'adhésion se construit en trois étapes. Une phase initiatique où l'employé prend petit à petit sa place au sein de l'organisation pour aboutir à une adhésion engagée. Les employés sont en majorité de jeunes étudiants au sortir de l'adolescence : « Il y a une correspondance psycho-organisationnelle entre la fragilité identitaire repérable chez les adolescents et les caractéristiques de l'entreprise qui ont pour objet de favoriser l'identification » (*ibid.*, p. 164). L'entreprise répond au désir d'appartenance à un groupe qui privilégie en même temps l'indifférenciation. L'intériorisation des codes, des règles et

en trois ans, soit trois fois plus qu'auparavant, sans prévoir de moyens supplémentaires, qui a déclenché la vague de suicides. Chez Toyota, c'est la qualité totale conjuguée aux flux tendus et appliquée à toutes les entreprises du groupe, indépendamment de la prise en compte des spécificités locales, qui a conduit à rappeler huit millions de véhicules en 2010 pour un défaut d'accélérateur. Ces deux exemples illustrent l'impasse de la prétention managériale à décider que l'idéal devienne la norme (Dujarier, 2006). Le refus d'accepter des limites, l'incapacité de certains managers à voir les choses comme elles sont, leur propension à la toute-puissance comme si rien ne pouvait s'opposer à leur volonté de maîtrise, leur éloignement de l'activité effective, tous ces facteurs mettent le travail en tension. Mais plutôt que de reconnaître leurs limites, leurs erreurs, la nécessité de revenir au niveau du terrain pour en analyser la complexité, la plupart persistent à vouloir que le réel se plie à leurs desiderata.

Les tyrannies de l'idéal sont un phénomène social central des sociétés hypermodernes. Les organisations exigent toujours plus de leurs employés, qui ont le sentiment de n'être jamais à la hauteur. Et chacun d'attendre une reconnaissance qui n'est que chichement délivrée. Qualité totale, zéro défaut, excellence durable, le management produit un système de prescriptions idéales, sanctionné socialement, qui oblige à faire comme s'il était possible de les réaliser. Un manager cité par Marie-Anne Dujarier exprime sans ambages l'état d'esprit qui préside à cette quête : « Nous, on donne du sens. Si les règles viennent d'en bas, on n'avance pas ! Il faut bien qu'il y ait des gens qui réfléchissent au-delà du raisonnable si on veut progresser. L'idéal c'est qu'ils se débrouillent seuls, tout en respectant les procédures. [...] On a beaucoup de mal à trouver du personnel qui soit à la hauteur de nos jours. » La mégalomanie de ce type de managers bardés de certitudes est sans bornes. Aveuglés par un sentiment de toute-puissance, ils fixent les règles du jeu, les normes, les prescriptions, les exigences. La question de la norme se déplace du règlement, qui exigeait l'obéissance et le respect, à la prescription, qui entraîne les agents dans une spirale infernale du toujours mieux. L'univers réglementaire indiquait des limites en définissant ce qu'il convenait de faire et ce qui était interdit. La prescription de l'idéal installe un univers d'exigences dans lequel le salarié est toujours coupable de n'en faire jamais assez, de n'être jamais à la hauteur de ce que l'on attend de lui. Dans le monde du règlement, les contraintes sont connues, visibles, repérables. Dans l'univers de la prescription de l'idéal, elles sont illimitées, instables, infinies.

Imposer un idéal comme norme est une technique de pouvoir qui individualise les tensions, dénie les limites et multiplie les injonctions paradoxales. Les dirigeants justifient l'exercice de ce pouvoir par une phrase incantatoire : « On n'a pas le choix. » Et pourtant ce pouvoir engendre une pression permanente par une demande de réussite toujours plus grande. On assiste à la généralisation d'un système de harcèlement qui est la cause majeure du développement du stress, de l'épuisement professionnel, du *burn-out* et de différentes formes de dépression au travail. Autant de symptômes produits par ces nouvelles pratiques managériales, mais interprétés comme la conséquence d'une faiblesse ou d'une incompétence des agents. Cette psychologisation des contradictions sociales est une des caractéristiques majeures de ce pouvoir.

L'écart entre le travail, comme expérience de l'action et de ses limites, et l'idéal, comme représentation subjective d'une possibilité de dépassement des limites, est une clé de compréhension des tensions qui règnent aujourd'hui dans les entreprises. Ce modèle managérial se présente comme étant à la pointe du progrès et de l'efficacité alors qu'il est porteur d'illusions et de déraison. Illusion de rationalité qui occulte un fonctionnement fondé sur le paradoxe. Illusion de performance qui met les travailleurs, les cadres et les non-cadres, dans une course infernale pour réaliser des objectifs toujours plus ambitieux avec des moyens toujours plus réduits, dans des délais de plus en plus courts.

Les prescripteurs sont déconnectés de la réalité du travail. L'organisation de l'activité est pensée à partir d'un modèle théorique : des salariés parfaits, des clients exemplaires, des outils fiables. Ils construisent un monde sans contradictions, sans contretemps, sans maladies, sans faiblesses. Le facteur humain est conçu tel un élément malléable et docile, comme si les travailleurs étaient des agents disponibles en permanence, ne commettant jamais d'erreurs, capables de donner à tout moment le meilleur d'eux-mêmes. Ce projet a un caractère « délirant ». Au lieu de partir du réel, il s'appuie sur des fantasmes de toute-puissance, la quête d'un idéal mis au service d'une productivité toujours accrue. Plutôt que de penser l'organisation comme un système de médiation des contradictions inhérentes à toute production humaine, elle devient un système de prescriptions qu'il faut suivre à la lettre, quand bien même celles-ci sont incompatibles entre elles. Les contradictions se transforment alors en paradoxes, l'hyperrationalité apparente produit un monde irrationnel dans lequel les travailleurs doivent apprendre à vivre en essayant de ne pas sombrer dans la « folie ».

Ce pouvoir paradoxal reproduit, sous une forme renouvelée, la coupure entre ceux qui exécutent le travail et ceux qui prescrivent la manière dont il doit être fait. Il s'organise autour d'une délégation en cascade. Des administrateurs de plus en plus tyranniques et éloignés des réalités du travail. Des dirigeants et des experts qui conçoivent des prescriptions idéales savent qu'elles sont inapplicables mais exigent, cependant, qu'elles soient mises en œuvre. Un encadrement intermédiaire qui « se défonce » dans une hyperactivité chronique pour remplir ses objectifs et tenter de satisfaire la hiérarchie, les clients, les collègues dont les demandes sont pressantes et antagonistes. Des agents en première ligne sur lesquels « tout tombe », mais qui tentent, malgré tout, de satisfaire ces attentes idéales, de répondre à ces injonctions paradoxales.

*

Dans les structures managériales, les processus qui génèrent la souffrance au travail s'enracinent profondément dans l'appareil psychique des salariés. La dimension inconsciente est plus présente. La mobilisation psychique et réflexive exigée par ces nouvelles modalités d'organisation met les salariés dans une vulnérabilité et une dépendance psychologique intenses. Lorsqu'on travaille dans une organisation patronale traditionnelle ou au sein d'une bureaucratie, on se « dégage » tous les jours de l'emprise des chefs et des règles en sortant de l'usine ou du bureau. On peut être contraint huit heures par jour de façon pénible, mais on est tranquille le reste du temps, il suffit de « rentrer chez soi ». La pointeuse incarnait bien cette frontière entre le moment de l'arrivée au travail et le moment de la sortie, qui représentait la liberté. La révolution managériale change les données du rapport individu-organisation : la frontière entre le travail et le « hors-travail » devient poreuse, l'intrication entre les affects et les pratiques professionnelles est intense, la subjectivité est massivement mobilisée. Lorsqu'on est « libre » de travailler vingt-quatre heures sur vingt-quatre, on est dans l'absence de limites, l'attente d'une mobilisation de tous les instants, l'extension de la sphère du travail dans tous les registres de l'existence. Quand le travail devient la raison de vivre principale, il peut tout autant devenir la source principale du mal de vivre.

Conclusion

> « Il est peu de vertus plus tristes que la résignation ; elle transforme en fantasmes, rêveries contingentes des projets qui s'étaient d'abord constitués comme volonté et comme liberté. »
>
> SIMONE DE BEAUVOIR, *Pour une morale de l'ambiguïté*, 1947.

> « La résignation vaut mieux qu'un espoir continuellement frustré. »
>
> JEAN-PAUL SARTRE, *L'Être et le Néant*, 1943

Ces deux exergues, mis en perspective, illustrent deux attitudes courantes face au mal-être au travail. Du côté de Simone de Beauvoir, le refus de la résignation et la force de la volonté comme moteur de la liberté ; du côté de Jean-Paul Sartre, l'acceptation des choses telles qu'elles sont comme principe de réalité. Faut-il résister ou se soumettre ? Entre ces deux positions, les variations sont infinies. L'une entretient la colère et l'indignation, l'autre suscite le retrait et la soumission. La résignation est souvent couplée avec un sentiment d'impuissance : faute de pouvoir changer ce qui cause le mal-être, autant s'adapter à la situation. Le coût psychique d'une colère impuissante est élevé. Mais le coût de la résignation l'est tout autant. La dépression latente se nourrit de la désespérance et de la démotivation.

Tout travail est marqué par une tension entre ce qu'il comporte de contraintes, d'exigences, d'épreuves, de souffrances, et ce qu'il apporte de possibilités, de créativité, d'ouverture, d'aventures et de développement. Le *tripalium* et l'accomplissement de soi dessinent les deux pôles qui définissent le champ du travail. Les sources du bien-être sont elles aussi marquées par cette dualité entre résignation à l'existant et volonté de changement pour plus de liberté. Le travail est facteur de réalisation ou de destruction de soi, d'un côté, et un élément central de la production de la société, de l'autre. Cette multidimensionnalité contradictoire doit conduire à une approche globale, pluridisciplinaire et dialectique pour concevoir d'autres façons de faire, un système qui retrouve une harmonie entre l'économie et la société, des modes de gouvernance qui excluent l'instrumentalisation de l'humain, un imaginaire social qui célèbre le « travailler mieux pour vivre mieux ».

Une nouvelle conception du management est nécessaire, dégagée des paradigmes utilitaristes, positivistes et objectivistes qui sont au fondement des théories du capital humain. Il est grand temps de sortir de l'idéologie des ressources humaines, qui est l'une des causes majeures de l'incapacité des dirigeants et des services de gestion du personnel à comprendre les sources du mal-être au travail. Bien au contraire, cette idéologie contribue à renforcer l'instrumentalisation et la psychologisation du problème. Il convient donc d'inverser la vision du « facteur humain » en considérant que l'humain n'est pas une ressource pour l'entreprise mais que c'est l'entreprise qui devrait être une ressource au service d'une finalité : le bien-être individuel et collectif. L'entreprise est un moyen du développement humain et non une finalité. Il s'agit alors de considérer les individus comme des sujets portés à la réflexion plutôt que comme une ressource, ou un coût, pour l'entreprise. Rappelons à ce propos l'impératif catégorique de Kant selon lequel l'homme ne doit jamais être traité comme un moyen, mais toujours comme une finalité. L'humain n'est ni un facteur ni une ressource. Sa réduction à un dossier, à un numéro, à une variable statistique, à un effectif à gérer, à un capital qu'il faut faire fructifier, à un potentiel à développer, est une régression éthique et anthropologique. C'est l'expression du triomphe de la rationalité instrumentale et de l'*homo economicus*, combiné à l'*homo computans*, deux figures d'une humanité dédiée au service de l'économie.

Il convient donc de sortir des paradigmes qui fondent l'idéologie managériale pour considérer l'entreprise comme une communauté humaine, soumise aux lois de l'anthropologie plutôt que comme une unité fonctionnelle soumise aux principes de l'utilitarisme. Il faut revoir de fond en comble l'enseignement des sciences de la gestion, qui s'est fourvoyé dans l'acquisition de techniques censées optimiser le fonctionnement des organisations, en oubliant, ou en marginalisant l'histoire, la philosophie, les sciences humaines. Il ne suffit pas de distiller un peu de psychologie et de sociologie dans un département de « ressources humaines » pour donner aux futurs managers les outils théoriques et méthodologiques nécessaires à la compréhension de la complexité des organisations dans le monde d'aujourd'hui. Ils ont besoin de théories critiques pour démonter les pièges de l'objectivisme, éradiquer la quantophrénie et la prescriptophrénie, ces deux cancers qui rongent les organisations hypermodernes. Ils ont besoin de prendre de la distance et de réfléchir pour sortir du positivisme et des « approches solutions », qui ne donnent pas d'outils pour analyser les problèmes tout en apportant des « solutions clés en main » qui ne font que les aggraver. Il faut sortir la gestion des modèles normatifs et prescriptifs pour revenir à un enseignement des sciences de l'organisation et du travail. Donner aux futurs gestionnaires les moyens de comprendre l'organisation plutôt que des outils préformatés pour gérer les hommes comme on gère les choses.

La restauration de la confiance entre les personnes est essentielle. Il faut considérer les salariés comme des sujets qui réfléchissent, qui ont le goût du travail bien fait et recherchent le sens de leur engagement dans la réussite collective. À condition que l'organisation leur apporte la sécurité et la considération dont ils ont besoin pour s'impliquer. Deux conditions sont indispensables pour rétablir la confiance. Ne pas tricher sur la question des moyens, comme lorsqu'on demande de faire mieux avec moins, ou qu'on légitime par un empêchement à travailler sa propre inaction. Mais surtout, la confiance n'est possible que si les conditions de rémunération, de dialogue social, d'efforts demandés, sont jugées équitables. Les profits doivent être partagés de façon plus égalitaire entre les actionnaires, les salariés et l'entreprise. Les primes doivent récompenser les performances collectives et être également réparties entre tous ceux qui y contribuent. Les écarts de rémunérations entre les cadres dirigeants et les salariés doivent être justes et donc se réduire. Il faut revisiter une conception individualiste de la justice qui met en avant le mérite individuel, sans que le lien avec la réussite collective et la contribution effective de chacun soit établi.

Le management devrait apprendre, d'abord et avant tout, à cultiver l'art de la médiation. Lorsqu'il est focalisé sur l'amélioration à tout prix de la productivité, obsédé par les résultats en termes financiers, il en oublie sa fonction première : permettre aux salariés de travailler le mieux possible. Sa tâche devrait être de comprendre les empêchements à travailler, en particulier en analysant les contradictions qui traversent le champ du travail afin de produire de la médiation organisationnelle. La responsabilité première du management est donc de produire de l'organisation, c'est-à-dire des règles, des dispositifs, des procédures qui favorisent la résolution des conflits en tant qu'ils ne sont que des symptômes de contradictions liées à la complexité. Plutôt que de produire de la prescription idéale, leur fonction devrait être de produire de la médiation au plus près du travail réel. La culture de la médiation doit se substituer à la culture du résultat. C'est aux managers qu'incombe la responsabilité de développer et d'animer des espaces collectifs de réflexion afin d'éviter que les contradictions ne se transforment en paradoxes ; de mettre en œuvre des outils d'évaluation des performances collectives, plutôt que de mesurer des performances individuelles ; de favoriser l'émulation par la coopération plutôt que par la compétition ; de vérifier que les objectifs fixés sont en adéquation avec les moyens fournis ; de s'assurer qu'il n'y a pas d'antagonisme radical entre les missions de l'institution et les modalités de gestion des organisations. Le chantier est donc immense. Il s'agit de réviser fondamentalement la conception des études de gestion pour qu'elles redeviennent de vraies sciences, c'est-à-dire des outils de connaissance, et non des techniques au service d'un pouvoir soumis au système capitaliste et aux marchés financiers.

L'évaluation doit être repensée en conséquence. Les managers et les dirigeants doivent être évalués sur le long terme. À côté des résultats financiers, il convient de prendre en compte d'autres éléments comme la qualité de l'outil industriel, la santé au travail, l'amélioration des conditions de production, la fiabilité des produits et des services, le respect de l'environnement, la responsabilité sociale de l'entreprise. Il convient d'abandonner les conceptions prescriptives et normalisatrices de l'évaluation pour développer des modalités dynamiques et participatives. Il s'agit, en définitive, de réintroduire de la démocratie au cœur du fonctionnement organisationnel, de redonner du pouvoir aux salariés face au pouvoir de l'actionnaire, de rééquilibrer le rapport entre le capital et le travail, de relativiser le poids des logiques économiques et financières par rapport à l'ensemble des composantes qui contribuent à « faire société ».

L'évolution du capitalisme provoque une disjonction entre la logique de production et la logique financière, l'une étant toujours territorialisée, donc soumise aux contingences juridiques, culturelles, sociales locales, l'autre étant déterritorialisée, ce qui veut dire qu'elle échappe à toutes les tentatives de contrôle et de reprise en main par les États et les politiques. Dans ce contexte, le développement économique s'effectue au détriment du développement de la société (Perret, Roustang, 2001). La société est sommée de se mettre au service du développement économique, la croissance est présentée comme une nécessité pour dégager les moyens d'une politique sociale. Le social est alors entendu comme l'activité consistant à gérer les effets néfastes du développement économique comme le chômage, l'exclusion, la pauvreté, les risques psychosociaux, les accidents du travail, la retraite, etc. Un autre modèle est-il envisageable ? Depuis des années, des chercheurs et des militants le proclament haut et fort sans être vraiment écoutés. Du côté de l'économie sociale, de l'économie solidaire, du mouvement mutualiste, des coopératives, de nombreuses expériences ont été menées dans l'indifférence des élites, qui considèrent ces tentatives comme marginales, une marginalité qu'ils n'ont de cesse d'entretenir (Laville, 1999 et 2007 ; Généreux, 2005 et 2006).

Une autre conception de l'économie est possible, fondée sur des idées simples comme l'équilibre entre la valeur pour l'actionnaire, la valeur pour le travail et la valeur pour les clients, afin d'aller vers une économie du bien-être qui favorise la solidarité et pas seulement la guerre économique, la coopération et pas seulement la compétition, les échanges de services et pas seulement l'extension infinie du secteur marchand.

Le thème de la guerre économique justifie la violence au travail. *Business is war*, martèlent les chantres de la révolution managériale. Les directions embauchent des *cost killers* pour réduire les effectifs et former ceux qui restent au *crash management*. Elles produisent ainsi elles-mêmes la guerre qui justifie ces pratiques. Au nom de quoi elles éliminent tous ceux qui résistent, qui se plaignent, qui n'entrent pas dans cette logique de destruction. Au nom de quoi les pratiques les plus contestables deviennent acceptables puisque la guerre offre une seule alternative : gagner ou périr.

L'économie du mal-être s'impose comme une nécessité. On l'accepte ou on est exclu. Le modèle Walmart serait la seule issue. Le commerce des armes, de la drogue, les pratiques mafieuses, la corruption, le détournement des règles de droit, l'acceptation des paradis fiscaux, autant de faits dramatiques qui démontrent que notre système économique est dans une impasse « qui se voit à travers un couple formé par la démesure et le mal-être » (Viveret, 2010, p. 122). La démesure se constate à travers le réchauffement climatique, les atteintes à la biodiversité, le creusement des inégalités. Patrick Viveret cite à ce propos quelques chiffres qui donnent le vertige : les deux cent vingt-cinq personnes les plus riches du monde possèdent une fortune égale aux revenus cumulés de deux milliards et demi d'êtres humains. L'économie spéculative représente 97,3 % des fluctuations financières, alors que seulement 2,7 % correspondent à des biens et services réels. « Le programme des Nations unies pour le développement a comparé d'un côté les sommes qui seraient nécessaires pour s'attaquer aux défis vitaux de l'humanité : la faim, l'accès à l'eau potable, les soins de base, le logement et, de l'autre, les sommes dépensées dans la publicité, l'économie des stupéfiants et de l'armement. À l'époque, il fallait trouver quarante milliards pour les premiers, alors que la publicité représente quatre cents milliards, le trafic de stupéfiants quatre cents milliards et l'armement, huit cents milliards » (*ibid.*, p. 123). Et l'auteur de constater que ces trois budgets correspondent à la gestion du mal-être, la publicité au service d'une société de consommation, la drogue au service d'une société de consolation et l'armement au service d'une société de destruction. Il convient de lutter contre cette société de l'excès pour entrer dans un projet de la suffisance et du bien-être qui cultive l'art de vivre « à la bonne heure ».

Si les raisons de la colère ne manquent pas, cette dernière ne trouve pas encore les formes d'expression collective en mesure de remettre en question le système économique capitaliste et les formes de gouvernance acquises à la révolution managériale. L'inversion des mots est troublante. On parle de « révolution » pour désigner la mise en œuvre d'un pouvoir globalisé et de « résistance au changement » pour ceux qui proclament qu'un autre monde est possible. La révolution n'est plus porteuse d'espérances d'un changement de société, la résistance n'est plus l'apanage de conservateurs partisans de l'ordre établi. Il manque cruellement une expression politique à la colère qui gronde dans le monde du travail face à la régression sociale et juridique, à la dégradation des conditions de travail, à la montée de la précarité et du mal-être. Nous sommes aujourd'hui à un tournant. La souffrance au travail, expression individuelle et personnelle d'une colère rentrée, ne demande qu'à alimenter le feu de la révolte contre un système globalitaire.

« Quand trop de sécheresse brûle les cœurs,
Quand la faim tord trop d'entrailles,
Quand on rentre trop de larmes,
Quand on bâillonne trop de rêves,
C'est comme quand on ajoute bois sur bois sur le bûcher,
À la fin il suffit du bout de bois d'un esclave
Pour faire dans le ciel de Dieu
Et dans le cœur des hommes
Le plus énorme incendie. »

MOULOUD MAMMERI,
LA COLLINE OUBLIÉE, 1952.

Bibliographie

ABÉCASSIS F., ROCHE P. (dir.), *Précarisation du travail et lien social. Des hommes en trop ?*, Paris, L'Harmattan, coll. « Logiques sociales », 2001.

ABRAHAMSON É., FREEDMAN D. H., *Un peu de désordre = beaucoup de profit(s)*, Paris, Flammarion, 2008.

AGAMBEN G., *Qu'est-ce qu'un dispositif ?*, Paris, Payot et Rivages, coll. « Rivages poche/Petite Bibliothèque », 2007.

AGLIETTA M., *Régulation et crises du capitalisme*, Paris, Calmann-Lévy, 1976 ; rééd., Paris, Odile Jacob, coll. « Opus », 1997 (nouv. éd. revue et corr.).

—, « À la recherche d'un modèle de croissance » (entretien), *Esprit*, novembre 2009, « Les contrecoups de la crise ».

AKOUN A., ANSART P. (dir.), *Dictionnaire de sociologie*, Paris, Le Robert-Seuil, 1999.

ANSART P., *Les Cliniciens des passions politiques*, Paris, Seuil, coll. « La couleur des idées », 1997.

ARENDT H., *Condition de l'homme moderne* (1958), Paris, Pocket, coll. « Agora », 1993.

ASKENAZY P., CARTRON D., CONINCK F. de, GOLLAC M. (coord.), *Organisation et intensité du travail*, Toulouse, Octarès éditions, coll. « Le travail en débats », 2006.

ASKENASY P., COUTROT T., ORLÉAN A., STERDYNIAK H., « Manifeste des économistes atterrés », http ://economistes-atteres.blogspot.com, septembre 2010.

ASTREES, « Crise du travail : pour un changement des modes de gestion », www.astrees.org, 2010.

AUBERT N., *Le Culte de l'urgence. La société malade du temps*, Paris, Flammarion, 2003.

— (dir.), *L'Individu hypermoderne*, Toulouse, Érès, coll. « Sociologie clinique », 2004.

AUBERT N., GAULEJAC V. (de), *Le Coût de l'excellence*, Paris, Seuil, 1991, 2007 (nouv. éd.).

AUBERT N., PAGÈS M., *Le Stress professionnel*, Paris, Klincksieck, coll. « Rencontres dialectiques », 1989.

AUDI P., *L'Éthique mise à nu par ses paradoxes, même*, Paris, PUF, coll. « Perspectives critiques », 2000.

AULAGNIER P., *La Violence de l'interprétation. Du pictogramme à l'énoncé*, Paris, PUF, 1981.

BACHELARD G., *La Formation de l'esprit scientifique* (1938), Paris, Vrin, 1978.

BAREL Y., *La Société du vide*, Paris, Seuil, 1984.

BARUS-MICHEL J., *Souffrance, sens et croyance. L'effet thérapeutique*, Toulouse, Érès, coll. « Sociologie clinique », 2004.

BATESON G., *Vers une écologie de l'esprit*, Paris, Seuil, 1977.

BAUDRILLARD J., *Le Système des objets*, Paris, Gallimard, 1968 ; rééd., coll. « Tel », 1978.

BAUMAN Z., *Liquid Modernity*, Cambridge (UK), Polity Press, 2000.

BEAUD S., PIALOUX M., *Retour sur la condition ouvrière. Enquête aux usines Peugeot de Sochaux-Montbéliard*, Paris, Fayard, coll. « Documents », 1999.

BEAUVOIR S. de, *Pour une morale de l'ambiguïté* (1947), Paris, Gallimard, coll. « Folio essais », 2003.

BECKER G. S., « Altruism, Egoism, and Genetic Fitness : Economics and Sociobiology », *The Economic Approach to Human Behaviour*, Chicago, The University of Chicago Press, 1976.

BERGERET J., *La Pathologie narcissique*, Paris, Dunod, coll. « Psychismes », 1996.

BERTAUX D., *Destins personnels et structure de classe*, Paris, PUF, coll. « Politiques », 1977.

BIHR A., *La Novlangue néolibérale. La rhétorique du fétichisme capitaliste*, Lausanne, Éditions Page deux, 2007.

BILLIARD I. (dir.), « Comprendre le travail » (I et II), *Éducation permanente*, n° 116 et n° 117, 1996.

—, *Santé mentale et travail. L'émergence de la psychopathologie du travail*, Paris, La Dispute, 2001.

BLANCHOT M., *L'Entretien infini*, Paris, Gallimard, 1969.

BLONDEL F., « L'*aggiornamento* de l'évaluation dans le champ de l'action publique : entre raison gestionnaire et exigence démocratique », *Nouvelle Revue de psychosociologie*, Toulouse, Érès, n° 8, automne 2009, « La passion évaluative ».

BOLTANSKI L., *De la critique. Précis de sociologie de l'émancipation*, Paris, Gallimard, coll. « NRF essais », 2009.

BOLTANSKI L., CHIAPELLO È., *Le Nouvel Esprit du capitalisme*, Paris, Gallimard, coll. « NRF essais », 1999.

BONETTI M., « La Dérive métonymique de la certification ISO dans les démarches qualité », rapport du Centre scientifique et technique du bâtiment, Laboratoire de sociologie urbaine générative, 2007.

BONETTI M., FRAISSE J., GAULEJAC V. (de), *L'Évolution dynamique des organisations publiques*, Paris, Éditions d'Organisation, 1987.

BOUILLOUD J.-P., GUIENNE V. (dir.), *Questions d'argent*, Paris, Desclée de Brouwer, 1999.

BOUILLOUD J.-P., LECUYER B.-P. (dir.), *L'Invention de la gestion. Histoire et pratiques*, Paris, L'Harmattan, coll. « Logiques de gestion », 1994.

BOURDIEU P., *La Noblesse d'État. Grandes écoles et esprit de corps*, Paris, Les Éditions de Minuit, 1989.

—, « Introduction à la socioanalyse », *Actes de la recherche en sciences sociales*, n° 90, décembre 1991, « La souffrance ».

—, *Les Structures sociales de l'économie*, Paris, Seuil, 2000.

—, *Contre-feux 2*, Paris, Raisons d'agir, 2001.

BOYER R., « Transformations et diversités du capitalisme » (entretien), *Esprit*, novembre 2009, « Les contrecoups de la crise ».

BRUNEL V., *Les Managers de l'âme. Le développement personnel en entreprise, nouvelle pratique de pouvoir ?*, Paris, La Découverte, 2004.

BRUNSTEIN I. (dir.), *L'Homme à l'échine pliée. Réflexions sur le stress professionnel*, Paris, Desclée de Brouwer, 1999.

BUSCATTO M., LORIOL M., WELLER J.-M. (dir.), *Au-delà du stress au travail. Une sociologie des agents publics au contact des usagers*, Toulouse, Érès, coll. « Clinique du travail », 2008.

CAILLÉ A., *Anthropologie du don. Le tiers paradigme*, Paris, Desclée de Brouwer, 2000 ; rééd., Paris, La Découverte, coll. « La Découverte-Poche », 2007.

CARPENTIER-ROY M.-C., VÉZINA M. (dir.), *Le Travail et ses malentendus. Psychodynamique du travail et gestion*, Toulouse, Octarès éditions, 2000.

CARRETEIRO T. C., *Exclusion sociale et construction de l'identité*, Paris, L'Harmattan, 1993.

CASTEL R., *Les Métamorphoses de la question sociale*, Paris, Fayard, coll. « Espace du politique », 1995.

—, *L'Insécurité sociale. Qu'est-ce qu'être protégé ?*, Paris, Seuil, coll. « La république des idées », 2003.

CASTORIADIS C., *L'Institution imaginaire de la société*, Paris, Seuil, 1975.

—, *Les Carrefours du labyrinthe*, t. III, *Le Monde morcelé*, Paris, Seuil, coll. « La couleur des idées », 1990 ; rééd., coll. « Points essais », 2000.

—, *Les Carrefours du labyrinthe*, t. IV, *La Montée de l'insignifiance*, Paris, Seuil, 1996 ; rééd., coll. « Points essais », 2007.

—, « La "rationnalité" du capitalisme », *Revue internationale de psychosociologie*, Éditions Eska, vol. 4, n° 8, automne 1997, « La résistible emprise de la rationalité instrumentale ».

CHANLAT J.-F. (dir.), *L'Individu dans l'organisation. Les dimensions oubliées*, Québec, Presses de l'université Laval, 1990.

—, *Sciences sociales et Management. Plaidoyer pour une anthropologie générale*, Québec-Paris, Presses de l'université Laval-Éditions Eska, 1999.

—, « Le managérialisme et l'éthique du bien commun : la question de la motivation au travail dans les services publics », *in* Duvillier T., Genard J.-L., Piraux A. (dir.), *La Motivation au travail dans les services publics*, Paris, L'Harmattan, coll. « Logiques de gestion », 2003.

CHAUMON F., « Malaise dans la santé mentale », *in* Gori R., Cassin B., Laval C. (dir.), *L'Appel des appels. Pour une insurrection des consciences*, Paris, Mille et une nuits, coll. « Documents », 2009.

CHAUVIÈRE M., *Trop de gestion tue le social. Essai sur une discrète chalandisation*, Paris, La Découverte, coll. « Alternatives sociales », 2007.

CHIAPELLO È., GILBERT P., « Les outils de gestion : producteurs ou régulateurs de la violence psychique au travail ? », *in* Chiapello È., Gilbert P. (dir.), *Le Travail humain*, Paris, PUF, 2011 (à paraître).

CLOT Y., *Le Travail sans l'homme ? Pour une psychologie des milieux de travail et de vie*, Paris, La Découverte, 1995.

—, *La Fonction psychologique du travail*, Paris, PUF, 1999.

—, *Le Travail à cœur. Pour en finir avec les risques psychosociaux*, Paris, La Découverte, 2010.

COHEN D., *Nos temps modernes*, Paris, Flammarion, 2000.

COLLECTIF Sciences humaines Paris IX-Dauphine, *Organisation et management en question(s)*, Paris, L'Harmattan, coll. « Logiques sociales », 1989.

COURCY F., SAVOIE A., BRUNET L. (dir.), *Violences au travail. Diagnostic et prévention*, Montréal, Presses de l'université de Montréal, coll. « Paramètres », 2004.

COURPASSON D., *L'Action contrainte. Organisations libérales et domination*, Paris, PUF, coll. « Sciences sociales et sociétés », 2000.

COUSIN O., « Les ambivalences du travail. Les salariés peu qualifiés dans les centres d'appels », *Sociologie du travail*, n° 44, 2002, pp. 499-520.

CRAWFORD M. B., *Éloge du carburateur. Essai sur le sens et la valeur du travail*, Paris, La Découverte, 2010.

CROZIER M., FRIEDBERG E., *L'Acteur et le Système. Les contraintes de l'action collective*, Paris, Seuil, 1977.

DANET F., *Où va l'hôpital ?*, Paris, Desclée de Brouwer, 2008.

DAVEZIES P., « L'actualité du stress professionnel », *in* Baumann N., Thurin J.-M., *Stress, pathologies et immunité*, Paris, Flammarion, 2003.

DEBOUT M., *Le Harcèlement moral au travail*, Rapport du Conseil économique et social, Paris, Éditions des journaux officiels, avril 2001.

DE GREEF D., « Le désordre, un mal nécessaire ? », *Le Monde de l'éducation*, mars 2006, pp. 50-51.

DEJOURS C. (dir.), *Plaisir et souffrance dans le travail* (2 vol.), Paris-Orsay, Association pour l'ouverture du champ d'investigation psychopathologique (AOCIP)-Centre hospitalier d'Orsay, 1988.

—, « La question de la souffrance », *in Questions et méthodes dans l'évaluation interdisciplinaire de l'impact dans les politiques publiques*, communication aux rencontres du 4 novembre 1989, rapport CAESAR, Paris, université Paris-X, janvier 1992.

—, *Travail, usure mentale*, Paris, Éditions Bayard, 2000 (nouv. éd. aug.).

—, *L'Évaluation du travail à l'épreuve du réel. Critique des fondements de l'évaluation*, Paris, INRA-Éditions Quæ, coll. « Sciences en questions », 2003.

DEJOURS C., BÈGUE F., *Suicide et travail : que faire ?*, Paris, PUF, coll. « Souffrance et théorie », 2009.

DESROSIÈRES A., *L'Argument statistique*, vol. I, *Pour une sociologie historique de la quantification*, Paris, Presses de l'École des mines, 2008.

DUJARIER M.-A., *Il faut réduire les affectifs ! Petit lexique de management*, Paris, Mots et Cie, 2001.

—, *L'Idéal au travail*, Paris, PUF-Le Monde, coll. « Partage du savoir », 2006.

DURAND G., *L'« Âme tigrée ». Les pluriels de Psyché*, Paris, Denoël, 1980.

DURAND J.-P., *La Chaîne invisible. Travailler aujourd'hui : flux tendu et servitude volontaire*, Paris, Seuil, coll. « Économie humaine », 2004.

EHRENBERG A., *Le Culte de la performance*, Paris, Calmann-Lévy, 1992.

—, *La Fatigue d'être soi. Dépression et société*, Paris, Odile Jacob, 1998 ; rééd., coll. « Poche Odile Jacob », 2010.

—, *La Société du malaise*, Paris, Odile Jacob, 2010.

ENRIQUEZ E., *Les Jeux du pouvoir et du désir dans l'entreprise*, Paris, Desclée de Brouwer, coll. « Sociologie clinique », 1998.

—, *Clinique du pouvoir. Les figures du maître*, Toulouse, Érès, coll. « Sociologie clinique », 2007.

FERNANDEZ G., *Soigner le travail. Itinéraires d'un médecin du travail*, Toulouse. Érès, coll. « Clinique du travail », 2009.

FOUCAULT M., *Surveiller et punir. Naissance de la prison*, Paris, Gallimard, coll. « Bibliothèque des histoires », 1975 ; rééd., coll. « Tel », 1993.

—, *La Volonté de savoir (Histoire de la sexualité, I)*, Paris, Gallimard, coll. « Bibliothèque des histoires », 1976 ; rééd., coll. « Tel », 1994.

—, *Dits et écrits*, t. III, *1976-1979*, Paris, Gallimard, coll. « Bibliothèque des sciences humaines », 1994.

FRANCEQUIN G., « Écouter les souffrances du monde du travail », Paris, rapport au CNAM-Laboratoire de psychologie du travail, 2000.

FREUD S., « Psychologie collective et analyse du Moi » (1921), repris dans *Essais de psychanalyse* (1975), Paris, Payot, 1986.

GADREY J., *Nouvelle Économie, nouveau mythe ?*, Paris, Flammarion, 2000.

GARAT A.-M., *Dans la main du diable*, Arles, Actes Sud, 2006.

GAUCHET M., « Essai de psychologie contemporaine I. Un nouvel âge de la personnalité », *Le Débat*, n° 99, mars-avril 1998.

Gaulejac V. (de), « L'organisation managériale » *in* Collectif Sciences humaines Paris IX-Dauphine, *Organisation et management en question(s)*, Paris, L'Harmattan, 1988.
—, *La Société malade de la gestion. Idéologie gestionnaire, pouvoir managérial et harcèlement social*, Paris, Seuil, 2005 ; rééd., coll. « Points », 2009.
—, *Qui est « je » ?*, Paris, Seuil, 2009.
Gaulejac V. (de), Hanique F., Roche P. (dir.), *La Sociologie clinique. Enjeux théoriques et méthodologiques*, Toulouse, Érès, coll. « Sociologie clinique », 2008.
Gaulejac V. (de), Legrand M., *Intervenir par le récit de vie. Entre histoire collective et histoire individuelle*, Toulouse, Érès, coll. « Sociologie clinique », 2008.
Gaulejac V. (de), Taboada Léonetti I., *La Lutte des places. Insertion et désinsertion*, Paris, Desclée de Brouwer, 1994.
Généreux J., *Les Vraies Lois de l'économie. Édition intégrale*, Paris, Seuil, 2005.
—, *La Dissociété*, Paris, Seuil, 2006.
—, *La Grande Régression*, Paris, Seuil, 2010.
Giauque D., « La nouvelle gestion publique en action : vers une bureaucratie libérale », *in* Perrot M. -D., DuPasquier J.-N., Joye D., Leresche J.-P., Rist G. (dir.), *Ordres et désordres de l'esprit gestionnaire. Où vont les métiers de la recherche, du social et de la santé ?*, Lausanne, Éditions Réalités sociales, 2006.
Giust-Desprairies F., *L'Imaginaire collectif*, Toulouse, Érès, 2003 ; rééd., coll. « Érès poche », 2009.
Giust-Desprairies F., Lévy A., *La Resistible emprise de la rationalité instrumentale*, Paris, Eska, 1998 (ouvrage collectif).
Godechot O., *Les Traders. Essai de sociologie des marchés financiers*, Paris, La Découverte, 2000 ; rééd., coll. « La Découverte-Poche », 2005.
Gori R., Cassin B., Laval C. (dir.), *L'Appel des appels. Pour une insurrection des consciences*, Paris, Mille et une nuits, coll. « Documents », 2009.
Gori R., Del Volgo M.-J., « De la société de la norme à une conception managériale du soin », *Connexions*, n° 91, 2009, « Management et contrôle social », pp.123-147.
Gorz A., *Métamorphoses du travail. Quête du sens*, Paris, Galilée, 1988 ; rééd., Paris, Gallimard, coll. « Folio essais », 2004.
—, « Tous entrepreneurs ? », *Partage*, n° 161, 2003.
Gréau J.-L., *Le Capitalisme malade de sa finance. Des années d'expansion aux années de stagnation*, Paris, Gallimard, coll. « Le débat », 1998.
Guiho-Bailly M.-P., Guillet D., « Quand le travail devient drogue », *Projet*, n° 236, 1993, pp. 49-57.

Guillaume M., *Éloge du désordre*, Paris, Gallimard, 1978.

Habermas J., *Théorie de l'agir communicationnel*, Paris, Fayard, 1987.

Hanique F., *Le Sens du travail. Chronique de la modernisation au guichet*, Toulouse, Érès, coll. « Sociologie clinique », 2004.

Harlé A., *Le Coût et le goût du pouvoir. Le désenchantement politique face à l'épreuve managériale : sociologie clinique des cabinets ministériels*, Paris, Dalloz, 2010.

Hirigoyen M.-F., *Le Harcèlement moral. La violence perverse au quotidien*, Paris, Syros, 1998.

—, *Malaise dans le travail. Harcèlement moral, démêler le vrai du faux*, Paris, Syros, 2001 ; rééd., Paris, La Découverte, 2004 (nouv. éd.).

Hodebourg J., *Le travail c'est la santé ? Perspectives d'un syndicaliste*, Paris, VO Éditions, 2000.

Honneth A., « Travail et agir instrumental. À propos des problèmes catégoriels d'une théorie critique de la société », *Travailler*, n° 18, 2007.

Jaureguiberry F., *Les Branchés du portable. Sociologie des usages*, Paris, PUF, 2003.

Jobard F., *Bavures policières ? La force publique et ses usages*, Paris, La Découverte, coll. « Textes à l'appui », 2002.

Kerviel J., *L'Engrenage. Mémoires d'un trader*, Paris, Flammarion, 2010.

Klemperer V., *LTI. La langue du IIIe Reich*, Paris, Pocket, coll. « Agora », 2003.

Kohut H., *Le Soi*, Paris, PUF, 1974 ; rééd. 2004.

Kojève A., *Introduction à la lecture de Hegel. Leçons sur la* Phénoménologie de l'esprit *professées de 1933 à 1939 à l'École des hautes études*, réunies et publiées par Raymond Queneau, Paris, Gallimard, coll. « Bibliothèque des idées », 1947 ; rééd., coll. « Tel », 1980.

Labayle D., *Tempête sur l'hôpital*, Paris, Seuil, 2002.

La Boétie É. de, *Le Discours de la servitude volontaire* (1576), Paris, Payot, 2002.

Laborit H., *Éloge de la fuite*, Paris, Éditions Robert Laffont, 1976, 1999.

Laïdi Z., *Un monde privé de sens*, Paris, Fayard, coll. « Documents », 1994.

Lallement M., *Le travail. Une sociologie contemporaine*, Paris, Gallimard, coll. « Folio essais », 2007.

—, *Le Travail sous tensions*, Auxerre, Éditions Sciences humaines, coll. « La petite bibliothèque de sciences humaines », 2010.

Latouche S., « La mondialisation démystifiée », *in* Mander J., Goldsmith E. (dir.), *Le Procès de la mondialisation*, Paris, Fayard, coll. « Documents », 2001.

Laville J.-L., *Une troisième voie pour le travail*, Paris, Desclée de Brouwer, coll. « Sociologie économique », 1999.

—, *L'Économie solidaire. Une perspective internationale*, Paris, Hachette Littératures, coll. « Pluriel », 2007.

LEGENDRE P., *Les Enfants du texte. Étude sur la fonction parentale des États*, Paris, Fayard, coll. « Essais », 1993.

LÉOTARD M.-L. (de), *Le Dressage des élites. De la maternelle aux grandes écoles : un parcours pour initiés*, Paris, Plon, 2001.

LEVI P., *Les Naufragés et les Rescapés. Quarante ans après Auschwitz*, Paris, Gallimard, coll. « Arcades », 1989.

LÉVI-STRAUSS C., « Introduction à l'œuvre de Marcel Mauss », *in* Mauss M., *Sociologie et Anthropologie* (1950), Paris, PUF, coll. « Quadrige », 1968.

LINHART D., *Travailler sans les autres ?*, Paris, Seuil, coll. « Non conforme », 2009.

LINHART D. (avec B. Rist et E. Durand), *Perte d'emploi, perte de soi*, Toulouse, Érès, coll. « Sociologie clinique », 2005 ; rééd., coll. « Érès poche », 2009.

LHUILIER D., *Placardisés. Des exclus dans l'entreprise*, Paris, Seuil, 2002.

LHUILIER D., GIUST-DESPRAIRIES F., LITIM M. (dir.), « "Risques psychosociaux", une nouvelle catégorie sociale ? », *Nouvelle Revue de psychosociologie*, Érès, n° 10, 2010.

LORDON F., *L'Année de la régulation*, Paris, La Découverte, coll. « Recherches », vol. 3, 1999, « État et politique économique ».

—, *La Politique du capital*, Paris, Odile Jacob, 2002.

—, *Et la vertu sauvera le monde... Après la débâcle financière, le salut par l'« éthique » ?*, Paris, Raisons d'agir, 2003.

—, *La Crise de trop*, Paris, Fayard, coll. « Essais », 2009.

—, *Capitalisme, désir et servitude. Marx et Spinoza*, Paris, La Fabrique, 2010.

LORIOL M., *Le Temps de la fatigue. La gestion sociale du mal-être au travail*, Paris, Anthropos, 2000.

LYOTARD J.-F., *La Condition postmoderne. Rapport sur le savoir*, Paris, Les Éditions de Minuit, coll. « Critique », 1979.

MAMMERI M., *La Colline oubliée*, Paris, Plon, 1952 ; rééd., Paris, Gallimard, coll. « Folio », 1992.

MARANDA M.-F., RHÉAUME J., MERCIER L., GENEST C., *Souffrance et toxicomanie. Psychodynamique du travail de cols bleus municipaux impliqués dans l'entraide*, Québec, Presses de l'université Laval, rapport de recherche FCAR (2001-2004).

MARCUSE H., *L'Homme unidimensionnel* (1964), Paris, Les Éditions de Minuit, 1968.

MARX K., *Principes d'une critique de l'économie politique* (1848), *Œuvres*, t. II, Paris, Gallimard, coll. « Bibliothèque de la Pléiade », 1968.

—, *Le Capital* (livres II et III [1867]), *Œuvres*, t. II, Paris, Gallimard, coll. « Bibliothèque de la Pléiade », 1968.

—, *Le Capital* (livre I [1867]), Paris, PUF, coll. « Quadrige », 1993.

MAURIN É., *L'Égalité des possibles. La nouvelle société française*, Paris, Seuil, 2002.

Méda D., *Travail : la révolution nécessaire*, La Tour-d'Aigues, Éditions de l'Aube, 2010.

Méheust B., *La Politique de l'oxymore. Comment ceux qui nous gouvernent nous masquent la réalité du monde*, Paris, La Découverte, 2009.

Mercier P., *Train de nuit pour Lisbonne*, Paris, M. Sell, 2006 ; rééd., Paris, 10/18, 2008.

Michaud Y., *Qu'est-ce que le mérite ?*, Paris, Bourin éditeur, 2009.

Milgram S., *Soumission à l'autorité. Un point de vue expérimental*, Paris, Calmann-Lévy, 1974.

Mispelblom Beyer F., *Au-delà de la qualité. Démarches qualité, conditions de travail et politiques du bonheur*, Paris, Syros, coll. « Alternatives économiques », 1999.

Morin E., *Introduction à la pensée complexe*, Paris, ESF, 1990 ; rééd., Paris, Seuil, coll. « Points essais », 2005.

Mucchielli L., « Faire du chiffre : le "nouveau management de la sécurité" », *in* Mucchielli L. (dir.), *La Frénésie sécuritaire. Retour à l'ordre et nouveau contrôle social*, Paris, La Découverte, coll. « Sur le vif », 2008.

Orléan A., *Le Pouvoir de la finance*, Paris, Odile Jacob, 1999.

Orléan A., Aglietta M., *La Monnaie entre violence et confiance*, Paris, Odile Jacob, 2002.

Pagès M., Bonetti M., Gaulejac V. (de), Descendre D., *L'Emprise de l'organisation* (1979), Paris, Desclée de Brouwer, 1998, 2009 (nouv. éd.).

Périlleux T., *Les Tensions de la flexibilité. L'épreuve du travail contemporain*, Paris, Desclée de Brouwer, coll. « Sociologie clinique », 2001.

Périlleux T., Cultiaux J. (dir.), *Destins politiques de la souffrance. Intervention sociale, justice, travail*, Toulouse, Érès, coll. « Sociologie clinique », 2009.

Perret B., Roustang G., *L'Économie contre la société*, Paris, Seuil, coll. « Points essais », 2001.

Perrot M.-D., DuPasquier J.-N., *Ordres et désordres de l'esprit gestionnaire. Où vont les métiers de la recherche, du social et de la santé ?*, Lausanne, Éditions Réalités sociales, 2006.

Peters T., *Le Chaos management. Manuel pour une nouvelle prospérité de l'entreprise*, Paris, Interéditions, 1988.

Philonenko G., Guienne V., *Au carrefour de l'exploitation*, Paris, Desclée de Brouwer, 1997.

Pinçon M., Pinçon-Charlot M., *Grandes Fortunes. Dynasties familiales et formes de richesse en France*, Paris, Payot, 1996 ; rééd., coll. « Petite Bibliothèque Payot », 2006.

—, *Sociologie de la bourgeoisie*, Paris, La Découverte, 2000.

—, *Le Président des riches. Enquête sur l'oligarchie dans la France de Nicolas Sarkozy*, Paris, La Découverte, 2010.

Prévot C., « Le management à l'ANPE, source de stress ? », Paris, Laboratoire de changement social, université Paris-Diderot, 2007.

Quessada D., Sadin É., « Big Brother n'existe pas, il est partout », *Multitudes*, n° 40, 2010.

Ramanens M., *Maltraitance au travail. Les effets pervers du harcèlement*, Paris, Desclée de Brouwer, 2003.

Reich W., *Psychologie de masse du fascisme* (1933), Paris, Éditions La Pensée molle, 1970.

Renault E., « Souffrance et critique sociale », *in* Périlleux T., Cultiaux J. (dir.), *Destins politiques de la souffrance. Intervention sociale, justice, travail*, Toulouse, Érès, coll. « Sociologie clinique », 2009.

Rey A. (dir.), *Dictionnaire historique de la langue française* (1992), Paris, Dictionnaires Le Robert, 2000.

Rezvani S., *Les Années Lula ou les Sentiers de la liberté*, Paris, Flammarion, 1968.

Rhéaume J., « La santé mentale, aux frontières de l'organisation. Le cas des programmes d'aide aux employés », *Sociologie et sociétés*, vol. XXV, n° 1, 1993, « La gestion du social : ambiguïtés et paradoxes », pp. 39-59.

Rhéaume J., Chenel R., « L'entraide en réseau : évaluation de la pratique des délégués, délégués sociaux », Montréal, UQAM (université du Québec à Montréal), Service aux collectivités, 1998.

Rhéaume J., Maranda M.-F., Saint-Jean M., « Réorganisation du travail et action syndicale : défis et paradoxes », *in* Carpentier-Roy M.-C., Vézina M. (dir.), *Le Travail et ses malentendus. Psychodynamique du travail et gestion*, Toulouse, PUL-Octarès éditions, 2000.

Richard E., « Travailler c'est trop dur », Éditions du Marais Bonheur, 1978

Ricœur P., *Soi-même comme un autre*, Paris, Seuil, 1990 ; rééd., coll. « Points essais », 1997.

Sainsaulieu R., *L'Identité au travail. Les effets culturels de l'organisation*, Paris, Presses de la Fondation des sciences politiques, 1977.

Salmon A., *Éthique et Ordre économique. Une entreprise de séduction*, Paris, CNRS éditions, 2002.

Sansal B., *Le Village de l'Allemand*, Paris, Gallimard, 2008.

Sartre J.-P., *L'Être et le Néant*, Paris, Gallimard, 1943.

Sen A., *L'Économie est une science morale*, Paris, La Découverte, 1999 ; rééd., coll. « La Découverte-Poche », 2004.

Sennett R., *Les Tyrannies de l'intimité*, Paris, Seuil, coll. « La couleur des idées », 1979.

Servet J.-M. (dir.), *Une économie sans argent. Les Systèmes d'échange local*, Paris, Seuil, 1999.

Simon H. A., *The New Science of Management Decision*, New York, Harper and Row, 1960.

SMITH A., *Recherches sur la nature et les causes de la richesse des nations* (1776), Paris, Flammarion, coll. « GF-Flammarion », 1991.

STERN F. H., *Les Bijoux de mon cœur*, Lisbonne, Viva la vida, 1965.

STIGLITZ J. E., *La Grande Désillusion*, Paris, Fayard, coll. « Documents », 2002.

STORA J.-B., « Le coût du stress », *Revue française de gestion*, n° 67, janvier-février 1988, pp. 108-113.

SUE R., *Renouer le lien social. Liberté, égalité, association*, Paris, Odile Jacob, 2001.

SUPIOT A., *L'Esprit de Philadelphie. La justice sociale face au marché total*, Paris, Seuil, 2010.

TAPENIS D., *S'autoriser à penser*, Olympe, Éditions Kayros, 1968.

TARACENA E., « Les effets pervers de la modernisation au Mexique. Le système d'évaluation des enseignants universitaires », *Revue internationale de psychosociologie*, vol. IV, n° 8, Éditions Eska, automne 1997.

TASSIN É., *Un monde commun. Pour une cosmo-politique des conflits*, Paris, Seuil, coll. « La couleur des idées », 2003.

TAYLOR F. W., *Principes d'organisation scientifique des usines*, Paris, Dunod, 1912.

THÉBAUD-MONY A, *L'Industrie nucléaire : sous-traitance et servitude. Enquête sur le travail, la santé et la sûreté auprès des travailleurs extérieurs dans l'industrie nucléaire française*, Paris, INSERM, coll. « Questions en santé publique », 2000.

THIS SAINT-JEAN I., SAINT-JEAN M., « Réforme ou assassinat de la recherche et de l'enseignement supérieur ? », *in* Gori R., Cassin B., Laval C. (dir.), *L'Appel des appels. Pour une insurrection des consciences*, Paris, Mille et une nuits, coll. « Documents », 2009.

VIVERET P., *Reconsidérer la richesse*, La Tour d'Aigues, Éditions de L'Aube, coll. « Les rencontres du nouveau siècle », 2003.

—, *Pourquoi ça ne va pas plus mal ?*, Paris, Fayard, coll. « Documents », 2005.

—, « Peut-on évaluer le bonheur ? », *in* APF, *En quête d'évaluation. L'évaluation dans les pratiques d'accompagnement des personnes handicapées*, actes des 23e Journées d'étude de l'APF, Paris, APF, 2010.

WATZLAWICK P., HELMICK BEAVIN J., JACKSON D. D., *Une logique de la communication* (1967), Paris, Seuil, 1972 ; rééd., coll. « Points essais », 1979.

WEBER H., *Du ketchup dans les veines. Pratiques managériales et illusions. Le cas McDonald's*, Toulouse, Érès, coll. « Sociologie clionique », 2005, à paraître en 2011 (nouv. éd. aug.).

WEBER M., *L'Éthique protestante et l'Esprit du capitalisme* (1905), Paris, Plon, 1971.

WEIL S., *Réflexions sur les causes de la liberté et de l'oppression sociale* (1955), Paris, Gallimard, coll. « Folio essais », 1998.

WILDEN A., *Système et Structure* (1980), Montréal, Boréal Express, 1983.

Remerciements

Cet ouvrage est le fruit d'une écriture singulière issue d'une réflexion collective.

En premier lieu au Laboratoire de changement social, dont nous avons fêté en 2010 le quarantième anniversaire. Fondé par Max Pagès, il fut mon lieu de formation à la recherche et au « management » à partir du moment où j'en ai pris la direction, en 1980. Merci à ceux qui m'ont accompagné dans cette aventure intellectuelle et humaine et qui m'ont appris la coconstruction, dans la recherche sur le terrain comme dans l'écriture : Max Pagès, Michel Bonetti, Jean Fraisse, Nicole Aubert, Isabel Taboada Léonetti.

Merci à mes amis et collaborateurs du LCS qui ont mené la bataille pour la reconnaissance de la sociologie clinique dans le champ académique, en particulier Pierre-Jean Andrieu, Jacqueline Barus-Michel, Frédéric Blondel, Jean-Philippe Bouilloud, Eugène Enriquez, Ginette Francequin, Florence Giust-Desprairies, Fabienne Hanique et Pierre Roche.

Merci à ceux qui lui ont donné son rayonnement international, Robert Sévigny, Jan Fritz, Elvia Taracena, Jacques Rhéaume, Lucie Mercier, Diane Laroche, Teresa Carreteiro, Ana Correa, Ana Maria Araujo, Norma Takeuti, Christiane Girard, José Newton Garcia de Araùjo, Vanessa Andrade de Barros, Aecio Gomes de Mato, Josette Halegoi, Michel Legrand, Mabel Meschiani, Klimis Navridis, Igor Massalkov.

Merci à Évelyne Pinard et à Rose Bouaziz-Goulancourt pour leur collaboration précieuse.

Merci aux doctorants et aux chercheurs du laboratoire qui ont le goût de la recherche clinique et critique, en particulier Valérie Brunel, Marie-Anne Dujarier, Fernando Gastal de Castro, François Danet, Irène Ehrlich, Jean-Marc Fridlander, Patricia Guerrero, Emmanuel

Gratton, Aude Harlé, Ana Massa, Dominique Piaux, Stéphanie Rizet, Sylvie Uzan-Chomat, Hélène Weber.

Merci aux autres membres de l'Institut international de sociologie clinique qui ont soutenu le projet de développer notre démarche clinique auprès des praticiens, Jean-Michel Fourcade, Jean Beaujouan, Anasthasia Blanché, Christine Abels-Eber, Lise Poirier-Courbet, Alex Lainé, Isabelle Nalet, Christophe Niewiadomski.

Merci à tous mes collègues sociologues qui ont accompagné et soutenu le développement de la sociologie clinique avec intérêt et bienveillance, Pierre Ansart, Daniel Bertaux et Catherine Delcroix, Pierre Bourdieu, Robert Castel, Alain Caillé, François Dubet, Dan Ferrand-Bechmann, Monique Hirschhorn, Jean-Louis Laville, Michel Lallement, Danilo Martuccelli, Renaud Sainsaulieu et Michel Wieviorka.

Merci à tous ceux qui m'ont permis d'aller au plus près du terrain pour mieux comprendre les sources de la colère, Bénédicte Atten, Alain Bron, Sylvain Ohayon, Stéphanie Palazzi, Olivier Galamand, Élisabeth Morisseau, Michel Vallée, Yves Polack, Sophie Lecalvé, Régis Dauxois, Jean-Robert Viallet.

Merci enfin à ceux qui ont bien voulu m'aider à peaufiner ce manuscrit, Guy Atlan, Bertrand Auduss, Jacqueline Barus-Michel, Jean-Philippe Bouilloud, Sylvie et Joël Cosserat, Ginette Francequin, Jacques Généreux et Jacques Rhéaume.

Table

RÉALISATION : CURSIVES À PARIS
IMPRESSION : NORMANDIE ROTO IMPRESSION S.A.S. À LONRAI
DÉPÔT LÉGAL : MARS 2011. N° 103895-2 (112205)

IMPRIMÉ EN FRANCE